U0615049

SELLING SOUNDS

贩卖音乐
美国音乐的商业进化

[美] 大卫·伊斯曼 (DAVID SUISMAN) 著

左丽萍 周文慧 译

世界图书出版公司

北京·广州·上海·西安

图书在版编目(CIP)数据

贩卖音乐:美国音乐的商业进化 /(美)大卫·伊斯曼(David Suisman)著;左丽萍,周文慧译.
— 北京:世界图书出版公司北京公司,2016.11
书名原文:Selling Sounds:The Commercial Revolution in American Music
ISBN 978–7–5192–2239–0

Ⅰ.①贩… Ⅱ.①大… ②左… ③周… Ⅲ.①音乐 – 文化市场 – 研究 – 美国 Ⅳ.① G171.24

中国版本图书馆 CIP 数据核字 (2016) 第 303104 号

SELLING SOUNDS : The Commercial Revolution in American Music
by David Suisman
Copyright © 2009 by the President and Fellows of Havard College
Published by arrangement with Harvard University Press
through Bardon–Chinese Media Agency
Simplified Chinese translation copyright © 2017
by Beijing Word Publishing Corp.
ALL RIGHTS RESERVED

著　　者:大卫·伊斯曼
译　　者:左丽萍　周文慧
责任编辑:马红治　侯　静
装帧设计:蔡　彬

出版发行:世界图书出版公司北京公司
地　　址:北京市东城区朝内大街 137 号
邮　　编:100010
电　　话:010–64038355(发行)　64037380(客服)　64033507(总编室)
网　　址:http://www.wpcbj.com.cn
邮　　箱:wpcbjst@vip.163.com
销　　售:新华书店
印　　刷:北京博图彩色印刷有限公司
开　　本:710 mm×1010 mm　1/32
印　　张:9.5
字　　数:210 千
版　　次:2017 年 4 月第 1 版　2017 年 4 月第 1 次印刷
版权登记:01–2014–3455
定　　价:48.00 元

版权所有　翻印必究
(如发现印装质量问题,请与本公司联系调换)

序　言

马库斯·维特马克与用他的名字命名的被称作"维特马克先生和他的儿子们"的出版公司的运作没有任何的关系。他是来自于普鲁士的移民，也是美国南北战争前佐治亚州的奴隶主，还是南方同盟军的一位老兵，而且在葛底斯堡战役中受过伤。在美国南北战争后，他搬到了纽约。在1883年年底，他那11岁的既阳光又任性的儿子杰伊在学校获得了算术比赛的冠军。为了对儿子表示鼓励，他允许儿子从印刷机、自行车、小型工具箱和棒球服中选择一件作为奖励。杰伊在听取了他14岁的哥哥伊西多尔的建议后，选择了印刷机。在他们家的厨房里，这两个男孩和杰伊的另一个13岁的哥哥朱利叶斯开始印刷新年贺卡和商业名片这些东西。之后，因为印刷机的效率较低，他们失去了一份印刷业务。于是，他们立马说服了他们的父亲帮他们买了一台蒸汽驱动的打印机。到1885年，维特马克家的兄弟们已经在第四十街的西边拥有了一间小型的家庭式的商业公司。

公司在1886年开始出版活页乐谱，并且，伊西多尔为总统即将举行的婚礼而谱写的《总统格罗弗·克利夫兰的婚礼进行曲》取得了极大的成功。从这个时期的一张照片中可以看到，朱利叶斯和杰伊站在他们的商店前，他们的两个弟弟弗兰克和爱迪位于两侧（这两个弟弟是没过多久自愿加入公司的）。在照片中，朱利叶斯和爱迪拿着样板，杰伊穿着满是油墨的围裙，活页乐谱的封面被挂在窗户上展览。这些孩子们严肃地、毫无表情地盯着照相机。大一点的两个男孩占据了进屋通道的三分之二。此后不久，这个公司就被命名为"维特马克先生和他的儿子们"，因为马库斯能够使这个未成年企业家们的公司合法化。由于他们很年轻，出版界的很多人起初不把他们当回事儿。然而，他们的成熟和经验却超越了他们的年龄。伊西多尔从9岁起就已经工作了，因此他急切地想创业。在他开始从事出版这一冒险的行业之前，他曾经卖过皮面装订的相册、饮用水过滤器、帽子、女士手包和多彩石印版的印刷品，还在他父亲的公司里当过投递员，学过钢琴，在一个钢琴制作工厂当过学徒。第二个孩子朱利叶斯是他们和商业娱乐世界的桥梁。他是一个很有天赋的歌手，这个"高音男孩"（有时他也会收费演出）和那个时期的一些著名歌手所在的歌唱团一起演出，交了很多朋友，接触到了那些日后将可能和维特马克家族的商业成功相关的人。和家里的其他人不同，第三个孩子对音乐一窍不通，但是他能够熟练地掌握商业和金融事务，完美地填补了其他兄弟们的才华上的空白。所以，他们的公司开始运营了。伊西多尔负责写歌并监管整个公司，朱利叶斯和那两个最小的弟弟负责执行和歌曲的改进，杰伊处理生意上的具体事务。

尽管维特马克家族的公司只是产生了家庭式工业的劳动分工，但是它依旧具有意义深远的影响，它为整个音乐商业建立了一种新的模式。经过45年的发展，也就是到了二十世纪中期，维特马克家族起到了引领性的作用。尽管维特马克兄弟们的作品包含了所有的音乐形式，但是他们尤其注重流行音乐，而恰恰是流行音乐提升了他们在美国文化中的声望和地位。在伊西多尔的带领下，维特马克家族改变了在美国写作、改编、销售歌曲的方式。在这一过程中，公司吞并了其他十个已注册的出版公司，然后建立了歌手表演推广部门、给专业音乐家提供歌曲的部门，还将办事处从巴黎一路开到了墨尔本。在与十九世纪末涌现出的其他出版商的合作中，"维特马克先生和他的儿子们"也开始用著作权来保护音乐的知识产权，而且带头推动关于表演的法律的讨论。维特马克家族管理下的公司对音乐界来说，不仅是一次商业革命。在美国社会步入二十世纪的时候，音乐作为一种文化、日常必需品和无形财产具有了新的功能和意义。结果，音乐根植在了这个民族之中，这在之前是从未有过的。

在维特马克家族从事活页乐谱生意两年后，另一个普鲁士移民，埃米尔·玻里纳，从他的家乡华盛顿来到费城，在富兰克林研究所展示了他最新的发明——留声机。尽管他没有接受过正规的科学教育，但是他作为一名发明家名气已经很大，这要归因于他十年前对亚历山大·格雷厄姆·贝尔的电话做出的改进。这时，距离他37岁生日还有4天，他来介绍他最新的发明——一个能记录和再造声音的设备。正如在场的每个人所知道的那样，爱迪生在11年以前演示过一个类似的机器——留声机。但是，爱迪生在这个设备的最初的好评散去之后被其他项目分散了精力，随后，这个不完美的设计也就不被注意了。从那之后，玻里纳为解决爱迪生在研究留声机时的一些问题进行了创新设计，在亥姆霍兹、斯科特、奇切斯特·贝尔和查尔斯·吞特的帮助下，玻里纳在这时已经有了一个可行的蓝本。

爱迪生和玻里纳的技术核心都在一个灵敏的隔板上。它以人耳朵的鼓膜为模型，记录在空气中由声波引起的震动。两者的隔板都与唱针相连，唱针不断起伏振动，紧贴着隔板细腻、敏感的表面。但是，正如玻里纳解释的那样，他的留声机和爱迪生发明的留声机在极其重要的方面有区别。比如，玻里纳的留声机是在槽的一边记录声音而不是在底部记录，结果使留声机在音量上有很大提高，同时也降低了失真度。再者，爱迪生发明的留声机是把声音切分或是刻录在柔软的锡纸或由蜡覆盖的圆桶表面上，但是玻里纳发明的留声机是把声音刻录进一个平的金属盘里。在这样的一个盘上盖一层光滑的石油制成的溶液，之后的过程就像蚀刻板画的过程——把不好的声音从无数好的录音中分离开，那么好的声音就被复制并刻录下来了。当这个刻录好的盘在另一个专门用于播放的设备上播放时，原始声音就重现出来了。这些设计上的分歧也表明了他们可能产生不一样的未来。事实上，当时最时髦的留声机需要利用一个用来收听的小管插入耳朵来听，爱迪生继续在这样的一个留声机上工作。而玻里纳的留声机是从一个向上翘的漏斗中发出声音。爱迪生的设备是听者向声音靠拢，而玻里纳的设备则是声音向听者靠拢。爱迪生认为，留声机可以有很多用途，例如，可以作为保护伟大的歌唱家和演说家的声音的一种工具，可以记录遗嘱和证据，可以通过声音的录制来帮助人们学习演讲技巧和外语。玻里纳认为，留声机拥有可以大量录制声音的功能，这能够使留声机成为群众的交流工具，例如，一个政治家的演讲或一个宗教领导人的说教可以被录制成上万份。（收音机最终比留声机更好地满足了这一作用，但是很多在世纪之交的领导人，包括西奥多·罗斯福都对他们的演讲做过这样的记录。）然而，玻里纳最具有预见性的说法是，如果将复制后的产品出版，那么声音的录制可能会带来可观的收入。"重要的歌唱家、演说家和表演家可能从出售他们录制的声音的版税中获取收入，而且有价值的内容可能会被打印下来，以保护它们免受那些非法出版的伤害。"玻里纳说道。当然，玻里纳并没有提到"技术的拥有者是那些获得最大经济回报的人，而不是艺术家"。

回顾过去，有人可能会想，当时出席那个活动的人是否听懂了玻里纳演讲中的暗指。在爱迪生和玻里纳之前，每一种声音现象都是经过时间和空间联合而形成的。在特定的一段时间内，它曾经在一个地方出现过，然后就永远地消失了。爱迪生和玻里纳的设计改变了这一切。同时，爱迪生的技术输给了玻里纳的技术，因为爱迪生的技术只能是使用者自己录制声音，而玻里纳可以用各种其他方式来制作。玻里纳的盘要比那些圆筒更容易被生产、运输和储存，最终，增加光盘录制的商业策略重新定义了音乐在美国人生活中的地位。

今天的美国，音乐无处不在。从某种程度来说，音乐这件事是平凡的，因为音乐是人们进行表达的一种普遍方式。文化和时代的变化把音乐从定义和功能上进行了广泛的分类，但是有一些音乐形式是一直存在的。从情歌、催眠曲到战争歌曲、挽歌，特定的音乐风格在各处呈现出来，把那些毫无共同点的却有相同人性的人联结了起来。事实上，诗人、哲学家和科学家都曾讨论过，音乐是使我们成为不同的人的一部分原因。

音乐在美国文化中占有很长的历史。尽管伊西多尔·维特马克创作的《总统格罗弗·克利夫兰的婚礼进行曲》没有玻里纳在富兰克林公司制作的《扬基歌》流行的时间长，但是它更适合现代音乐的出版和商业录音。像史蒂芬·福斯特的个人专辑《流淌吧，约旦河》、乔治·格什温的《蓝调狂想曲》、亚伦·科普兰的《阿帕拉契之春》、伍迪·格思里的《沙尘暴歌谣》、比莉·荷莉戴的《奇异果》和梅尔·哈加德的《来自穆斯科基的流动雇农》等各种各样的音乐，曾经引起了美国生活中已经被使用和理解的音乐方式的深层的多样性。

没有人比沃尔特·惠特曼更能抓住在美国社会体制中音乐的重要性。美国民主派诗人写的诗都包含了精神、语言和音乐的隐喻。歌曲、歌唱、歌唱家和唱歌这样的词汇在他的诗歌中出现了三百多次；仅在他的诗歌标题中就使用了七十二个不同的音乐词汇。《我听见美国在歌唱》是他的最著名的音乐诗，现在是英语课程中主要的一篇课文：

我听见美国在歌唱，我听见各种各样的歌，

那些机械工人的歌，每个人都唱着他那理所当然地快乐而又雄伟的歌，

木匠一面衡量着他的木板或房梁，一面唱着他的歌，

泥水匠在唱着他的……

……

母亲甜美的歌声——抑或是以为少妇在工作——抑或是一位女孩在缝纫或浣洗——

每个人都在唱属于她们自己的歌，不是唱给其他人听的。

这首关于美国多元化文化和个人主义的赞歌在 1860 年初次发表，描述的是音乐机械化之前的那段时期。到二十世纪初期，留声

机开始在美国的音乐界发挥非常重要的作用，人们从好几百页的目录中筛选出有特色的歌曲。这些歌曲来自不同的国家，使用不同的语言。与惠特曼写到的不同的是，少妇或少女们洗衣服时唱的歌已不再是"属于她们自己的歌"。

今天音乐商业已经成长到如此巨大，并且已经完全渗透到我们的文化生活中，连我们呼吸的空气中都有商业音乐的气息。CD和苹果播放器当然是平常之物，这些仅仅组成了商业的一部分。无论你是在饭店或是公寓商店，还是在足球赛半场休息时、在电影中、在电视节目中、在飞机起飞前，又或是在医院，甚至是在手术床上失去意识之前，音乐产业都与你同在。最近的一项调查显示，手机的音乐铃声已经是一个好几百万美元的产业了。甚至《祝你生日快乐》这样的歌曲也与音乐商业相联系。因为华纳音乐集团拥有这首歌的版权，所以当它在饭店或酒吧播放时，在专业舞台上表演时，在电视节目或电影里出现时，甚至在一个夏令营上被演唱时，都需要支付一定的费用。（对学校和私人家庭是免费的）

从这个角度看，音乐在今天美国人的生活中无处不在，似乎应该引起注意了。今天，我们文化中大多数的音乐产品可能都是靠机器自动完成的。此外，大部分这类音乐在一定程度上都和音乐的商业化有关，在这种音乐产业中，歌曲的价值是根据销售额来计算的，而不是文化或美学标准。音乐可能依旧具有文化和美学价值，但是这两者都不能控制音乐的商业产品。

在我们的时代，音乐成为一种商品已经变得流行起来了。和其他情况一样，这种改变掩盖了一些东西，同时揭露了一些东西。那么，音乐与其他商品在哪些方面相同，在哪些方面不同？音乐的哪些方面处于商业运转的核心？音乐作为一种商品，它的价值还存在于作曲、表演、声音或是这些东西的集合体中吗？仅仅说音乐是一件商品并没有告诉我们音乐是何时、如何、又为什么变成一件商品的。是否所有商品的功能都是相似的，或者当音乐作为一件商品时，其功能是否总是如此一致？然而音乐成为商品并不是一蹴而就的，就像牛奶的加热杀菌法。它是一个社会化和政治化的过程，越来越受到演员们欢迎的一个过程。想要明白音乐商品是什么以及如何运行的，我们需要回到商业音乐的车轮开始转动的那个时期。

在十九世纪与二十世纪交替之际，随着现代音乐产业的成型，一种新的音乐文化浮现出来了。这种文化包括很多规范，我们现在所理解和运用的一些音乐术语，当时已经开始在全世界范围内出现。音乐产业的兴起是一个多国和跨国的现象，但是美国在这些国家中起了一个领导性的作用。出现的音乐类型包括了很大的范围，从黑人爵士乐一直到歌剧。音乐在很大程度上像其他商品一样经过了制造、营销和采购，并具有了前所未有过的多样性。然而，荒谬的是，音乐同时也正变得非物质化，这使得人们开始意识到，和音乐物质形态相联系的音乐财产权的问题。

在经济大萧条时期，新音乐文化的产生方式是非常完整的，与经济形成了互补。音乐在形式上已经发生了根本上的变化，制作音乐的技术和实践已经创立了一种与旧时相反的新的音乐文化。一方面，这个改变标志着音乐实践中的一个改变；另一方面，它意味着人们"整个生活方式"的改变。在这种新的生活方式中，音乐已经存在于学校、杂志、大街上和商业空间中，这在之前是从没有过的。音乐也融入到了娱乐商业的其他形式中——从歌舞杂耍表演到电台。因此，音乐在两个不同的市场中都发展成为一种商品。在营销市场中，音乐主要是被制作、营销然后直接卖给消费者。在附属的市场中，它作为一种能够被其他商业使用的资本在循环，它既作为一个补给，也作为一种对于其他生产商来说的独立原材料，包括在歌舞杂耍、舞厅、超市、咖啡馆、电台和电影中。音乐商业的崛起和它的影响必然会扩大新音乐文化的范围。

美国音乐文化一向以技术为基础的方向发生了转变。为了销售而写流行歌曲这一冒险的举动，带来了一批人们在日常生活中很容易演奏和哼唱的、节奏轻快的、容易记忆的歌曲。同时，歌剧和其他"传统"音乐也被以一种新的文化资本的形式去销售。事实上，一个新的音乐财源来了，比之前任何时候都有更多的选择和更多的听众。出版商们通过加强生产与消费的分离，通过以创新和具有影响力的方式去销售音乐产品，从而增加了大量的消费群体。消费资本主义增长的趋势已经体现在三个基本观点之内，这三个基本观点适用于音乐商业及其他消费经济的出现：无止境的创新，用未经尝试过的永远新颖的快感来挑逗消费者；不仅生产商品也生产欲望；承诺消费是通向个人满足的捷径。消费者认同一个观点，音乐商品可以是从自动化的机器中流淌出来的（例如录音机和唱机），和人类劳动相分离的，固定在物体上的（例如唱片和琴键），轻便的或可存放的，不受时间和空间限制的东西。曾经在家通过手工被制作出来的音乐现在成了能被买到的东西，就像报纸或裙子。与此同时，主要的音乐生产商们打的广告具有空前的攻击性，而且为了吸引零售商们和消费者们，他们采用了有创造力的营销策略来酬谢消费者的信任。在1907年的一份具有代表性的贸易杂志告诉商人们，"通过分期付款来消费，是吸引某个阶层的大量消费者的方式。换句话说，就是针对那些不打算或尚没有能力用现金购买货物的人"。

然而，对于消费者，音乐产业传达了不同的信息，正如同一年在留声机目录中提到的那样：按月份分期付款，表明你正在采用最新的、有效的和实际的方式来节省钱以及购买物品。

音乐不是在每个方面都像其他商品那样，它的精髓在于人们听觉上的感受。声音是音乐商业交易的商品，听觉上的感受和推销商品是不可分离的。在艾萨克·谢帕德1930年关于音乐出版的书中，他总结道，听觉环境的开发是产业的一个重要策略，"所有哼唱的和演奏的音乐都是一个巨大的阴谋策略的结果——包括大量的美元和成千上万有组织的经纪人——目的在于使你听到这个音乐、记住乃至购买。无论我们走到哪儿，歌曲发起人的努力都在于攻击我们的耳朵，因为让他们生活的气息中充满音乐是上流人士所在乎的事"。尽管谢帕德的语言过分花哨，但是他的陈述指出了引领音乐产业发展的一个重要法则，那就是人们听到的音乐越多，空气中充斥的音乐就越多，对音乐贸易就越好。正如在二十世纪二十年代很活跃的一位音乐出版商解释的那样，"只要人们听到了一首歌，那就是一种广告。如果他们没听，你就不可能去卖它"。

因此，新音乐文化的成型，改变了音乐制作被人们聆听、购买和销售的形式，并加强了音乐在文化中不断增长的影响力。一项关于人们在生活中对音乐的感觉以及音乐如何体现其功能的测试，体现了雷蒙·威廉斯所说的这一时期的"感觉结构"。

一旦音乐制造商用音乐充斥着整个社会，美国社会听起来要比早些的那一代更不同了。很多音景的改变可归因于大规模工业化和城市化造成的噪音，但是音乐也起了重要作用。不像工厂和机器的声音或吵闹的市井的声音，音乐是人们自觉积极地制造的。音乐不是另一种活动的副产品，不像工业机器产生的噪音是它们在运行中产生的附属影响。尽管关于"喧嚣的二十世纪"和"爵士时代"的陈词滥调很多，但是这种音景给予人们的影响已经被忽略很久了。在很多哲学家的思想中，无论是亚里士多德还是马克思，或多或少都承认，人是通过感觉来体验世界的。而人的感觉是以文化为条件的，因此是具有历史性的：在某个历史时期，中产阶级感觉是噪音的东西可能对于工人阶级来说是勤奋或自由的表达。感觉反映了我们的世界观以及我们的历史意识。正如马克思指出的，我们通过自己的身体和思想来感受和理解世界，感觉的发展是我们认知形成的一部分。"人在客观世界中不仅是靠理性思维，而且也靠他所有的感觉。"马克思写道。并不只有马克思一个人指出这种理论。在1880年出版的《声音的力量》一书中，博学的哲学家埃德蒙·格尼开篇就提到："现在，人们普遍承认，我们具有特殊感觉的器官。在外部世界对我们的不断刺激中，这些器官成为了我们与外界保持恒定联系的通道。"一段时期之后，瓦尔特·本雅明重复了这一观点："和人类所有的生存方式的变化一样，在很长的历史时期，人们的感知方式也是如此。"本雅明特别关心科学技术的重要性，他认为："科学技术已经支配着人类的感觉进行复杂的训练。"

十九世纪早期，纳撒尼尔·霍桑已经抓住了工业化的影响，正如霍桑理解的那样，声音是一个可插入的现象：我们能够转移我们的注意力不去看那些我们试图忽视的东西，但是无论我们是否想要，声音都会进入我们的耳朵。因此，对听觉环境，也就是"音景"的控制就变成了真正具有社会意义和政治影响的事情。在十八世纪，用"狂暴音乐"或"瞎闹音乐"做坏事的人把音乐和噪音作为一种有组织的挑衅的方式。在十九世纪的法国，不同村庄之间以及宗教与世俗之间的言论及权利的纷争，是靠乡村的钟声所代表的政治意义来斡旋的。

二十世纪早期，随着音乐产业重新统治了美国乐坛，声音被以新的方式赋予力量。音乐可以使人舒服、使人高兴，但是它同样也可以使人心烦，使人分心。音乐商业持久的发展不但意味着要比之前任何时候在更多的地区有更多音乐，而且意味着对由于沉默、孤独、安静产生的想法和机会的侵蚀。音乐商业意味着，对一些音乐产业中的音乐的宣传必然要超过其他音乐。为了忽略那些不在市场销售的音乐产品，音乐产业界会努力使此类音乐不被人看见（甚至不被人听到）或成为不合法的。

事实上，基于声音的市场营销给了音乐产业独特的空间延展性和远远超过其他任何产业的渗透性——无论从空间上、地域上还是社会性上说。无论何时何地，只要有声音的存在，那么人们就在"消费"音乐产品，这是围绕在一个国家各个地区、各个阶层的人们身边的一种现象。结果，音景本身成了营销的领域，作为声音宣传的广告牌也开始出现在道路两旁，并很快变得普遍。声音广告也快速地侵入了人们的生活，正如二十世纪二十年代电台广告讨论中所说的那样，作为声音或音乐同时操纵着高于人意识水平和低于人意识水平的东西。现代商业乐坛不仅仅用音乐去使人愉快，而且要产生特别的效果。正如奥利弗·温德尔·霍姆斯所指出的，如果饭店的音乐没有起到任何效果，它将会被抛弃。

更广泛地说，声音是一种世界进入身体的方式。如果说眼睛强调的是自身和世界的区别，那么，耳朵则是把自己与世界连接起来。通过眼睛，你看到外部世界，你把它和你自己分离开来观察，理解你与世界的联系。通过耳朵，你去聆听你意识中的世界，它进入到你的体内；你是由内向外地去理解这个世界，就像它本来就是由内而外似的。更多关于此的说法有：在西方，眼睛是用来训练理性看待事物的，正如西奥多·阿多诺和汉斯·艾斯勒提到的："所理解的现实就是相分离的事物、商品和由能够被实际行为限制的物体。"然而，耳朵没有用同等级的理由来使其处于良好状态。无论进入耳朵的东西如何理性化，它依旧是一个首先表现出情感反应的器官。

音乐的大规模生产、音乐产业的长期成功依赖于消费。由于音乐是由想象力和魅力产生的栩栩如生的东西，所以大量的音乐消费产生于人们的情感，而不是对工业利益的理性反应。当这和大量的宣传和重复收听结合起来，结果形成了看似平常实则非凡的现象。音乐产业的发展，加速结束了人们先前所认识的音乐文化。仅仅几十年之内，这种改变像歌曲产生的变化一样彻底，音乐的生产和消费之间在空间上暂时的分离已经普遍化了。正如大众对音乐转变所预期的那样，声音商品的标准化模糊了一个事实，即涉入环境中的每一件音乐商业中的产品都代表了介入文化的积极活动，这种活动使这种音乐超越其他可能的一切音乐。

那就是说，在《贩卖音乐》一书中，讲解的重点落在了新音乐文化的创造上。消费者没有控制住自己主要的注意力，因为现代音乐文化的创造不是以消费者为驱动力的现象。音乐产业并没有变成对急切的消费的无法满足的欲望的反应。尽管消费者们——音乐爱好者——希望有更多的机会去聆听和享受音乐，但是我们对他们拥有主动权的证据的寻找一无所获，对于推动这一变化的音乐家的搜寻也是一无所获。音乐家是不制作唱片的，音乐家制作的音乐是被唱片公司复制下来变成唱片，然后推销、出售的音乐。美国音乐文化主要的改变是由音乐制作人这一新的商业阶层带动的，他们可能是企业家、发明家、制造商、出版商、销售代理、广告人、评论员、零售商、教育家或立法者。他们中的一些同时也是音乐家，另一些则不是；一些人深切地关心音乐文化，另一些人却漠不关心。可是他们共同运用了音乐家的创造性才能，然后把音乐变成一种多样性的有价值的商品。科技的发展推动了这个过程，但是科技的发展不能决定这个过程。科技不可能创造出诸如"嘻哈歌曲"这样的发明，也不能决定向中产阶级推销重新包装的歌剧音乐、音乐对教育的作用、广告的发展、音乐产业中的相关法律的发展，等等。

埃米尔·玻里纳在 1929 年的夏天去世，两个月后股市暴跌。朱利叶斯·维特马克——往昔的"高音男孩"先他五周去世。这些人物的离去恰巧与现代音乐商业形成时期的结束一致。截至这个时候，无数新情况包括无线电通讯和有声电影的到来已经预示着商业娱乐新局面的到来。据估计，到 2005 年，核心版权出版公司的出版物占了美国国内总产量的 6.6%。事实上，不包括音乐在电影中、电视节目中或其他产品中的价值，单独的音乐录制，就使得出版公司的海外税收达到了 82.6 亿美元。《我听见美国在歌唱》已经变成《我们就是全世界》。

没有任何其他东西比录制的声音对美国音乐商业不断增长的国际影响力更重要。音乐商业产品起源于美国，但是在二十世纪初期已经有了跨国的发展。在1929年，经济危机前夕，美国的唱片业生产了10 500万张唱片，制造了75万台留声机，两者总价值超过了一亿美元。在同一年，大概在英国卖出去5000万张唱片，在德国卖出3000万张，甚至在诸如秘鲁、芬兰、埃及和马来西亚这些地方一年的销量都达到100万张或更多。尤其在美国，音乐与科学技术密不可分。同时，录音节目的普及使得美国钢琴行业陷入极度的低谷。在二十世纪二十年代末，钢琴演奏的热情已经退去。当时，美国还剩下81家钢琴制造商，从1909年接近300家的顶峰时期回落了下来。到1933年，就仅剩了36家。尽管钢琴制造业下滑了，然而音乐商业和文化产业在持续发展。音乐产业使生活中充斥的音乐越多，音乐似乎就越普通而无处不在。现代这种独特状况是在二十世纪初期建立，在那时，音乐产业逐渐扩大了生产和消费之间以及制作音乐和听音乐之间的不同，以一种掩盖了新文化要求的商业方式去投资音乐。音乐以令人兴奋的方式进入了人们的家庭和生活，但是这种扩展依赖于社会和文化复杂的变化，这种变化的意义远远超过了音乐本身。那么，为了评价音乐的商业革命的影响，我们必须知道它是如何发生的。

目录
Contents

SELLING SOUNDS
第 1 章

音乐成为商业的时代

　　俄国作家赫尔岑曾有过这样的问题："歌曲在唱之前是什么样子的呢？"任何地方都没有他渴望得到的答案。赫尔岑逝世于1870年，他没有生活在现代音乐产业的时代，在这个时代，写歌和音乐出版已经成为一种复杂的商业。南北战争后的几十年，一项新的音乐产品改变了美国的音乐文化。它是一种非常有趣、廉价、便携的音乐产品，以至于人们在任何一个地方都可以享受，无论是在棒球比赛中还是在街角抑或是在中学的个人休息室。这个产品就是流行音乐。根据商业不可变更的逻辑来说，流行音乐的产生标志着音乐政治经济学中一个新时代的到来，这是通过改变最基本最普遍的音乐文化形式之一——歌曲来实现的。

　　在此之前，"流行"音乐也确实存在，但是在那时，"流行音乐"大都是指本土的音乐。正如在1890年关于美国音乐的一份调查中提到的那样，当时的流行音乐类似于摇滚歌曲，按当今的说法应该

1

是——"来自于人们生活当中的产物"。在十九世纪九十年代，流行歌曲被重新定义，它开始指那些在乐坛上被商业化的美国人越来越广泛收听的新的听觉产品。当然，这并不是说其他的歌曲形式完全消失了，艺术歌曲、宗教歌曲和劳动号子都存在于人们的生活中，但是，流行歌曲奠定了新音乐文化的基础。这时，不仅是人们所制作的和聆听的音乐发生了改变，被编织到人们生活中的音乐也发生了改变。流行音乐对于人们的耳朵来说是一个消费品。在音乐上，它是一种灵活易变的在任何时候都会有众多的风格和体裁的类型，这种类型随着时间的推移其自身就会发生变化。在商业上，它产生于工业生产和市场营销的过程中，在这个过程中最成功的产品往往貌似简单，却能够吸引不同阶级、不同种族以及不同宗教的人们。流行音乐是一个国际化的现象，在美国社会中，流行音乐是伴随着文化的转换产生的。

流行音乐诞生于何方？

十九世纪末，很多音乐风格都在美国销声匿迹了。上万个军事乐队走遍了美洲，表演了全部行军过程中令人激动的节目，包括欧洲和美洲的交响乐和前奏曲、歌剧式的咏叹调、舞蹈和圣歌。意大利的和德国的赞美社会的歌剧，交响乐音乐会的声音和街头乐队的音乐声，充斥在城市中。音乐剧和轻歌剧吸引了城市里的中产阶级；各种各样的歌舞剧、杂耍表演、艺人表演吸引了中产阶级和工人阶级的一些观众。美国南部的黑人，白天可能会听到一些劳动号子，晚上则可能会听到后来被称为蓝调的音乐。在阿巴拉契亚，民歌总是被传唱，而在西部，人们能听到牛仔歌曲。宗教歌曲包括穆迪和桑基的圣歌、会众歌唱的福音和在美国黑人中由奴隶圣歌中流传下来的歌曲。然而，所有这些音乐形式中，没有任何一种音乐形式在美国自然音乐文化中发挥的作用和流行音乐产业一样大。

流行音乐的商业化是在音乐艺术处于上升期这个大环境下发展起来的。这个上升期是指，在十九世纪人们总体上认为音乐是一种提升士气、塑造个人性格和提高民族精神的东西。在家里表达音乐理想的东西就是一个带键盘的乐器、一架钢琴或一台风琴。在十九世纪，这些乐器变成了中层阶级用来表明身份的东西，这为欧洲音乐艺术地位的提升奠定了基础。在十九世纪末，由于不同价位和不同质量的乐器被大规模地生产，美国社会的所有阶层都能拥有一件自己的乐器。从在十九世纪九十年代末拥有至少四架钢琴的白宫到布克·华盛顿拜访过的一个亚拉巴马的乡村家庭都拥有自己的乐器。这个乡村家庭太穷了以至于没有一套完整的餐具，但是却拥有一架风琴。在1894年，《莱文沃思先驱报》的一位作家报道说："一个极度贫穷的黑人家庭才没有现在称之为钢琴的一些东西。"

在像约翰·沙利文德·怀特这样的人的引领下，一个布鲁克农场的超验主义者成为了那个时代美国音乐的首席评论员，欧洲作曲家的作品被赞扬成"正统音乐"，而大部分其他形式的音乐都由于偶然原因或是必然的人为原因消失了，尤其是德国的。在十九世纪末，亨利·希金森、利奥波德、瓦尔特·达姆罗斯、安东赛都和亨利克·雷比尔等人正在奠定美国音乐文化的制度基础。随着这种"正统音乐"被神圣化，并成为一件资产阶级社会要求的有教养的人的外衣，流行音乐成为了一种陪衬，流行音乐与"正统音乐"截然不同。在一份 1895 年的杂志中，流行音乐被看作是一些朝生暮死的、关于琐碎事的和几乎没有任何音乐价值的歌曲，是唱上或是吹上几周至多几个月，然后就会被遗忘了的东西。但是，流行歌曲不仅仅是与正统歌曲相反的东西，它本身是一个区别于其他音乐类型的独特创造。

尽管当时的英国音乐厅同时演奏所谓的皇室歌谣和美国的流行歌曲（《Ta-ra-ra 热潮唉》和《小安妮鲁尼》是两个最畅销的作品）；美国流行音乐的崛起依然更应该归功于美国的出版系统而不是国外的影响和国内的控制权的调整。尽管音乐厅里演奏的成功对英国音乐经济的快速增长有贡献，但是与流行音乐在美国的合理化生产确实属于不同的情况。纽约市新出现的产业是一种新的、现代的、把写歌和音乐出版变成专业的和标准化职业的一种商业活动。那个时期作品最多的专业歌曲作家亨利·冯写道："之前写歌是日常生活中放松的事情，但是现在我们要用一种商业需要的方式去写。"尽管有些悲伤，但是，在这个行业的其他人也得出了一致的结论。正如一个音乐出版商在1904年的《音乐贸易评论》中提到的那样："除了不用商业术语外，出版业与为人们提供其他物品的行业没什么不同。"

　　流行音乐产业被称作叮砰巷（原指流行歌曲和作家集中地）。像"好莱坞"一样，叮砰巷成为了一种产业生产模式的代名词。好莱坞能够制作出各种各样形式的作品，这种形式是由一个固定的、内在的和可操作的系统和审美观统一起来的。叮砰巷这个称谓确切的来源现已不详，但是它涉及亨利·冯和一些歌曲作家以及像梦露·罗菲尔德这样的记者，也指音乐出版商的工作室里制造出来的刺耳的声音。从地理位置上看，这种产业首先开始于纽约联合广场周围。然后，在二十世纪一十年代里，出版商的办公室向北移到了第五大道和第六大道之间的第二十八街和第二十九街上。这也是这个产业最著名的位置。在第二十八街的一端有一个综合性的沙龙和土耳其浴室，在那儿歌曲作者们和演员们可以获得免费三明治或付费的啤酒和一盘子烘豆。在出版商办公的地方，能看到一个墙上挂着演员照片的接待区、一间办公室、一间储藏室和一间小型的像客厅似的音乐制作室，这里有直立式钢琴和感觉很舒服的家具，地板上铺着大小不一的地毯。在这个地方，歌曲作者们作曲，编曲人写抄本，拿薪水的那些示范者们为舞台表演者演奏，并设法说服他们把自己的音乐编入他们的表演中。很多美国最著名的歌曲作家们，包括欧文·伯林、乔治·格什温和杰罗姆·科恩在内的一批具有故事性的历史性人物都曾为叮砰巷工作，他们是阳光的、热情奔放的又多愁善感的一伙人，他们成了叮砰巷标志性的产物。

然而叮砰巷的主要影响不在于美学上的变革，而在于建立了美学形式和产业的现代资本主义结构之间的关系。实际上，单一的音乐形式不具有产业的特征，但经过一段时间，它就吸收了各种各样的体裁和约定俗成的东西。作为商业，它的原则依旧是不变的，这个原则很明确地包括了两个特征。这是依据1910年范博伦所写的东西得来的，它定义了现代商业关注的焦点。一个公司的生产必须依赖于系统化的组织和知识的应用，这是范博伦在阐述"机械加工过程"中提到的，尽管他强调产品也能在非机械化的工业中生产。贸易公司最基本的动机是经济利益，现代商人通过操作货物的供给和其他手段来扩大利益。范博伦强调："产品的重点是输出商品的市场价值，以及转化为货币价值的可能性，而不是它对人类的有用性。"区别叮砰巷和其他音乐制作模式的是，写一首歌的最初动机是销售，还是表达一些人类固有的感情或寻求音乐的刺激。这条规则应用于音乐出版业，即通过单纯的出版数量的多少来测量歌曲的价值——"一首歌卖了多少份活页乐谱？"，而不考虑质量的好坏（也就是说不从音乐性或美感上考虑）。在这种管理体制下的歌曲作家只是工人，而不是艺术家，而且他们的作品只是别人娱乐的工具，并不是个人情感的表达。音乐出版商查尔斯·肯·亨利建议一些想当歌曲作者的人要避免他们谱写的音调很难唱，因为那样就不太适合销售。正如哈利·冯·提利尔提到的那样，歌曲作者的作品是"一件商品，一份现金，歌曲作者必须使他个人的口味从属于那些买音乐的大众的喜好。"

从很多方面看，叮砰巷的音乐与旧式音乐相比，都逐渐显露出不同，成为一个独立存在物。首先，南北战争之前，音乐出版大体上已经被归并到其他的专业活动中，并没有人把它本身作为一种生计。具有典型性的代表人物是费城著名的赛普蒂默斯（1827—1902），他刻录音乐也出版音乐。他拥有一家音乐超市，给人上音乐课，为别人作曲，还是《彼德森杂志》最受大众喜欢的音乐编辑。其次，到十九世纪末，很多国内的音乐资本在纽约被稳固下来，而在此之前纽约仅仅是美国很多重要的音乐城市之一。到 1855 年美国最大的出版商创立贸易组织时，费城拥有 7 个该组织的成员，是全国最多的；纽约有 6 个；波士顿和巴尔的摩各有 4 个；圣路易斯、路易斯维尔、克利夫兰、辛辛那提市各有 1 个。

经过十九世纪的发展，在这种旧的经济形式下，乐谱的销售稳步增长，但是个人音乐几乎没有商业价值。出版商们基本不做广告。任何歌曲的出版在经济上都需要冒一定的风险，因此歌曲作者们都用心地工作（对细节要求非常高），但即使有个很小的页边空白也会被退回来。对于写歌的人来说，歌曲可能带来意外之财，但他们几乎不把它作为生计的基础。著名曲作家史蒂芬·福斯特是个例外，他可能是第一个通过销售活页乐谱来养活自己的美国作曲家。他著名的作品有《故乡的亲人》《我的肯塔基故乡》和《康城赛马》等。于1826年生于匹兹堡附近的他精心创作了很多既好听又简单的曲子。这些曲子比之前的任何作曲家写的曲子都要好理解。他也以此标榜自己。他认为一首歌的受欢迎程度取决于那些音乐能力不强的人是否能记住，或取决于这首歌是否容易演奏。然而，即使是福斯特，从写歌中挣得的收入也不多并且不稳定。他的贫穷几乎与他不朽的歌曲一样出名。尽管他最成功的曲子《故乡的亲人》（1851）确实为他赚了1647美元的版税，这在十九世纪中叶是一大笔钱。然而他出版的52首歌曲获得的版税却告诉了我们一个不同的故事，实际上他每首歌曲平均得到的报酬只有36美元。而对于大部分其他歌曲作者来说，情况甚至更加令人感到羞辱。在这之后的几年或几十年之后，史蒂芬·福斯特或乔治·弗雷德里克·鲁特可能能卖出几十万份甚至几百万份唱片，但是在当时，一首歌如果能卖500份以上就被认为是成功。一般来说，大部分作者会以一个普通的价格彻底地卖掉他们的歌曲。对于他们来说，被不择手段的出版商蒙骗是经常的事。这种情况反映在十九世纪八十年代之前的歌曲所能获得的价值上，亨利回忆道："我没有想过从写歌上挣钱，因为在那个时候从来没有听说过一个人因为写歌发财了，也没有很多人努力去写歌。"

之后，原创歌曲的出版在音乐经济上仅仅占有一个相对很小的位置。老歌被自由广泛地传唱，在那些畅销的老歌当中，很多是从爱尔兰和英国引进的。事实上，当时大量的评论员认为不得不发展一种与众不同的音乐风格。持这种观点的典型代表人物是雷金纳德·戴·柯文，他1859年出生于康涅狄格州。在作为一个音乐剧院的作曲家出名前，他在欧洲学习音乐。1897年，戴·柯文写道："虽然数量众多的风格各异的歌曲充斥在出版商的目录中，但在整个歌曲出版界，却很难找到发挥想象力的、可以被称为与众不同的、典型的美国音乐。"与此同时，直到十九世纪九十年代，国外的这些作品在版权方面都更加吸引出版商，因为他们不支付版权费。然而随着1891年《著作权法》的颁布实施和之后总统候选人的演讲，出版商们也被要求尊重国外的著作权。其中有一条限制条款，打击了国内潜在的新作品。回顾往事，《著作权法》也反映了美国著名的音乐出版商们的软弱状态。当这个法律被起草时，图书出版商们的抗争取得了成功，其中包括要求在美国重新印刷国外作品这一条款，目的是为了使美国也有版权资格，以免在进口印刷产品和图书制造业贸易中出现削价竞争。然而音乐出版商贸易团队——音乐贸易商会，没有游说那些代表他们成员利益的人。结果，这些没有受到保护的音乐出版商面临了新的来自于国外的竞争，这使他们在市场上的股票下跌，失去很多他们在美国音乐商业界的权利。

在十九世纪八十年代，音乐出版界出现了商业转折。公司开始为音乐大厅不断增长的需要提供歌曲，这马上就成为了美国音乐表演的主流形式。混合的短剧、舞蹈、杂技和音乐剧歌曲本身就来源于游方艺人的表演，歌舞杂耍表演则是从各种各样剧院表演中演化而来的，由纽约剧院经理托尼·帕西特（他也是一名歌曲作者和演员）首创。对于"礼貌"的中产阶级，杂耍本质上是各种形式的表演中的一种更有益于健康的活动。在剧院禁止吸烟、喝酒、嫖娼，舞台上不允许出现猥亵的黄色笑话。最初，表演者们大部分是自己写歌，但是随着都市观众变得苛刻，即使是好的演员也很难继续写了。

到这个时候为止，歌曲出版从本质上已经是一项积极的活动了：出版商们出版歌曲，然后期望人们买。与此同时，十九世纪的广告，更多地是以宣告商品的可用性为目的而不是刺激消费。相反，一些新的出版商以一种前所未有的进攻性销售他们的产品。威尔·罗西特1880年创立了他在芝加哥的公司，成为了第一个在剧院贸易类杂志上做广告的音乐出版商。他夹着几捆活页乐谱，从一家音乐商店到另一家音乐商店去兜售他的歌曲。他还开始为他的活页乐谱打印装饰性的说明（可能也受到当时彩色印刷发展的影响），这使得他提供的乐谱在视觉上更有吸引力。在同一年的纽约，弗兰克·哈丁接管了他父亲的"正统"音乐公司，开始使公司朝着为托尼·帕西特写的流行歌曲的方向发展。他鼓励当地的歌曲作者们为他提供材料，通常是以请他们到附近酒吧喝酒的方式给予报酬。几年内，他办的公司就成了歌曲作者们经常去的著名的地方。

与此同时，由汤姆·哈姆斯和亚历克斯·哈姆斯兄弟创立的新公司 T.B.哈姆斯和威利斯伍德沃德公司开始列出一天中的主演来介绍和提高他们的音乐表演效果，这经常用来交换钱或其他的补偿金——这是在以后的几十年中一直坚持做并逐渐变得重要的一项实践。这种做法很有可能来自于英国的音乐厅，在那儿大部分的表演项目是由付版税的民谣组成的，被音乐厅表演的歌曲会因舞台表演而获得版税。然而在新兴的公司中，最卓越、最重要，持续时间最长的还是维特马克和他的儿子们这个公司，这个公司是由年轻的兄弟们——维特马克家的伊西多尔、朱利叶斯和杰伊创立的（随后两个弟弟弗兰克和爱迪也加入了）。这些孩子们起初打印假期卡片和名片，在音乐出版商威利斯伍德沃德没有履行让朱利叶斯参与一首歌曲的利润分配的诺言后，他们决定集中力量于歌曲出版上。《总是听妈妈的话》这首歌曲是朱利叶斯作为一个游方艺人出演的。然而直到 1891 年，朱利叶斯才把他唱歌这件事融入到了维特马克家族的被夸耀的出版商的事业里。事实上，几年前他们就已经花十五美元买下了《画面朝墙》这首歌，但是一开始并没有推进它的发行。然而，当朱利叶斯把这首歌曲加入到他的表演中，并进行了全国的巡回演出后，这首歌卖掉了上千份，也为年轻的维特马克家族在他们商业的老对手中赢得了尊敬。这首歌受欢迎的程度鼓励了另一家出版商，用最初的名《面朝墙的画》来销售这首歌曲。对于这件事情，维特马克家族以侵犯版权的名义将其诉讼上法庭，并获得了胜利。他们诉讼的胜利更加固了他们在音乐领域里的声望。

几乎在同一时候，另一个叮砰巷的关键人物也开始了他创作歌曲的职业生涯。在十九世纪八十年代中叶，一位叫查尔斯·肯·亨利的有抱负的歌曲作者在密尔沃基租了一间办公室，在办公室外面悬挂了一条标语——"无弦琴演奏师和歌曲作家，随时听候差遣"。这条标语所表达的是他对游方艺人演艺方式的熟悉，"随时听候差遣"表明了他对大众不同口味的负责。在接下来的几年里，他很有效地把这条标语变成了口号。然而他不像当时那些著名的游方艺人出身的歌曲作家，他并不是一个演员。尽管他不把写歌作为他与"正统"音乐分歧的象征，但是他通过耳朵去聆听，也表现了他拥有对于歌曲材料进行创造性改善的能力，这也是他在他的自传中自夸的一件事。

　　亨利通过把他的一些歌给流浪歌手们唱而获得了一定的成功，在1891年他创立了他的出版公司。他最大的突破是在1892到1893年间创作的《舞会过后》，这是一个新音乐文化创作的里程碑式的作品。在1908年的哈伯德的《美国音乐历史》中，作为芝加哥论坛音乐评论员的他对这首歌曲做了被广泛认可的评价，当时他写道："很可能正是这首歌真正开启了我们今天所认识的流行歌曲的潮流。"事实上，之前的确没有一首歌曲如此快速又广泛地被卖了这么多份。在这个时期，一首歌曲能被卖掉几百份甚至上千份就非常成功，可是《舞会过后》这首歌被卖掉了几十万份。正如在1895年的音乐杂志中所报道的那样，可能它的销量超过了一百万份。而且这真正成为了一条国际性的爆炸新闻。在此之前，几乎没有出于商业目的制作的音乐获得过真正的国际上的欢迎。在这个国家的一个地区令观众兴奋的东西不一定在另一个地区令人兴奋。

这首歌本身是一个叙述性的民歌，有三节和一个合唱部分，是华尔兹舞曲中的插曲。它的主旋律极其简单，它的合唱部分非常容易去记。它伤感的歌词是十九世纪末民歌的典型代表，体现了维多利亚时期普通生活中的多愁善感。在《舞会过后》这首歌的歌词里，描述了一个男人向他的侄子细述了当他看到他的爱人亲吻另一个男人时，他失去生命中爱人的经历。在这一时期的叙事歌中总有这么一个特点，就是很多年后事实的真相才被揭晓，那就是这个男人的爱人亲吻的仅仅是她的哥哥。基于对十九世纪家庭和婚姻的假设，歌曲描述的部分很快被听众理解，有一些人甚至还表达了对遵守维多利亚时代价值观的焦虑。然而单单文化上的强烈反响几乎不会引起巨大的商业成功。事实上，在音乐产业形成的这几年中，传统的维多利亚价值观始终贯穿于歌词当中，但这种商业性的音乐却掩盖了在文化生产领域里发生的巨大转变。

以亨利的观点来看，《舞会过后》不仅在音阶上同时在音乐类型上都与众不同。它是新音乐的一部分，是一首包含了很多种音乐元素的流行歌曲。几年之后，这种类型的音乐很快受到欢迎。亨利认为，这是在供给与需求方面动态变化的结果。这种需求就是音乐要有唱起来的更简单的旋律，并且更容易让人理解。随着音乐教育的增加，更多的人能够演奏他们，歌舞杂耍表演的改进给了歌曲更多的展示机会。而且几年之内，留声机和钢琴成了富有刺激性的需求。然而，《舞会过后》这首歌特别表明了一首歌要获得更多的听众，是能够通过热情、重复和各种各样的音乐改进来系统化地产生的。事实上，没有任何歌曲能够不经过这样的宣传就获得巨大销量的，亨利在他1926年写的自传中强调："一首新歌必须经过唱、演奏、哼唱，反复地灌输到公众的耳朵里，并且不仅仅在一个城市，而是在每一个城市，每一个小镇甚至每一个村庄。"

　　亨利明白"流行音乐"中的"流行"元素依赖于营销——疯狂的营销——和生产，在大量通信设备出现之前，营销的主要渠道是舞台。亨利写道："真正使歌曲流行起来的开端是把歌卖给演员们。"如果它吸引了演员们，他们将一定会为公众唱这首歌。常识告诉我们，歌曲作者支持的演员名气越大能力越强，这首歌获得公众喜爱的概率就越大。当然，一名演员对歌曲的喜好可能也会受到报酬的影响。因此，亨利努力赢得了这时期最成功的流浪歌手之一——詹姆斯·奥尔德里奇·利比的支持来推行《舞会过后》这首歌，另外还劝服了欧文在百老汇的表演中演唱这首歌，说服迪克·乔斯在新西兰的西海岸各城市演唱以及海伦·莫拉在全国的歌舞杂耍中去演唱。很多情况下，这些为其表演的演员们会有少量报酬。根据当时的一份报道所述，亨利声称他付给五十名在演出中表演了《舞会过后》这首歌曲的演员们一周五到五十美元不等的报酬。亨利并没有完全地采用舞台表演这种策略来宣传歌曲，但是他改良并推广了它。例如，他把詹姆斯·奥尔德里奇·利比的照片印在了活页乐谱的封面上，他立马就把这位歌手的名气作为歌曲营销的资本并提高了歌手的知名度，这对于歌手和出版商是双赢的事。

然而这首歌最成功的时刻发生在 1893 年芝加哥的"世界哥伦布博览会"上，这首歌成了约翰·菲利普·苏萨在会上的常备剧目中固定上演的一个。苏萨是十九世纪九十年代在音乐上的卓越的文化权威人士，他对《舞会过后》这首歌的选用，对《舞会过后》这首歌产生了深远的影响。作为乐队主唱、指挥家和作曲家的苏萨，也被称为"军乐之王"，是那个时代最受尊敬的和最有影响力的美国音乐家。成千上万的来自全国乃至全世界的观众都听了苏萨乐队在中途岛号上的演出，他们当中的很多人都把《舞会过后》这首歌的好几份活页乐谱带回家作为纪念品。这种方法使这首歌传播得更远更广，并被翻译成很多种语言。

《舞会过后》这首歌改变了美国音乐和音乐与商业之间的社会格局。在很大程度上，是由于这首歌的成功，使亨利在芝加哥和纽约都设立了办公室。在世纪交替后不久，他移居到了纽约。他个人就是歌曲作者们大量移居和流行音乐产业得以巩固的典型。同时，亨利的成功鼓励了大量的音乐出版商们要努力赶上并获得他们自己的成功。已经成立的一些重要的叮砰巷的公司也效仿《舞会过后》，包括 1894 年成立的约瑟·斯特恩、杰罗姆·雷米克和豪利以及哈维兰的公司；1895 年成立的利奥公司；1896 年的夏皮罗·伯恩斯坦公司；1897 年的 F.A. 米尔公司。据伊西多尔回忆，在十九世纪九十年代中叶，人们不容置疑地认为叮砰巷是一个产业的标志，到 1900 年为止，仅仅有很少的国际性成功，不是产生在纽约。根据维特马克家族的评价，这些新型的出版商们既不了解也不关心音乐，但是他们发现流行音乐可以赚钱。

叮砰巷的主要员工的构成很复杂，有犹太人、美国黑人、德国人和爱尔兰人，他们在音乐上的经历基本上形成了叮砰巷产业的发展。在叮砰巷工作的犹太人尤其具有影响力，甚至在一些主要的出版商的名单中也有可观的数目。在 1870 年，商业中最杰出的人都有艺名，比如约翰·丘吉尔、奥利弗·迪岑、撒迪厄斯·弗斯、威廉·庞德和乔治·弗雷德里克·鲁特。到 1910 年，这些出版商中的大部分都消失了，引领出版业的主要是路易斯·伯恩斯坦、利奥·弗斯特、麦克斯·德雷福斯、爱德华·马克、杰罗姆·雷米克、莫里斯·夏皮罗、泰德·斯奈德、约瑟·斯特恩以及维特马克家的伊西多尔、朱利叶斯和杰伊。不仅很多出版商是犹太人，很多歌曲作家也是犹太人。尽管在早期的叮砰巷文化群体几乎引不起出版业之外的人注意，但在不久之后，在新型流行音乐遭到批判的时候，犹太人的名声却被作为这一时期音乐低俗化的解释。记者阿诺斯到一位出版商的办公室中采访时表现出了典型的轻蔑。他发现犹太人经营的出版公司都是"廉价的、无意义的和庸俗的"，当一位歌手在排练出版商提供的"具有典型犹太声音"的歌曲时，他发现"我从来没有想过看起来似乎文明的嗓子里会发出如此糟糕和庸俗的声音"。而随着流行音乐的地位提高和在二十世纪美国文化中对犹太人看法的转变，之后很多评论员都特别提到，在早期的音乐产业中，大量犹太人的涉入使得出版界更加平静，或是认为他们是一个独一无二的创造性的集体。

犹太人在叮砰巷的数量上的优势从未被忽视过，但是几乎没有任何人以一种有意义的方式去描述他们。与其问为什么在叮砰巷有这么多杰出的犹太人，我们最好问一下为什么是这些犹太人？不仅要关注犹太人作为歌曲作者和音乐出版商，也要关注专业的舞台经验、表演技巧，以及民族身份在音乐行业中的复杂的进化中的作用。用超越"犹太人典范"的方式理解叮砰巷，也许会帮助我们用欣赏的眼光看待那些不承认白人新教教徒文化是美国主流文化，却仍旧传承这种文化的人群。

叮砰巷最优秀的出版商有一个最大的特点，即彻底同化出生在美国的德裔犹太人。在查尔斯·K.哈里斯、爱德华·马克、伊西多尔·维特马克三人的自传中，都提到了他们的犹太背景。维特马克甚至提到，他父亲离开普鲁士前，曾是"教堂唱诗班"的一员。哈利·冯·提利尔的父亲是爱尔兰人，母亲则是犹太人（提利尔是其母亲闺名，把"冯"加入其中以增加名字的贵族气息）。他的妻子死后，遗体被火葬。这以当时犹太习俗看来，是件怪事。但所有这些都证明，十九世纪后期美国开始同化德裔犹太人。

没有什么明确具体的宗教性原因，证明是其加快了犹太人走向流行音乐发行业的进程；没有什么明确具体的宗教性原因，证明是其加快了犹太人成为欧洲传统音乐下一任继承者的进程。另外一种社会学的解释也许更有说服力，历史学家贝尔特·奥斯坦朵夫对"从众"的解释，尤其适合这些出版者。他们共有的一个特点是他们都是年轻人。这一时期的每一个重要的出版商，都是在二十五岁左右进入出版业，除了极少数更年轻的人。他们是爱德华·B.马克（生于1865年）、威尔·罗斯特（生于1867年）、查尔斯·K.哈利（生于1867年）、弗莱德瑞克·本杰明·哈维兰德（生于1868年）、伊西多尔·维特马克（生于1869年）、哲罗姆·K.哈利（生于1869年）、里欧·费斯特（生于1869年）、帕特里克·豪利（生于1870年）、朱丽叶斯·维特马克（生于1870年）、约瑟·W.斯特恩（生于1870年）、哈利·冯·提利尔（生于1872年）、莫里斯·夏皮罗（生于1873年）、马克斯·德雷福斯（生于1874年）。他们都有一个显著的特征，那就是在进入出版业之前，大多做过推销员（在当时，这是一种犹太人可从事的体面工作）。伊西多尔·维特马克卖过滤水器，斯特恩卖过领带，费斯特卖过胸衣，而德雷福斯卖过相框和缎带。之后，这些人进入了音乐产业。他们带着推销艺术及经验，形成了自己的商业世界观。学会面对顾客、与顾客建立联系、培养对新鲜事物的好奇心、适应顾客的品味并鼓励凭借个人能力营销。他们的出身及销售技巧，成为他们创建音乐产业的强有力的支柱。有时，他们还担心歌曲会卖得像肥皂一样好。

这种商业形象的发展与德裔美国人的音乐背景相左。最明显的一点是，在十九世纪末的美国音乐生活中，随处可见第一代和第二代德裔美国人。然而结果却是，叮砰巷中，年轻的德裔音乐出版者们较之他们的犹太同行们，为自己在音乐圈子立住脚做了更多努力。事实上，在美国音乐圈，德国元素占领了绝大部分。从音乐厅到歌舞杂耍表演，无一不与德国相关。纽约主要交响音乐会是由德国指挥家西欧多尔、利奥波特，以及达姆在美国出生的儿子沃尔特指挥的。这三个人，无疑都为德国音乐文化在美国音乐中的影响做出了贡献。他们促进了音乐教育，并大力推广音乐，尤其是德国音乐。他们把德国音乐奉为精神文化提升的阶梯。他们受到了当时出色的批评家亨利·克雷比尔的援助。此外，他们也得到了奥斯卡·索内克的援助。奥斯卡·索内克是一位编辑，也是一名教育家，1902年到1917年间任美国国会图书馆音乐部部长。这两位的双亲都是出生在德国。其他美国音乐界的领军人物也几乎都与德国有关。施坦威是德国人，约翰·菲利普·苏泽的母亲是巴伐利亚人。有着明显爱尔兰特性的维多利亚·赫伯特，继父是德国人，他在斯图加特长大，并且娶了一位德国女人（他受业于沃尔特·达姆）。歌曲作家保尔·德拉萨（小说家西奥多德·来塞同父异母的兄弟）出生在一个德国天主教家庭。

二代德裔美国人、犹太人和异教徒的成长环境充满对德式音乐的憧憬。下一代移民就有着跨越文化领域的灵活性。因此，正如奥斯坦朵夫所说，"在进步与创造以及融合差异上"，他们驾轻就熟。他们就好像既不属于旧文化，也不属于新文化。他们能在不同的人群和语境中转换，学习并同化思想、情感和感受。这种转换能力成为他们的第二本能。与异教徒相比，德国犹太人的这种能力表现得更为强大。他们与三种文化息息相关，即德国文化、美国文化以及犹太文化。而德裔美国人的内在特征包括：世界文化大同主义思想、城市思想以及对其他阶层种族相对的开放性思想。实际上，这些就是几年后区分好莱坞大人物和来自叮砰巷发行者的依据。尽管后者有着进入电影业前的销售经验。派拉蒙、环球唱片福克斯、米高梅影片公司以及华纳兄弟电影制片厂的建立者几乎都是第一代移民（只有阿格里帕和华纳是第二代移民）。他们出身不幸且艰辛，这与略微容易的音乐出版业的起步形成了鲜明对比。

好莱坞在十九世纪一十年代就已成型。叮砰巷中的犹太成员因受到西欧来的犹太作曲人的影响发生了一系列变化。这些人并非德国背景，他们大多来自工人阶级家庭。在世纪之交，大量来自欧洲的犹太人涌入美国，尤其是纽约。与在此之前第二代德国犹太人类似，这些人成长于重视适应能力的环境中。并且，他们将家庭和社区、传统与现代、新文化与旧文化合为一体。如果非要说他们与前者的区别，那就是他们达到了这一特点的新高度，原因是他们生活在无数犹太人群之中（俄罗斯人、匈牙利人、罗马人、加利人等）。每一种人都有其独特的文化准则，正如与其他移民群体（意大利、希腊、爱尔兰等）的相互影响一样寻常。不论是德国还是其他犹太流行歌曲，都会带有禁止批评犹太人的犹太式特点。然而，这却引发了社会关系的激烈变化，形成了种族社会分裂。

把这些社会学因素连在一起，有助于理解流行音乐产业的建立过程。黑人游吟演艺和剧院演出盛行，是叮砰巷生活化的催化剂。被伊西多尔称作叮砰巷"物质和精神来源"之一的游吟诗人表演，在某种程度上，对游吟技艺的热爱及其本身固有的种族设想已经越过了正在发展中的音乐产业。哈利·冯·提利尔、查尔斯·K.哈利、保尔·德拉萨这三位十八世纪九十年代和十九世纪初最成功的音乐制作人又聚在一起了。这次重聚的他们，既因他们每个人和德国的关联（他们中两人类似德国犹太人，一人深信德国天主教），也因他们才能够从中等的中西部城市重返纽约定居。这次，他们从专业音乐制作转向音乐发行。这三个人进入音乐界，都是出于对游吟诗人以及相关形式的音乐的理解和热爱。年少的冯·提利尔离家出走，加入了马戏团。之后，他又加入了滑稽剧团，为游吟诗人和杂耍演员写剧本，并开始了他的创作生涯。和他类似，德拉萨在来纽约前事业也已起步。他从游吟诗人表演和集娱乐促销专利药为一身的巡回药展起步。尽管哈利从没做过专业演员，但他受游吟诗人表演氛围熏陶，弹得一手好班卓琴。班卓琴是游吟诗人表演舞台的精髓。

作为音乐制作人，三人都以感伤情歌出名。然而，这些也成为游吟诗歌种族嘲笑感伤主义的部分原因。

黑人歌手剧院还是现代音乐产业的支柱。维特马克派不仅从朱丽叶斯的游吟诗人职业生涯中取经（还有他的兄弟弗兰克和艾迪），也从游吟诗人表演中取经。游吟诗人表演可作为营销公司已发行歌曲的手段。同时，维特马克家族还创立了一个营利性的游吟诗人的部门，以此推动美国业余游吟诗人爱好者表演的发展。1905 年左右，兄弟几人出版了《维特马克游吟诗表演营销指南》一书。据伊西多尔说，这是一本"通俗易懂"的书，并且"只需 1.5 美元，社会组织就能将自己的成员变成游吟诗人，组织从最简单到最复杂的表演"。同期，伊西多尔的游吟诗人表演的邮寄策划，则是另一个对流行音乐做出的杰出贡献。邮寄策划就是，表演者或组织者将其团体规模、歌手人数、管弦乐队水平以及其他信息细节以调查表的形式邮寄给游吟诗人部门。然后，游吟诗人部门将客户定制的表演策划邮寄回去。策划包括具体曲目、相关笑料、演出地点和预算。因此，当叮砰巷发行者没能创造黑人游吟诗表演时，这些人却将其加以传承和发扬光大。

与此同时，美国黑人在创业之初的表现尤为积极，但他们入行时并不具备稳定的影响力。当时正值世纪之交，犹太人和美国黑人，都力争获得美国文化的接受与尊重。正如历史学家麦克·罗金所言，他们"朝着共同的目标努力"。然而结果是，犹太人有了更多经济发展、社会认同以及政治法治化的机会，而美国黑人却恰恰相反。当时，许多地方对于这两种人都持不开放的态度。然而，娱乐业却是个例外。此外，黑人和犹太人的反对者认为，他们是以完全不同的方式接触娱乐业。对美国黑人来说，从业于娱乐业，是一种捍卫自身人权的方式。对犹太人来说，从业于娱乐业，可以证明自身有益于并能适应美国主流价值观。

事实上，美国黑人和德裔犹太人的关系十分复杂，并牵扯到多方因素。几乎所有叮砰巷成员最初几十年都态度坚决地入侵"黑人歌曲"市场。黑人歌曲就是以"黑人"为主角的轻音乐，歌词通常"带有口音"，乐谱封面风格奇异并具有讽刺效果。这曾经是叮砰巷一时的商业领军产品。尽管它有着略显庸俗的流派陈规，但许多美国黑人积极投身于这种歌曲的创新提升之中。那些站在为美国黑人争取经济文化发展机会斗争最前端的人，是像 J. 罗莎蒙德、哈利·T. 伯利、威尔·马里恩·库克以及伯特·威廉姆这样的人。布克·华盛顿发表的亚特兰大妥协案的演说，加剧了种族歧视暴力化。普莱西诉弗格森案，提出了"隔离而平等"的原则。他们认定美国黑人的文化产品，除了自我排解和文化虚无外，没有任何可与其余商业歌曲媲美的专业优势。

不管美国黑人试图在现有文化规则下创作，还是跳出现有文化规则的限制进行创作，他们都面临巨大挑战。这个圈子最声名狼藉的歌，就是由美国黑人厄内斯特·霍根创作的《所有的黑人都和我一样》。尽管伊西多尔·维特马克参与了这首歌的歌词创作并发行了这首歌。但事实上，这首歌无论歌名、歌词还是曲调，都没有其他同类歌那么招人厌恶。然而，这首歌在1896到1897年间风靡一时，并引发了一次文化轰动。它的歌名和曲调被种族歧视者作为有效的侮辱工具。白人用口哨模仿这首歌的前几句来奚落黑人。曲调本身成为种族恐吓的工具。最终，美国黑人认定这首歌是黑人歌曲附带危险的象征。与之相对，霍根却有幸得到了维特马克的支持。这一点，对许多美国黑人音乐制作人来说，都会感激不尽。据说霍根最后就是因这首歌受到牵连而被后人悼念。同时期，维特马克也发行了大量进步的美国黑人音乐作品。这些作品中包括库克和邓巴开创性的拉格泰姆音乐选段《克劳恩迪：步态竞赛起源》。伊西多尔·维特马克在他的自传中也提到过，他曾和库克闹翻。库克在律师的陪同下，重新审视他们忠诚的宣言。与维特马克行动的动机无关，这个突发事件使美国黑人音乐制作人的地位变得更加无足轻重。美国黑人音乐制作人的发行机会也在减少。

在叮砰巷周边的其他地区，偶有音乐制作人跨种族合作的情况。例如，在1903年，阿尔伯特·冯·提利尔（哈利的兄弟）和塞西尔·麦克（R.C.麦克佛森的化名）合作了《流泪》。

西奥多·德莱赛轻蔑的言语，可称得上当时人们对这一行业普遍看法的代表。德莱赛认为，美国黑人音乐制作人格西·戴维斯是个天分甚好但仍有些"懒惰"的"坏黑人"，一个缺乏长远思想但精力充沛的黑人。在他眼里只有歌曲带来的金钱收益，他并没有意识到歌曲还可以带给他忠实的追捧者。"我根本不想要这些，"戴维斯曾说，"那样太麻烦了。我想要的，只是现在能为今后需要的时候挣上一些钱。"德莱赛认为，这样的金钱观应该受到谴责。这也恰恰象征了戴维斯的下等身份。最终，十九世纪二十年代前，没有一个美国黑人成为叮砰巷公司的音乐制作人或组织者。更有甚者，一些白人公开掠夺黑人的工作成果。这些白人，把他们从美国黑人俱乐部聚会室听来的歌曲以自己的名义出售。

美国黑人尝试创造出版业替代品，这让他们站在了有着众多资源的出版商的对立面。最重要的黑人经营的冒险事业是由R.C.麦克佛森在1905年创立的阿塔克斯—愚人村音乐制作公司。公司名来自克里斯普斯·阿塔克斯，他是在美国独立战争中逃脱的长期受苦的奴隶。公司的目标显然是促进种族融合，而不是种族分裂。这个公司既发行黑人音乐制作人的作品，也发行白人音乐制作人的作品，同时也面向黑人和白人观众。公司的办公室坐落在叮砰巷的白人公司附近，一开始在第二十八街，后来搬至第三十七街。这间公司经营的七年里，音乐作品数量寥寥（大约185首歌）。然而，这些歌中，歌曲成功的比例是惊人的，产生了不少很有影响力的作品，最出名的是伯特·威廉的招牌歌《没有人》。麦克佛森通过扩大公司出品的音乐的影响力，阻止了"黑人"滑稽模仿成为这个圈子的典型音乐。然而，阿塔克斯—愚人村在市场上也总遇到种族歧视者。例如，一位孟菲斯商人坚持认为，如果他的客户知道公司是由黑人运营的，那么他们绝不会买阿塔克斯的乐谱。因此，阿塔克斯－愚人村公司只能用有限的资源与其他关系日益紧密的音乐公司相抗衡。尽管在稍晚的二十世纪一十年代，另一个黑人公司——便捷音乐公司的运营稍好，但它所面临的仍是一个充斥着敌意的市场。

十九世纪九十年代初，一种新兴黑人美国音乐让美国流行文化发生了突变。这种音乐源自美国黑人的拉格泰姆切分音，它很快成为美国中西部最流行、最有争议的叮砰巷作品。批评家指责这种轻浮、易于伴舞的音乐是粗制滥造且下流的危险品。这种音乐最强烈的反对者认为，拉格泰姆不仅仅是可供聆听的东西，它很可能会诱发激情，是美国黑人在没有身体控制下的最原始的性欲的表达，如果在文化层面上极大地助长这些冲动，会造成美国道德的堕落。1904年，世界音乐博览委员会甚至禁止拉格泰姆出现在圣路易斯举办的路易斯安那购买展览会上。这么做的原因是害怕这种音乐有损音乐的纯洁性。这种音乐产品的歌词中的性暗示，更加加大了这种言论的威胁。对批评者来说，这种音乐的独创性，仅能证明美国黑人固有的差异性，而他们在美国应处于永久的被隔离状态。一些中产阶级美国黑人，将拉格泰姆视为一种低水平道德的音乐。此外，他们担心这种音乐会深化大众对美国黑人的消极看法。他们对这种音乐持反对态度。正如俄亥俄州有色人种妇女联合会认为的那样，他们认定拉格泰姆有"降低有色人种天生的音乐品味，压制有色人种最有前途的文化趋势发展"的倾向。另一方面，拉格泰姆的支持者，则与批评者们的观点相反。这些支持者们认为，拉格泰姆是无害的，令人愉悦的，使人们得以自由释放的音乐。此外，拉格泰姆源于美国黑人，而非强加于他们（正如游吟诗人和黑人歌曲那样）。并且，作为一种即兴创作而成的音乐，拉格泰姆在传统欧洲作曲家的音乐作品之中，为美国黑人作品保留了一席之地。最终，拉格泰姆不仅在美国黑人管辖区内，并且在全美甚至国外的很多地方广泛流行开来，并成为流行音乐行业的中心组成部分。

对叮砰巷的发行者来说，最重要的是拉格泰姆的流行性和可获利性。一些美国黑人靠拉格泰姆的流行而获利。然而，对拉格泰姆的经济投资掌控在出版商手中。最值得纪念的拉格泰姆作曲家S.乔普林面对这一情况时，他的出版商约翰·斯塔克，没有给他的新作品一个特别的安排。这件事情之后，他们两人的关系产生了永久的裂痕。现在，在很多人眼中，这种音乐仍和美国黑人有关。然而美国黑人却对拉格泰姆没有丝毫的控制权，他们对拉格泰姆的商业开发也受到了限制。不同出身的作曲家开始拉格泰姆的创作，并将其推向了新的发展方向。他们呼吁拉格泰姆的商业化，出版商们开始将其应用到更广阔的音乐体裁上，最终，拉格泰姆几乎进入了所有新的、欢快的、激动人心的音乐中。表演者也开始意识到，任何一段音乐，不论新旧，不论它被如何呈现在乐谱上，都可以被切分。拉格泰姆的切分音成为一种永久的美国流行音乐的特征。尽管，它的成功对音乐产业市场分配的影响其微。

歌曲工厂

虽然叮砰巷的社会关系在很大程度上诠释了音乐产业的发展，但它的运作和组织结构却源于资本主义企业的一般原则。基于谋取利润的生产逻辑，一个个工厂一个个部门都遵循着劳动力的专业化和分工原则。如果在铁路、钢铁制造、化工、金融等行业存在专业化与分工，那么同样对于歌曲的系统化商业生产也存在专业化与分工。到 1910 年，《纽约时报》把"叮砰巷"作为一个"流行歌曲工厂"，还总结说："歌曲可以像其他普通商品那样销售。"当时的音乐可以分为几大类别——家庭式歌谣、新奇的数字歌、表演歌曲、舞曲——都几乎以相同的方法制作出来。无论多么引人注目的单曲，经营者都是基于理性的计算来得到标准化的产品，以减少供应和需求的波动和不确定性。

在叮砰巷，出版商、作曲家、作词人、编曲者、宣传员、封面插画师都分工明确，他们扮演着不同的角色。人们把词曲创作、出版和推销分解成不同的部分。出版商站在这个结构的顶部，他们管理着商业中日益增长的业务。出版商的位置牵涉到各种复杂的责任：购买歌曲、帮助作者改进想法、决定录制哪首歌曲和指出该在何处如何宣传一首歌曲。虽然歌曲的成功一定取决于有能力的曲作者，但的确是出版商而不是曲作家，站在了叮砰巷的运营中心。出版商有时要像一个编辑一样，改变一个标题，或者添加新的歌词，或者更改任何他认为合适的合唱。一个出版商把一个好主意放入一首糟糕的歌中，往往可以把这首歌变成一首好歌。出版商还设计了推销歌曲的策略，用一位资深的作曲家的话来说，这是一种如此狡猾的手段以至于使他"成为和作曲家本人一样的具有创造性的人"。

专业编曲的出现体现了叮砰巷的这种劳动分工和专业化的整合。直到十九世纪九十年代后期，出版商发行的歌曲，通常还是钢琴配合声音的演奏。当一名舞台歌手要唱这首歌时，他或她都不得不向为他提供伴奏的十人管弦乐团付费。如果歌手在一个更大的乐团演出，他或她必须按一个新的标准支付费用。这些为管弦乐编曲的人通常是一个娴熟的音乐家，他们的工作基本上是自由的，同时他们创作的旋律可以卖少量的钱。爱德华·马克把这些人比作是修鞋匠。随着杂耍表演越来越受欢迎，称职的音乐家总是能找到编曲的工作。然而，在十九世纪九十年代早期，这种情况发生了变化。为了使表演者采用的歌曲更容易表演并且成本更低，出版商也开始雇佣曲作家去编曲。表演者很快就开始喜欢这些"专业的"无封面的且便宜的乐谱，这种乐谱很快就成为出版公司的音乐产品的一部分，维特马克家族和其他的出版商都去雇佣全职作曲家。

编曲者的工作还包括准备一首歌的不同旋律——"高档"的民

谣可能有六个或更多的版本发布。一个作曲家回忆说："你可以去T.B.哈姆斯公司花两美元雇佣一个在那里工作的年轻人吹着口哨充当钢琴伴奏或为乐团调音。""从本质上说，曲作家是叮砰巷雇佣的代笔，是不可或缺的半熟练劳动力。他们有的是知识，但是他们没有将知识转化为现金的想法。"艾萨克·戈德堡说，"他们就像巴比特先生办公室的速记员：他们会把很难的曲子变成一个时髦的简单的曲子，但他们必须从老板那里得到所有的想法。"

大约在同一时间，出版商也开始雇佣词曲作者作为员工。当时，许多出版商已经通过一两首自己执笔的歌曲获得成功，并且开始在出版业崭露头角。他们很快发现自己可以寻找更多的有商业潜力的音乐素材来出版。从企业外部搜集音乐素材给了出版商灵活性，但是，他们也面临着这些音乐素材会遭到同行竞争的危险。雇佣员工减少了这种风险。当然，这增加了出版商的费用，但他们为出版商提供了稳定的音乐出版的可能，改编歌曲也有了较规律的生产周期。同时，这一时期，杂耍表演和其他类型的戏剧歌曲表演对音乐产品的需求正在不断增长。招聘工作人员增加了出版商的资本投资，但是也集中了更多的力量在出版公司，并减少了输出产品的不确定性。另外，这改变了音乐商业和舞台之间的权力平衡：早期，出版商一直在追逐表演者，现在演员开始寻找出版商。

词曲作者的招聘增加了希望以从事创作流行歌曲为谋生工具的人数。总的来说，词曲作者和出版商密切合作，获得了比编曲者更多的尊重，但公众很少关注他们并且出版商认为他们是可有可无的，并且可以随时更换的（并不像电影中的编剧）。哈伯德在他写的《美国音乐史》（1908）中写道："（但也）有一些明显的例外，美国的流行歌曲作者很多都是未知的。这些歌不体现词曲作家自己的个性而是反映了客观生活的滋味。"与此同时，一个获奖的词曲作家并不像平凡的工厂工人，出版商也知道这一点。在某些情况下，好的词曲作者获得了一种被称为"周推进"的报酬来支撑他们度过灵感枯竭期。作曲家杰克·耶伦记得，这是一种"鼓励他们，在他们没有灵感时让他们继续前进的方法"。对于非常成功的词曲作者来说，每卖出一份乐谱可以赚三到四美分，歌曲有时可以带来可观的收入。对于公众来说，写歌象征来钱容易的途径。但是，最专业的词曲作者，也仅仅是享有有限的销售合同。出版商往往为他们提供的是一份乐谱只有一两美分版税的工作。出版商中的大多数人声称，维特马克公司芝加哥办事处的经理南特·曼在歌曲写作中没有多少利润。

然后，在叮砰巷的核心系统中，人们理所当然地认为，绝大多数的作品，在出版行业是不赚钱的。然而，叮砰巷的一家公司提到，公司每发行十首歌曲就会有九首可能收回出版商一半的支出，这主要包括这首歌支付预付版税的费用、印刷的费用、使乐谱封面曝光的费用。当然，最大的支出费用是广告和促销。然而，这部分收入可能就足以支付公司的固定成本（租金、工资等），也就是说，可以保证出版商继续开展业务了。然后，如果十首歌中的一首取得了微小的成功（比如说出售了五万份），那么它就可以覆盖所有十首歌的成本并且还可以有一个小的利润。

在这个行业中一些有特点的创作者是否受灵感和直觉的驱使？当被问到这个问题时，很多人直言不讳。对于那些认为他们的歌曲灵感来源于作家的真实经历的人来说，作者 L. 沃尔夫吉尔伯特对他们说："并不仅仅是这样。"出版商路易斯·伯恩斯坦也同样驳回了这个观点："公众认为歌曲中有浪漫成分，实际上并没有。"词曲作家的创作往往纯粹为了满足消费者的口味和心情，而不是来源于一些灵感。在出版商爱德华·马克的话中提到，"歌曲作者不是华而不实的种族，他们根据市场来写"。哈利·冯·提利尔也解释说："一个成功的歌曲作者要被强迫去研究那些买流行音乐唱片的消费者的好恶，因为是他们决定一首歌的成败。"

在这种商业环境中，许多作曲家显然明白他们的音乐作品不是源自灵感的，他们的创作劳动是一种专业的工作。当《两杯茶》等作品的词作者欧文·凯撒被问到词与音乐的搭配是否是要考虑的因素时，凯撒回答，"合同是第一位的！"流行歌曲不是依靠"灵感"的创作。词曲作者阿道夫·霍曼解释说："作家坐下来，把自己设定到写一首歌曲的任务中。有时是一个作词人想出了一个惊人的想法，然后他们坐下来制作这首歌。"

霍曼承认："在商业创作中处处都会有一些感情在里面。"但他所说的是流行音乐的显著特征。"所有的流行音乐，在我的眼里，都是制造的。"他总结说。出版商们知道这种没有活力的歌曲制作过程。路易斯·伯恩斯坦回忆说，"歌曲作者坐下来，有时是机械地去写一首歌。"

在这个机械的过程中没有工程师规定的具体步骤，但欧文·柏林提供了另一个相近的事情——写一首成功的流行歌曲需要遵循的九条规则：

①音乐的旋律必须是在一般的公共歌手的平均音域。

②标题必须是简单的和容易被记住的，并且必须有效地"种植"在歌曲中。必须在歌曲中一遍又一遍地重复。

③歌曲的措辞必须既适合男性歌手也适合女性歌手，因为男女歌手都有可能购买和表演它。

④这首歌应该包含悲怆的情感，即使它是一个滑稽的歌。

⑤这首歌必须是原创的，但可以试图模仿当时红极一时的歌曲的主旨。

⑥你的歌词必须与你的情感或对象有关。

⑦歌词写得要容易上口，其中需要有许多开放的元音。

⑧你的歌一定要很简单。

⑨这首歌的作者必须把自己的工作视为一种生意。

这些规则突显了企业自觉的商业性质。这里强调的简单性和普遍性的歌曲是适合大众市场的歌曲。

然而，柏林的九条规则中，有两条规则似乎并不准确。柏林的规则中指出，歌词既要适合男性又要适合女性，这似乎掩盖了音乐产品的主要受众是女性观众的事实。"我们的流行歌曲，在工业化阶段，主要是在女性的影响下开始的，"叮砰巷最精明的批评家之一艾萨克·戈德堡说，"是女人在家里唱歌，是女人在家里弹钢琴。"约翰是《音乐贸易和美国音乐》的编辑，他估计，当时的女性有70%～75%的钱都花在音乐上。十九世纪九十年代开始，纽约的百货商店开设了音乐专柜，出版商约瑟·斯特恩和维特马克父子派代表去给那些女性演示音乐，随后那部分商店就成为了叮砰巷音乐唱片的主要出路。那些沉睡中的老牌出版商在竞争中处于了劣势，导致他们被年轻的流行音乐公司所取代。从这一点上看，对叮砰巷产品的消费已经主要是女性了。然而尽管这个大方向如此，出版商付费推广歌曲的依然主要是男演员。

　　生产也主要集中在男性手中。当时，还有几个女艺人能够成为成功的歌手，但成功的职业作曲家和出版商几乎都是男性。表达女性观点的词曲作者明显不够，不过《音乐贸易回顾》特刊发表了一篇文章——《关于1908年音乐出版的问题》。这篇文章竭力加强传统的女性行为的保守思想。"哦，不！我不是一个女权主义者。"文章这样开头。文章强调，一个成功的女性词曲作者必须"学习"大众口味。文章还提醒女性创作出版是一种单纯的商业，而不是娱乐，她们歌曲创作的未来取决于她们对这一现实的理解。

柏林的规则也大大夸大了叮砰巷产品的独创性价值。他曾经在其他地方声称："有些歌曲并没有一个新的旋律，词曲作者所能做的最有效的方法是以一种新的方式连接旧的词汇，这样歌曲会听起来像一个新的曲子。"在现实中，出版商注重的是市场的销售，而不是创新。如果一首歌吸引了观众，这首歌的作者就会以这首歌的风格继续创作，而竞争对手们也会很快推出并推广同一主题的歌曲。因此，当《今晚在梦里遇见我》在1909年风靡一时时，市场也出现了一系列以"梦"为主题的歌曲，包括《我想和一个像你一样梦幻般的孩子在梦境中做梦》《在我所有的梦中，我梦见了你》《亲爱的，我的梦想》《哦！真是一个美丽的梦》等等。在某些情况下，模仿者非常接近原创者。例如，《舞会致命的一夜》是芝加哥的一个小出版商发行的，在许多方面与哈里斯的《舞会过后》几乎没有区别。哈里斯著名的合唱歌词为：

　　舞会已毕，破晓到来，

　　曲终人散，繁星已逝。

　　如果你能读懂，那么有多少心灵在疼痛。

　　舞会过后，多少的期望化为烟尘。

而《舞会致命的一夜》几乎与之相同：

白昼离去，夜幕降临，

我赶到舞会现场，亲爱的，舞会已散场。

我心疼痛却毫无用处，

我在舞会上错失了一步。

对于这首特别的歌，不知道哈里斯是否依法有所行动，但许多山寨歌曲确实引起了官司。事实上，因为竞争激烈，版权容易被盗，一些作曲家在很隐蔽的地方创作，在歌曲出版前尽力保护他们的音乐理念。

因此，公式化的东西成了叮砰巷歌曲生产的核心，也为民族歌曲的创作商业做出了至关重要的贡献。虽然公司间的竞争在一定程度上刺激了歌曲的多样性和独创性，但这些特质通常是不被认可的。是标准化，不是创新，成为了叮砰巷的支柱。喜剧演员毕·威廉斯说，他写的歌曲并没有他"组装"的歌曲多，"流行歌曲的曲调大多是由标准键组成的，就像一辆汽车。"公式化的商业娱乐并非起源于音乐产品。在美国，这种方法至少要追溯到十九世纪的廉价小说。但在叮砰巷，人们对采用这种公式化的策略表现出了前所未有的热情，以至于使这成为了二十世纪的文化产业模式。为了最大限度地提高利润，出版商试图尽量减少金融风险，并尽可能扩大市场销售。出版商知道，这种公式化的歌曲产品在市场已经存在。而对于消费者来说，在一个充满着各种令人眼花缭乱的消费选择的世界中，他们希望对得到的东西不再感到失望。这不是大规模生产制造口香糖或小麦乳酪，消费者并不是真正想买到一个相同的产品。叮砰巷的公司可以更准确地被理解为专业生产商，像服装设计师或珠宝制造商一样，他们的产品，要想获得成功，必须与之前的音乐有点不同。

这种程序化的保守主义很明显地来源于创作流行歌曲的书籍中，这类书籍在二十世纪大量涌现。有一种指导意见是，"要密切注意他们所卖的这种歌曲的市场，如果歌谣有很大的需求，就写一首歌谣，如果喜剧歌曲很畅销，就写喜剧歌曲"。查尔斯·K.哈里斯曾写过一篇导读，他甚至暗示了最受欢迎的音乐结构，即"前奏通常应包括常见的四个四拍或八拍"。而另一位作家竟然警告词作者要避免以 K、P 或 T 音结束的词来结束任何一行。大部分的书籍，都鼓励创作者们去创作被大众认可的音乐形式，虽然没有定义为是朗朗上口的歌曲，但是所有指导意见都认为简单和熟悉是至关重要的。这一点，正如史蒂芬·福斯特先前发现的一样，就是制作一些容易唱、容易记住和消化的歌曲。

不变的是，查尔斯·K.哈里也强调标题、旋律、合唱作为一个成功的商业歌曲的三要素。查尔斯·K.哈里斯解释说，"一个真正好的标题几乎是一切……最重要的是公众在一开始就把注意力集中在这条线上。这样，他们就把它保留在他们的头脑中并知道要购买什么"。然而，标题不仅仅是起到一个让人记住的作用，也是吸引演员的重要手段。演员是要依赖公众的，那么好的标题对于演员和观众都具有吸引力。一个吸引人的标题可能会从演员表或商业报纸的广告中脱颖而出。事实上，叮砰巷的一些办公室雇佣了一些专门设计标题的人。

随着其他大众市场消费品的发展，叮砰巷对标题越来越关注。事实上，标题不仅仅是一首歌的包装，也是产品设计的一部分。在大多数情况下，一首歌的标题是歌曲的第一行，合唱部分又是一首歌流行的关键。标题在歌曲中的重复可以加深它在人们头脑中的印象，从而让它成为人们哼唱、用口哨伴奏的一部分。"合唱部分通常决定一首歌最终的成功或失败，"查尔斯·K.哈里斯写道，"因此词曲作者要尽快地将我们的想法融入合唱中。"诗歌合唱歌曲首先出现在十九世纪四五十年代的美国歌曲中，到了南北战争后，这种音乐形式几乎无处不在。然而，到了十九世纪八十年代中叶，专业作曲家才开始重视合唱。在接下来的二十五年中，歌曲的叙述变得更简单，诗变得越来越少，合唱表达的已经不仅仅是故事和音乐了。到十九世纪九十年代为止，旋律中最重要的元素已经变成了口号式的合唱，而不再是叙事诗了。几年之内，所有的歌曲几乎都变成了合唱。"几年前的诗节是现在的两倍长，"在1906年查尔斯·K.哈里斯告诉读者，"现在他们被视为乏味和过时了。"乐队指挥保罗·怀特曼在1926年出版的书《爵士乐》中拓展了对这一观点的阐释："爵士乐在1897之前的每一首歌中都有六或七节。而现在，每一首歌只有两个四行，甚至第二节也一点都不重要了。整个故事最重要的是第一节和合唱。"

紧接着出现在美国音乐生活中的是非商业性的民歌集。威廉·威尔斯·纽厄尔的《美国儿童游戏与歌曲》（1883）、约翰·洛马克斯的《牛仔歌曲和其他边境民谣》（1910）和其他一些歌曲集。业余的和专业的民俗学家记录了数百首在全国各地演唱过的歌曲，其中很多都没有正式的名字或在不同的地区有不同的名字。最著名的是弗朗西斯·吉姆的作品。他和他的追随者注意到，在美国幸存下来的一定数量的英国民谣没有单独的标题。同时，许多民间歌谣与叮砰巷生产的歌曲正好相反，这些歌谣一般是长的、复杂的、难唱的，并且缺少合唱的部分。与叮砰巷的歌曲相比，这些歌曲已经有几个世纪的历史。而叮砰巷音乐的盛行使一些老歌闪耀出了新的光芒，这些歌曲在这个时代体现出了前现代性、原始性和返祖性。

叮砰巷建立了一种新的主导性的音乐产业模式，歌曲的商业生产使消费者具有了惰性。也就是说，叮砰巷的出版商制度化了一个"流行音乐"的概念。然而，叮砰巷的歌曲根本不是来自于人们的心声。相反，这些歌曲是专门制作的、作为商业产品的歌曲。从出版商和叮砰巷的词曲作者的角度来看，一位业内资深人士评论家罗伯特指出："一首流行歌曲的成功是由于它像一个肥皂广告那样易于掌握。"叮砰巷的出版商们的目标很简单，就是卖歌，但不要给人们"他们想要的东西"。因为，事实上，"人"是庞大的一个团体，他们的欲望对于叮砰巷的出版商来说太变化多端以至于无法去

——满足他们。评论家吉尔伯特·塞尔兹指出："人们往往不知道他们想要什么。"一般来说，人们想被娱乐，并渴望被满足这种欲望，他们最有可能做的是从现有的选项中选择。因此，叮砰巷的成功的原因是，虽然他们销售的东西不一定是人们想要的，但是，是人们会接受的东西。自那时起，门槛低已普遍成为文化产业的标准。叮砰巷产业兴起半个多世纪后，在一次电视讨论中，美国联邦通信委员会委员尼古拉斯·约翰逊试图去除公众的这一错误概念，即美国的文化经济是由消费欲望驱动的。

不同于早期的音乐出版业务，叮砰巷经常雇佣词曲作者去制作标准化的作品，这些歌曲通常会频繁地出现在公众耳边来吸引观众。在经济大萧条之初，叮砰巷制作了民族音乐史上一些最持久的歌曲，包括乔治·格什温和欧文·柏林的作品。

在叮砰巷的出版公司的指导下，歌曲创作的爆炸性时代发生在世纪之交。这预示着美国音乐的出版和流行歌曲与工业生产的原则相结合。整个美国社会对此反响强烈。"大量的音乐一直是国家社会发展的一个重要因素，"《纽约时报》提到，"但只有在过去的半个世纪，它成为了一个重要的产业。"在音乐产业中，叮砰巷的出版商看不到讽刺，看不到轻蔑的语言。他们喜欢音乐，他们喜欢商业。

1907年出版的《音乐贸易》中提到："从缅因州到加利福尼亚，流行音乐已成为一种时尚。"那时候，纽约毫无疑问地成为了音乐出版的权力中心，歌曲的写作和推广已经变得高度结构化，是一项需要认真协调的活动。至于他们制作的歌曲本身，已经拥有了跨越阶层、地区和文化的广泛吸引力。在音乐产业出现的最初十年，普通的维多利亚主题，比如：努力工作、忠诚、家庭、性压抑、节制和自我控制都从歌词中流露出来，而这些熟悉的主题没有受到正在发生的深刻而巨大的行业变化的影响。

1911年，随着歌曲业务基础的牢固，泰德·斯奈德公司出版了一首由欧文·柏林制作的歌曲。这首歌曲是对十九世纪平庸的音乐的一种突破。这首歌曲就是《亚力山大的爵士乐队》，他们坚持合唱，体现了许多美国音乐文化的发展：

来听！来听！亚力山大的爵士乐队！

来听！来听！这是这里最好的乐队！

他们可以用号角演奏一曲你从来没有听过的歌曲，

如此的平静以至于你想要战争。

那就是我所听到的最好的乐队，亲爱的，

来吧，来吧，让我牵起你的手，

走向那个人，走向那个人，他是乐队的指挥，

如果你想听爵士乐演奏的斯瓦尼河，

来听吧，来听吧，

亚力山大的爵士乐队。

如同所有伟大的歌曲，《亚力山大的爵士乐队》立刻使人们在许多层面上产生共鸣。歌曲的话语和音乐体现了过去和现在之间的联系，"如果你想听爵士乐演奏的斯瓦尼河"体现了作者用对现代音乐的理解去吸收过去的精华。欧文·柏林成为了美国音乐史上简单编曲的先锋。在商业上，这首歌也是一个分水岭。在其成功的基础上，柏林把他的职业活动扩大到了出版业，第一次跟泰德·斯奈德和亨利·沃特森合作（后者是一个完全不懂音乐的商人，几乎是个乐盲），然后成立了自己的同名公司。

　　这首充满美国黑人音乐元素的歌，永久性地成为了美国音乐生活的主流。柏林并不是第一个制作出爵士乐音乐的人，但这本身并不重要：音乐家彼此借鉴是一件理所当然的事，况且柏林是通过自己卓越的才能得到的成功。事实上，我认为，是他的成就使美国黑人音乐以欧美音乐的形式和口味重新时尚起来。其结果是美国文化融合的一个典型例子。然而，这样的融合并不一定发生在平等的条件下。《亚力山大的爵士乐队》是充满黑人歌曲元素的歌曲，许多听众也认可了亚力山大作为一个普通的"黑人"的名字。但是，大多数非裔美国人并不能像柏林那样享受同样的社会流动。这种对黑人文化的借用从未如此简单：游唱的方式增强了歌曲的负面印象；丰富的非裔美国文化生活呈现为立体的滑稽表演；经济的回报几乎没有达到最初的预想。但是，柏林严肃地看待爵士音乐，并很欣赏爵士乐所产生的创造性能量。

《亚力山大的爵士乐队》以特别容易被记住的旋律为特色而被人们喜爱。实际上，与《舞会过后》相比，《舞会过后》韵律平平，使人遗憾和失望，而《亚力山大的爵士乐队》吹响了一个新的音乐时代的号角。《亚力山大的爵士乐队》的歌词是对流行音乐声音本身的一个诠释——"来听！来听！"——这些歌词是纯粹意义上的双关语，暗指一种听觉现象。就像对待所有优秀的叮砰巷歌曲一样，一首与《亚力山大的爵士乐队》相似的歌在几个月后由柏林制作完成，但并没有取得成功，这首歌是《神秘的破布》。最后，流行音乐的声音效果，成为了这首歌的主题。"你在听吗？你在听吗？"的合唱是如此地具有感染性，以至于深深地吸引着那些听众。

SELLING SOUNDS
第2章

风靡一时

　　叮砰巷所创作的新的音乐风格流行一时，这种成功反映在现有的音乐出版公司的作品中以及无数主流报刊杂志的文章中。但这些文章中有很多都带有敌意。比如，"某个中午，我在后院浇花，街上一个小男孩用口哨吹了一段我从未听过的音乐。我的耳朵抗拒这种曲调，不仅仅因为那种歌曲中流露出丑恶，也因为它让我有一种我或许会在整个夏天听上上千遍的预感。果然，在一两周之内，城市里的每个男孩都在哼这段歌，其他人也一样，每十个女人中就有一个用钢琴弹这段乐曲"。另外一些文章则谴责这种新音乐中表现出的对婚姻和"神圣事物"的不敬，同时也谴责它"风俗品味低俗化，甚至导致道德沦陷"，或者把谩骂的苗头指向拉格泰姆（之后则针对爵士），因为这些音乐和美国黑人有关，并且代表着倒退和危险的性放纵。还有一些文章试图通过重新定义"音乐"这样一种方式来淡化流行歌曲的存在。

我们应该怎样理解这些对音乐日益产业化的批评呢？叮砰巷产业化的特点以及其特有的社交形式表明，已经出现了两件最重要的事。首先，流行歌曲的同质化以及简单标准化降低了其艺术性。另一方面，流行歌曲为了对抗质疑之声，装腔作势地保持等级观念和种族区别。但无论是哪种情况，批评者对流传于本地和全国，几乎无处不在的流行歌曲，都能识别出来。叮砰巷的出版商们致力于在创新和分销上制造不确定性。为了达到这一目标，他们制定了用于控制歌曲传播地点、方式、频率的策略和体系。在自由音乐市场激烈竞争中取胜并非他们的目标，他们的目标是盈利。为了达到这一目标，出版商们组织了一个受控市场以降低风险，并保护大股东公司的投资。"音乐出版兴起后，音乐创作成为一种基于商业需求的工作，"吉尔伯特·汤普金斯在 1902 年写道，"组织和资本的理论被系统化地传入，这在之前是没有机会做到的。"

更具体地说，成功地建立这样的市场需要攻克两个难关。第一个是，在现存不同风格的音乐背景下，出版商必须鼓励消费者拓宽音乐喜好，或使叮砰巷的歌曲超越其他歌曲。第二个是，一个稳固的产业必须在一段时间内有足够高的销售量，而非偶有的活跃状态。因此，生产者们必须促使消费者形成一种稳定的新的音乐喜好。要做到这一点，对于出版商们不是简单的挑战，而是超出规范的。叮砰巷的音乐需要加入的是那些只有老歌所具备的长久吸引力。到世纪之交，标准的古典曲目固定成为了今天的形式。这主要是由于十八世纪中叶到十九世纪末人们对其修改增删的强烈抵制。与此同时，社会民俗研究学家和"民谣收集者"发现很多人很愿意年复一年地唱同一首歌，甚至一代又一代的人唱相同的歌。（现今，"最老的"电台的流行也表明了同样的道理。）因此，出版商们开始培育和管理一种新的音乐听众。他们像强化个人音乐兴趣般商业化公共空间。

随着音乐产业的不断发展，产品的推销机制变得越发复杂，生产成本也越来越高。由于产品价格保持不变并在某些情况下下降，音乐公司为他们的低成本产品（其他制造业在十九世纪晚期到二十世纪早期也面临同样境况）的市场扩展感到压力巨大。与香皂、鞋子或者其余大宗商品相比，音乐是某个区域文化的一个重要因素。此外，国内市场的发展也对音乐产品造成了威胁。大规模宣传流行歌曲造成了活跃的音景，将愉悦人心的新声音带给了数百万人民。但在某种程度上，这种音乐产业的扩张冲破了社会文化环境的限制，同时侵犯了人们欣赏歌曲的心灵空间。叮砰巷的音乐是那种简单、有趣、廉价、可随意使用的歌曲。叮砰巷需要合力创建一个以排挤替代品为目标的宣传体系。这一目标随着行业内竞争的加剧而显得日益重要。因为严肃、繁复、非营利性的或带有地域特征的音乐并未消失，而是被迫参与了与新音乐文化的竞争。而这些新的音乐是通过用心策划的宣传来分得公众更多注意力的歌曲。

喧嚣前奏

在叮砰巷，出版商们必须知道，不管一首歌多么巧妙、迷人、时髦，它的商业文化影响都取决于它的流通和宣传：何人在何种情境下听歌。没有任何一个出版商认为一首劣质歌曲可以风行一时，但是，一首好歌也不可能仅仅因为它的优秀而自发走红。一个接一个的出版商声称：轰动的歌曲并非是反映了最重要的和难以抵挡的时代精神，但这些歌曲的确产生了轰动效应。实际上，在音乐产业的行话里，"创作"的意思并非是写歌，而是使歌曲走红。

在叮砰巷时代以前，音乐出版业与印刷歌谱并将其卖给批发商、零售商或直接卖给消费者的行业只是略微不同。艾萨克·戈登堡认为，1893 年前的音乐出版业是"消极""分散"以及缺乏技术的行业。产生大量销售的歌曲，不是出版商的意愿而是上帝的意愿。只是偶尔有一些歌会广泛流行——史蒂芬·福斯特的歌曲就是一个例子，但它只是偶然的口头传播。然而，在十九世纪九十年代之后，出版商们开始越发注重通过招揽顾客来开发潜在市场。歌曲市场开始形成，再也不会有"听众去找歌曲"，戈登堡曾提到，"歌曲将会被放出去寻找听众"。

一首歌的流行程度往往取决于广告。出版商爱德华·马克将其表达为"任何公众表演都是为了提高销量"。正如一句行话所说，"任何一个广告都是广告"，这说明每个广告都有效果，并且有总比没有好。事实上，广告成功学是一种不严谨的科学，广告的投放范围比它的某次经验更有意义。爱德华·马克在他的回忆录中写道："这是真的，我们无法得知公开演出和复制品对销量的影响，但我们发现歌曲广告的数量多和投放的范围大的确对歌曲有好处，并且对随后的销售也有益处。"尽管无法找到"广告"一词的精确来源，叮砰巷对广告的使用却影响了它的普遍意义。在日常对话中，广告是用东西填满或塞满漏洞；对于叮砰巷而言，这个漏洞就意味着尚未商业化的公共空间或尚无音乐的音景。

当时歌曲广告的隐含意义是出版商从卖歌谱中获利的基本事实。歌谱代表着短暂不可见的声音。为了让这些歌谱更吸引人，从十九世纪开始，音乐出版商们更加注重美感。到十九世纪二十年代，歌谱标题页开始利用图片和小品文来提高其视觉吸引力。有时会用粉色或浅蓝色纸打印乐谱以吸引女性顾客。有些出版商们甚至尝试用带香味的纸来提高歌谱的嗅觉吸引力。十九世纪四十年代套色印刷术出现后，歌谱标题页的装饰已经成为当时视觉文化的重要组成部分。在一段时间内，一些出色的视觉艺术家们成为了歌谱的封面作者，比如詹姆士·艾博特·麦克尼尔、温斯洛·霍默以及托马斯·纳斯特。

叮砰巷的歌谱有精致的图片设计。然而，从十九世纪八九十年代起，出版商们开始致力于提高声音的质量。和几乎同年起家的留声机业不同的是，叮砰巷从不依靠专业广告公司的专业知识，甚至避开他们为歌曲做广告。事实上，任何一种推广歌曲的方式都是可行的，无论何时何地。因为歌曲本身就是自己的广告。

然而，叮砰巷不能为自己的流行音乐产品创造市场。因为流行歌曲没有得到消费者积极的参与和认可。要让流行音乐成功进入音乐市场，叮砰巷的人们还需做出更多的努力。他们需要顾客对叮砰巷产品的欣赏和渴望程度超过其他替代品。为了达到这个目标，出版商们不得不向消费者灌输新的音乐理念。这一做法的结果是，它改变了公共音乐表演本来的特点，并且模糊了广告和娱乐间的界限。因此，叮砰巷最具创新性的元素之一就是它改变了生产者的计划和消费者对产品的影响之间的关系，最终打破了娱乐和广告之间的界限。参考 P.T. 巴纳姆的"欺骗"理论，消费者们或多或少会明白叮砰巷的商业广告所起的作用。但如果他们对一首歌有足够的热情，他们就不会介意成为这个广告的"帮凶"。

广告推广过程分为两个阶段，第一阶段是从局部市场到全国市场，第二阶段是从发行公司的直接宣传到代理的间接宣传。每个阶段能否成功对出版商都是一种考验，结果取决于消费者对歌曲的反应。如果他们喜欢，那就可以顺利进入下一个阶段，也就是在全国剧场进行巡回表演。这一切都要花上几个月的时间。出版公司也会同时推广很多歌曲，但这些是按优先顺序排序的，主要的人力物力会用在"最佳商业广告"上。对于主要出版商来说，"最佳商业广告"每年只会有一到两个。此外，出版商试图重新激发听众兴趣以及重造上季度的火热是多余而过时的。

当出版商们手里有新歌时，他们会在广泛推销前预测其前景。首先，先印制五千张以上的专业限量版唱片。这些唱片被印在最廉价的软质纸张上，并且没有插图。接下来，表演者会应征在公众面前表演这些歌。这一过程，对出版商们来说，是对歌曲潜力的第一次预测；对音乐家们来说，可以了解最近歌曲的数量。欧文·柏林在之后的回忆中提到，他刚入行时，在这种情况下乐谱数量会增长。"我过去是唐人街的演出服务人员。我从唐人街到第二十八街褐砂石建筑物处领免费的里欧·费斯特出版公司的乐谱的复制品。那些专业的白色复制品是一种身份的象征，他们让一个树荫下的街头艺人看上去像专业歌手。"

根据表演者的反馈，如果观众对歌曲的反响良好，那出版商就会使用质量稍好的纸印制带有插图的歌谱，并且，会开始利用真正意义上的商业广告，让歌曲产生吸引力。之后，出版商可能会面向顾客出售一千份以上的复制品。复制品的印制通常会通过优惠销售来测试实际买主的反应。很多出版商和小商人们签有合同，小商人们需保证购买。也就是说，出版商每发行一首歌，小商人必须购买两张歌谱复制品。由于小商人低价购买歌曲，这些新歌的高利润会刺激小商人去销售新歌而非旧歌。这样，出版商们利用他们与小商人之间的杠杆作用让他们月复一月地推出最新歌曲。因此得来的足够的销售额，会促使小商人们投身于歌曲商业出版中的第一个广告

（以批发商、小商人、表演者为目标），并且促进免费复制品分销到很多专业歌手的手中。这些为下一阶段的广告制造了机会，一个更加迅速、直接的广告阶段，这个阶段有着任何别的方式都不及的持续性的歌曲推广。

出版商们雇佣了年轻、有天赋的人在公众中推广歌曲。这些人被称为"广告人"，他们一度体现了叮砰巷带头人的眼光。这些广告人包括乔治·格什温、杰罗姆·克恩、理查德·罗杰以及文森特·尤曼斯。正如一位出版商所说，一个广告人必须利用各种可能"来让最好的歌在最好的场合，经过最好的艺术处理，接触最广大的听众"——然而，这种简明的表述还不足以表达出出版商以及广告人机智、自由、狂热、多样的推销战术。

广告过程本身就具有愉悦性——一种商业娱乐——广告人为了广告的成功必须保持精力充沛并发挥个人魅力。作曲家和出版商的职责是创造出"最好的歌曲"，而作为一个有着专业表演者效果的广告人来说，他们职责是在"最好的场合"提供"最好的艺术处理"。

广告人个人的公开露面随处可见，并且他们可以在任何地方为自己找到听众。他们可以在棒球场、足球场、赛马场、职业拳击赛场、音乐公园以及常春藤联盟的舞会上出现，甚至可以偶尔在监狱和长岛的裸体俱乐部做广告。他们还会把一些广告打在河上的船只上以及纽约的高架列车的通道里。据一位广告人回忆，有时他们在租来的备有钢琴的马车后部唱歌。他们也会在政治集会上唱歌，因能愉悦选民而受政客们的欢迎。一战期间，广告人的身影出现在了训练营和工厂里。正如广告人罗伯特·米勒回忆，他们为"内衣工厂的工人、伐木工、短裤熨烫工以及任何人"唱歌。政府坚持工人们拥有一小时的休息时间，于是广告人又来到了工厂。米勒强调，"我为我所代表的公司在每个地方给你可以想到的所有人歌唱。像我这样做事的人，在美国还有两三百人"。

为了使销售额最大化，广告人通常会贿赂女售货员在歌曲的广告性质的"演示"后推销这首歌。最典型的就是本尼·布鲁姆的做法，他是杰罗姆·H. 雷米的广告人，并和乔治·格什温有过一次广告合作。布鲁姆在西格－库柏选定表演时间前，会给西格－库柏柜台的女孩一些不太贵重的伍尔沃斯香水，这个细节被最伟大的叮砰巷的营销技巧的记载者海泽·迈耶记录下来。迈耶写道："顾客们会频繁地在柜台花上半美元并要求给他六首最新的歌曲，因此这种香水永远都是一笔有用的投资。女售货员感念本尼的小礼物，就会向顾客推荐雷米家的歌。本尼不在的时候，他们也这样对待维特马克家的歌或是哈姆斯家的歌。所有的广告人都对伍尔沃斯香水有些了解。"因此，广告人的额外支出也形成了一定的标准。几年后，《不是我喜欢的大钢琴》这首歌的发行证实了男性广告人和女性售货员间的紧密联系。这首歌的歌谱的封面上写着"献给音乐柜台后的女孩"，间接邀请了女售货员进行贸易合作。

每天的晚上 7 点到 10 点，广告的投放地点从剧院开始，再到戏院，最后是电影院。在那里，歌手和钢琴演奏者会在常规节目前表演，并可能在幕间休息时再次表演。此外，为了给广告提供视觉效果，音乐通常配有"歌曲幻灯片"。这些彩色幻灯片诠释了歌词的叙事元素，并在广告人表演时在其身后的大屏幕上展示。所有一切都要和出版公司的放映师配合。放映师会在合作前收到一部分前奏。当然，所有的戏院、影院都有为舞台演出伴奏的钢琴。运气好的晚上，一个广告人平均可以去十所电影院，或是面对五千名观众。观众们通常把广告人的表演当成一种额外的免费娱乐。

布鲁克林剧院曾在1892年表明要设计第一个歌曲幻灯片，爱德华·马克以及约瑟·斯特恩在1894年将幻灯片用于推广商业歌曲《丢失的小孩》。事实证明这些幻灯片对音乐推广很有效，这很快吸引了其他出版商们的注意力。尽管幻灯片需要额外花费，但出版商们发现幻灯片是一种强有力的推销方式，因此他们很快地开始在乐谱推销副本中加入10到20张系列幻灯片。歌曲幻灯片不仅提高了歌曲销量，并且这些图像也更容易促进歌曲的流行。查理斯·K.哈里斯发现，"这是在留声机、收音机出现前……让歌曲流行最快的方式。系列幻灯片发行后大概一周，这首歌就会成功"。

为了提高歌曲的真实性并引发联想，幻灯片的图片通常会取材于实景。以《丢失的小孩》为例，这首歌的幻灯片图片就包含警察局内部的实景照。查理斯·K.哈里斯声称他曾为了歌曲幻灯片，送摄影师去加利福尼亚、得克萨斯、阿拉斯加甚至菲律宾那么远的地方。作为歌曲广告，歌曲幻灯片比副歌介绍幻灯片更为有效。副歌介绍幻灯片上展示了副歌部分的歌词，表演者利用它让观众与之合唱。通常杂耍歌手会在表演时用副歌幻灯片。世纪之交后，广告人会在电影院用副歌幻灯片。与此同时，无力支付自己一系列原创底片（这一项的花费大约为1500美元）的出版商们，他们会为他们的歌词从兴起的幻灯片供应商那里购买图像。

如果说歌谱封面创造了流行歌曲的视觉语言，那么幻灯片则丰富并超越了这种语言。流行歌曲的视觉景象和音乐作品一样重要——这出现在第一个音乐电视节目播出九十年前。歌曲仍旧注重音乐的声音，当这些抽象的音乐和视觉联想联系起来时，推销音乐就变得更加容易。一位职业歌曲作家指导E.M.威克斯曾这样生动地描述幻灯片："他们使故事活灵活现，并节省了观众想象情景故事的思维过程。"此外，这种视觉元素也开始影响到了写歌的方式。一些歌曲作家会根据脑海里的情景创作。据威克斯所言，"人们要求唱某首歌是因为他们脑海里有这首歌美丽的景象"。

但是，歌曲幻灯片的使用在二十世纪初急剧下降。带有歌曲幻灯片的广告与电影这种新媒体有着共同点，但歌曲幻灯片被减少使用比叙事性电影以及自动点唱机的出现早十年。更早的时候，出版商们认为，叙事性电影只不过是有些新颖而已。用爱德华·马克的话说就是用"一种安全的嘲弄态度欺骗叮砰巷的聪明人"。他们没有预料到观众那么快就可以去别的地方寻找叙事画面。二十世纪一十年代，涌现了大量大卫·格里菲斯、塞西尔·B.戴米尔等人的复杂的、视觉效果丰富的电影。在此之后，歌曲幻灯片以及它们陈旧的故事情节失去了在观众内心的统治地位。更严重的是，那些更长的电影不再为歌曲这种插入的小节目留时间。

如果一家轻歌舞剧剧院或其他会场已经有歌手表演过广告人准备宣传的歌了，广告人自己一般就不会登台了。广告人的职责此时转换成了在人群中安排一些人来刺激观众随歌声哼唱。如果观众中有一个或几个人"自发地"站起来鼓掌或随声哼唱舞台上表演的歌曲，据查理斯·K.哈里斯估计，"其余的观众也会随之哼唱或鼓掌"。尽管哈里斯主张要自己设计这个计划，但他夸大了雇人支持表演这一策划的创新性。捧场者的使用可以追随到古罗马时期，并且它是十九世纪欧洲戏剧世界的必需品。与此同时，美国和其他地区的药品宣传巡回演出也会暗中安排捧场者，这是他们的剧团特色。事实上，除了歌曲幻灯片，叮砰巷还有很多做广告的方法。叮砰巷的新方法源于他们职业化、系统化的行业特点。并且，哈里斯是最早通过额外消费系统化地贩卖音乐的人之一。

哈里斯和其他出版商广泛充分地利用的这种方法很快就变得非常常见，最初秘密的行为现在变得明显和诙谐。由M.维特马克和桑斯于1895年发行的《画廊歌手》就是一个例子。在很多情况下，广告人自己会潜入观众当中，有的时候，他会雇佣一个从犹太教会招募来的惹人喜爱的年轻男孩充当捧场者。二十世纪初期，很多同时代的人无法忍受纽约剧院的歌曲捧场者。一位观众（或捧场者）过度热情的反应会引发不同形式的副歌或整歌的加演。这种加演偶尔会制造混乱。一位《纽约电讯报》的记者解释道："起初观众只需要面对那些令人憎恶的被称为'广告人'的人试图让歌曲流行的广告时间，观众对他们毫无办法。大多数的时候，歌曲本身的价值并没有区别。有时候对于你来说已经足够了，但对捧场者并不够。因为这些捧场者喜欢歌曲带来的金钱价值，也就是它值几美元几美分，无论你喜欢还是不喜欢这些歌曲，你都不得不一次又一次地听到它。"此外，出版公司的这种行为夸大了歌曲广告的效果，因为每个公司都会派出自己的广告人，同时努力打击其他公司的广告。

剧院散场后，广告会在深夜的咖啡厅和舞厅出现。广告人亲自登台或催促室内管弦乐队演奏他们的曲调。1907年出现了晚餐俱乐部，于是，晚餐时间给音乐赋予了新特点。同时，二十世纪一十年代，突现的交谊舞也改变了人们的夜生活。这种时尚增加了人们对流行音乐的需求。此外，当广告人开始使用汽车穿梭于各个场所时，潜在广告的数量也有所增加。一个出版公司的广告人会发现有其他出版公司的广告人对自己的线路有兴趣。这种竞争在大多数情况下是有序的良性竞争。正如阿道夫·奥尔曼所说的，"如果三四个广告人同时出现在一个地方，那我们会轮流做广告"。夏天，广告人会跟随大多数纽约的娱乐活动一起迁移到科尼岛。奥尔曼回忆道："一个晚上要去四十个地方……底下会站着几千名观众，并且，你要站在拥有小型管弦乐队的阳台上，拿着巨大的扩音器唱歌。"

　　有些音乐厅，例如第十四街上的阿尔罕布拉音乐厅，拥有自己的管弦乐队，并且禁止广告人们的表演。在这些地方，广告人通过为舞台上的所有音乐人购买饮料来求得管弦乐队演奏他的歌曲。这种行为的花费也很昂贵，但阿尔罕布拉音乐厅在小镇上的流行程度却让此举成为极有价值的广告推销。"这会将我们的歌带到乡下的微醺的同胞们的潜意识里。"爱德华·马克解释道。因此，在那里一次好的歌曲表演会推动该歌曲在全国的销售。在从东海岸到西海岸的轻歌舞剧巡演时代前，从纽约旅游回家的游客的头脑中会有几首新歌，或是在包里带上几张歌谱。这些人无意中承担了出版商们的分销代理人的职责。

　　有效的广告不仅需要充满活力和魅力，也需要长时间的坚持。可能没有比出版商路易斯·伯恩斯坦追忆的往事，更能揭露广告无情的本质了。伯恩斯坦回忆道："在麦迪逊广场举办的自行车竞赛中，有两万名观众，我们有一名钢琴演奏者和一位歌手，他们都有扩音器，并且一个晚上他们会给观众们唱三四十首歌。他们会不停地歌唱，并且需要压过观众的声音。观众们会欢呼、会呐喊、会嘲笑，但我们会一直把他们的声音压下去。我们就是这样唱歌的。"在观众们的欢呼、呐喊、嘲笑声中，广告人不顾听众的任何反应，成功地让他们熟识了自己的歌曲。爱德华·马克的一位战略客户宣称他在十九世纪九十年代每周都会频繁光顾俱乐部高达六十次，广告公司粗鲁的形象给伯恩斯坦和爱德华·马克留下了深刻印象。马克含蓄地承认了女顾客的关键作用，"那个吹着口哨的路易斯会一直跟着我。他的臂膀里永远有着一捆捆副歌。那些是我们在桌前谈论的歌。因此，每个人都可以和着管弦乐队一起唱。当那里有一个真正的歌手共唱时，我们会和他一起唱一段独奏歌曲。之后，路易斯会开始哼下一段。最后，我们尝试着走入人群中"。那些无处不在的哼唱的歌曲，也是一种伎俩（表演性哼唱），实际上还是一种歌曲的重复——很多广为应用的推销战术都会用到它。一首新歌能抓住女性市场是它发行的最大目标。因为女性是最可能唱歌和用钢琴弹奏它的顾客。

　　"1918年的夏天……我走进南洲街（位于芝加哥）的一家音乐商店，"钢琴演奏家丽尔·哈丁回忆道，"我停住脚步凝望橱窗里展出的所有歌谱，希望其中某个能归我所有。但我知道那是多么不可能，我决定进店买那个很多人在街上哼唱的歌的歌谱。"这种回忆使人想到了很多人都有过的接触新音乐文化的经历。除了捧场者，出版商们的另一个法宝是街头艺人。据希欧多尔·德莱塞在1898年所写，尽管街头音乐贸易是整个行业最少被记录的部分，但出版商们和这些手摇风琴、风琴、街头钢琴的演奏者有着密切的音乐合作。这种合作是为了确保这些街头艺人的乐器能够演奏最新的歌曲。广告人作为回报，会付给这些街头乐器的演奏者佣金，自己在剧院做过歌曲推销后，让他们在剧院外演奏这些歌曲。事实上，街头音乐人在剧院外的商业化演奏和剧院内的表演者的推销计划类似。几乎演奏所有的新发行的歌曲都只会造成人们对街头音乐人的嘲笑，这一现象甚至在美国城市里一直延续到二十世纪一十年代（之后只存在于某些地区）。与此同时，人们对城市噪音的抱怨证实了这种音乐的冲击力。以"城市噪音的纷扰"为例，J.H.格德纳博士在文章中指出："公众厌恶的街头音乐人，几乎贡献了全部使神经系统痛苦并有害的城市噪音。"

十九世纪后期，在街上创造音乐已经不是什么新鲜事了，在与叮砰巷相关的其他广告地点——从球类运动场、自行车竞赛场到百货商店、五美元十美分商店、咖啡店、电影院，街头艺人增强了音乐出版商们广泛的环境影响力。叮砰巷并非单纯为以前没有音乐的地方提供音乐，他们重新安排空间，来满足其广告需求。之后，在二十世纪三十年代，收音机广告因为被听众视为一种对私人领域的入侵而被反对。但在历史资料上，几乎没有人们对公共空间的音乐广告提出异议的记录，虽然有最初反对音乐产业的案例。当时，人们对音乐广告少有抱怨的原因也可以被部分解释为，在世纪之交，公共空间商业化程度正在不断加深，而音乐产业在当时并不引人注目。更重要的是，尽管音乐走了一条类似于娱乐商品的道路，但音乐广告努力确保顾客能够在接受时，给他们的日常生活带来新奇和热情。

叮砰巷对广告高度重视——不仅仅是听觉上的广告，他们也受到了印刷广告的启发。一方面,出版商们的确注意对批发商、零售商、表演者的贸易推动,另一方面,面向顾客的广告会出现在歌谱的背面或歌谱的内封面。与钢琴制造以及留声机公司相比,音乐出版界还有一些印刷广告。维特马克出版公司蔑视这种宣传,将这种宣传视为愚蠢的和不恰当的宣传。少数公司的高利润印刷广告尝试也未收到良好的效果。在所有重要的出版商中,里欧·费斯特是在媒体上做印刷广告做得最多的。作为版税回报,他安排他的一些歌曲以连环画的形式出现在《赫斯特报》上,并在报纸上选印副歌部分。有时,他会为报纸写歌曲。广告贸易报刊《印刷油墨》表示认同他公司的标语"听费斯特的歌绝不会错",这是广告业最广为人知的标语之一。1908 年,一场经过策划的在报纸上的争论使费斯特一炮而红。"里欧·费斯特……可能不知道,广告的学问并不容易,"《音乐贸易》中曾提到,"他正设法通过当地的机构以获得最大的宣传。"

然而,出版商们了解,歌曲的分销和流行会受其出版方式、主要运行组织和载体的影响。除了歌曲幻灯片,歌曲广告没有太多技术含量。当时并没有公共地址系统,也没有电子扩音器,此外,早期也没有机动车。直到 1909 年,出版商们才拿到机械复制品的版税。直到二十世纪一十年代,歌谱推销才与留声机、录音带以及自动钢琴有关。歌曲广告对社会以及人们的生活来说仍是姗姗来迟,这些空间已被先前带来快乐的音乐占据了。然而,注重新奇和成本的广告，也影响了音乐体验的特点。这些歌曲仍旧销售，并且在很多情况下，听它们就像听一个有魅力的推销员的吸引人的广告。这就是音乐产业的缩影：艰难的营销中隐藏着无忧无虑的乐趣。

二十世纪，常处于顾客资本前沿的百货商店，和音乐的贸易功能尤其协调。早在1876年，约翰·沃纳梅克就在他的"商店"用风琴的歌声吸引顾客和雇员。此外，十九世纪九十年代前，零售商们开辟公开展示歌曲的舞台。这些舞台一般会置于商店顶层，这样不仅会吸引人们进入商店，更会让他们深入商店的商贸区域。百货商店会以音乐的形式庆祝重大事件和节日，也会举办著名批评家的音乐讲座，让知名艺术家公开露面。其中，最盛大的莫过于1904年纽约沃纳梅克举办的理查德·施特劳斯的两场音乐会了。与此同时，在音乐广告人为推销音乐努力的同时，大商场也在营业楼层外放音乐。某些情况下，音乐和商品的交融通常会提高商场的销量，并且会促进音乐交易。大零售商商业杂志的领导者《纺织经济》在1902年对百货公司开始的钢琴营销回应道，在买"木纱团和平纹细布"的同时能听到钢琴声，顾客们显然"很高兴"。

百货商场播放音乐最主要的效果和目的，就是为女性提供新商业环境里的舒适体验。作为一种维多利亚时代家庭生活的女性生活必需品，音乐是让女性在百货商场感到舒服和享受的方式。事实上，1900年到1920年间，百货商店对音乐的利用最明显之处，可能是在一家接一家的百货商店里建立了礼堂和音乐厅，并雇佣全职音乐指挥指导音乐表演。在纽约，最大百货商场有罗德与泰勒百货、西格·库柏公司以及沃纳梅克百货等。甚至，规模稍小的城市也常为音乐节目留出地方。尽管这些表演迎合了顾客的文化丰富感，但沃纳梅克的音乐会指挥 G.A. 罗素对他们的想法是不赞同的。"请不要把我们的地盘变成为慈善机构，"罗素对《美国音乐》这样说，"钢琴部经理沃纳梅克先生以及 M.J. 查普曼先生的目的是娱乐以及教育大众。他们的目的是推动大众对优秀音乐的渴望，而非仅仅培养对优秀音乐的兴趣。"因此，不止一位女顾客提到，百货商店利用音乐提高钢琴和其他音乐商品的销量。一位女士在1915年提到，"公众接受百货商店里的礼堂和音乐厅，（但是）我不认为礼堂和音乐厅能控制（他们）。"实际上，音乐是一种诱惑顾客进店的方式。这是一种熏陶，也是商业本身没有的手段。

很多百货商店的音乐首创精神并非直接源于叮砰巷，但这些商店对音乐的使用却填补了叮砰巷广告的不足。和叮砰巷类似，百货商店利用音乐和听觉环境进行促销。因此，音乐体验越来越成为音乐产业框架和运营不可分割的一部分。这一点，在都市显得尤其突出。这些商业音乐的变革主要表现在主流音乐越来越与金钱相关。

不管是出自歌曲广告人、手摇风琴演奏者还是百货商店里的音乐，都穿越覆盖了它从未有过的音景。当然，并非所有歌都能进入人们的听觉环境。如果那样，每首歌都会走红。对发展中的新音乐文化而言，新音乐进入越来越多的听觉环境是最有意义的。这种音乐扩散产生了与人们生活相关的新音乐、新共鸣、新期待。这些都表明，音乐是现代生活不可或缺的一部分。从严肃到活泼，音乐表达的情感范围使其可应用的范围明显扩大。在这个过程中，合唱这种形式由于它本身对互动的需求，因而扮演了极其重要的角色。在十九世纪晚期和二十世纪早期，涌现了大量公众娱乐地点，包括饭店、舞厅、杂耍院以及游乐园，这些地方经常会有合唱会。此外，参与合唱会是人们寻求享乐的方式。我们不考虑合唱会是否是由广告人发起的，事实是，与合唱会合唱的观众数量远多于出版商们的期待。合唱会将音乐观众变成了一个组群。虽然这也是出版商们的市场策略，但组群唱歌有着更为复杂的意义。当音乐在越来越多的环境中回响时，合唱会使个人参与到令人愉悦的、短暂的集体过程中去。这远胜于他们的孤立的消费者身份。

制造全国轰动

歌曲在全国市场的系统化发展，弥补了叮砰巷本地歌曲推广方案的不足。游吟诗人的表演和轻歌舞剧实现了音乐从东海岸到西海岸的商业化。在二十世纪以前，只有游吟诗人的表演有一些遍及美国的影响力和吸引力，并且是通过叮砰巷的出版商尽全力推销才可能做到。从马戏表演和P.T.巴纳姆的表演可以找到一丝线索。游吟诗人巡回演出的日常剧目之一就是"十一点四十五分的游行"，他们在小镇中进行宣传并造成公众对表演的狂热。游行后，表演者按照惯例销售他们表演的歌曲副本，这和他们面对影院观众，在舞台表演结束后所做的一样。在这种潜在市场下，出版商们开始雇佣游吟诗人的音乐指导作为非专业分销代理——某种程度上来说，这是继获得音乐销售柜台女售货员的帮助之后的一种延伸。通常，佣金取决于游行者卖出的歌谱。这刺激了音乐指导在演出中推销广告人的歌曲。爱德华·马克和约瑟·斯特恩都证实了这种方法有效，他们在商业杂志上招募"各种滑稽的表演者"，游吟诗人甚至医药表演医生开始被委托销售歌谱。

出版商们也认为让杂耍演员表演他们的歌会创造价值，并积极寻求杂耍演员表演他们的歌。但在二十世纪以前，杂耍对于大范围系统地推广歌曲来说显得缺乏组织性并且不够成熟。十九世纪七八十年代，在纽约像帕斯特、科斯特以及毕亚尔这些个体经营的最大的杂耍曲艺场，都不与任何剧院圈子相连，尤其是在预定表演和做广告上。这些杂耍曲艺场的节目是以周为周期而非以季度为周期。很多表演者是通过给剧场经理写信或是依靠朋友的推荐去杂耍曲艺场表演，而不是通过广泛的产业联系预约表演。和叮砰巷经理转型类似，十九世纪九十年代开始，杂耍演员在凯斯、阿尔比和其他经理人的帮助下，组建了在全国巡回的杂耍剧团。为了解决早期长期困扰杂耍演员的问题之一，也就是演出质量的不稳定性，剧院之间的贸易联系加入了集中预约表演。这一行为使得整个季度所有剧院的巡回演出标准化。

杂耍巡回演出被分为"长时段"和"短时段"两部分，这两部分对在收音机前推销歌曲都有着重要作用。长时段的表演是那些身价最高、在奢华剧场里最受尊敬的演员进行的表演。最著名的长时段巡演，是凯斯和阿尔比的巡演。1914 年，凯斯和阿尔比的巡演走遍了东部和中西部四百家剧院。其余重要的巡演包括始于圣弗朗西斯科的马丁·贝克的欧菲姆巡演，以及 1906 年后由马丁·贝克和约翰·J. 默多克联合指导的始于芝加哥的西部杂耍联盟的巡演。短时段表演与之相反，它的成本更低，并且一般取决于表演者在其职业生涯中的表现。杂耍巡回演出对于叮砰巷的意义就是他们的歌曲走进了中小型城市。以"阳光巡演"为例，它由大多位于小城镇的两百所剧院构成。这些剧院位于芝加哥、宾夕法尼亚等地。从那时起一直到二十世纪二十年代杂耍衰落，杂耍舞台为叮砰巷的出版商们提供了一个精心管理、高度集中、层面广阔的人际网，从而使歌曲可以流传到全国市场，并制造全国性的轰动。

和乔治·伊斯特曼的柯达相机或亨利·福特的汽车类似，凯斯和阿尔比的杂耍表演以其高档、质量稳定和可接受的价格闻名。从某种意义上讲，凯斯和阿尔比为杂耍表演增添了一定的职业水准。像"阳光巡演"，他们有益身心健康的表演适合任何地区的任何观众。凯斯和阿尔比的成功就是把质量稳定的表演送到舞台。与他们理性的中层管理相配合的是对低劣表演的系统监督。他们开始与预约代理合作。预约代理知道全国的剧院和经理人，并能为他们预约到表演的合适人选。此外，巡回剧院经理每周会把不同表演的合适程度、流行程度报告反馈给凯斯和阿尔比办公室。如果一位经理人报告了某个表演为劣质、格调低下、不合适的，这个表演就会被淘汰。因此，这种质量监控系统，让每场演出都能达到一定标准并避免了表演中的未知性和表演效果的波动。

杂耍表演人员每年要在全国出差多达 42 周。杂耍表演人员有着独特的能力，即在收音机时代到来之前，向全国传播歌曲。与同时期大规模的分销人际关系网不同，出版商们利用杂耍表演把流行音乐变成真正意义上的全国产业。然而，对叮砰巷的出版商们来说，杂耍表演作为一种全国性的产业离不开贸易。一方面，杂耍为广告和商业扩展提供了广大的发展机会。此外，声乐器乐表演的增加，使得许多其他类型的表演产生了对背景音乐的需求，而出版商们也提供背景音乐。"每个杂耍公司都能提供有价值的广告，如果你知道如何得到他们。" 马克解释道。

另一方面，杂耍的巡回演出减少了出版商们对表演者的直接控制，并迫使他们雇佣更多"专业的员工"来排练表演者。实际上这种规模的广告需要更多的资金支持。但这种情况，让较大较健全的出版公司感到满意，并催生了二十世纪一十年代的与之前的经济模式有着根本不同的统一的全国经济。马克提到，"出版商们知道每种杂耍表演者和轻歌舞剧表演者的个人爱好，……出版商们会在更衣室里见演员以确保表演人数……或在演出后请他们吃红烧猪腿"。这种情况逐渐消失了。全国巡回演出的增多，使为奔波的表演者安排表演曲目的工作落到了职业经理人和"专业的外行人"（他们被如此称呼是因为他们的职责是为专业歌手安排演唱曲目）身上。此外，这也要求出版商们在全国设立办事处来包装、训练、监督巡回表演者。当他们1893年召集他们的老朋友索尔·布鲁姆开办芝加哥办事处时，维特马克家的办事处可能是叮砰巷第一个在镇外开办的办事处。芝加哥是拥有众多杂耍剧院、电影院和饭店的地方，也是很多中西部巡回表演开始的地方。此地对建立统一的全国市场起着决定性作用。行业老手罗科·沃科回忆道："芝加哥是全国最活跃的城市……我们可以很快在那里'创造'歌曲。"路易斯·伯恩斯坦回忆起他的公司夏皮罗·伯恩斯坦公司，在全国有着五十到八十个办事处并和各种娱乐业的人们"保持联系"，以及确保当他们在巡回表演中拿到一首歌时，其他人（也就是别的出版商）不会抢走他们的歌。最终，马克做出结论："专业副本、管弦乐以及专业员工的花费很大，但在十九世纪九十年代，这种投资对销量的影响是确定的。"

表面上，出版商和表演者是一种共存亡的关系。出版商依靠杂耍表演者让歌曲流行，而杂耍表演者依靠出版商提供质量稳定的演出材料。如果一个巡回杂耍演员在纽约停演几周或处于他的预约淡季，他一定希望有一份叮砰巷广告人或推销员的临时工作。罗伯特·米勒说："杂耍演员会走进一位音乐出版商的办公室，一抬帽子说'接下来的四周我希望在这里工作'，之后出版商会给他提供工作。因为出版商知道当他重回杂耍表演时，这个歌手会唱他们的歌曲。"然而，实际上，这是一种不太合乎规矩的合作关系。出版商为了保证有歌手表演他们的歌曲，他们开始进行资金投入一直到某首歌成为表演者的固定曲目。

一般来说，出版商们不认为给表演者这种报酬是不道德的。一位行业老手解释说，这种行为只是"商业的一部分"。大多数情况下，表演者会从出版商那里收到钱。这笔钱从每周10美元到100美元不等。或者，出版商可能支付表演者差旅费，以及其他大部分费用，比如为女舞蹈演员购置礼服，或是提供昂贵的舞台设备。之后，出版商们意识到并非所有的杂耍表演都一样有创意。歌曲由哪位表演者推荐，这一点对歌曲售卖有着很大影响。欧文·凯撒记得，他和欧文·格什温的合作歌曲《天鹅》的销售起初并不引人注意。这首歌在国家大剧院举办了由全体演出人员共唱的华丽首演。首演中，60个女舞蹈演员穿着"带电灯的鞋"出场，并由亚瑟·普赖尔70人的乐队奏响音乐。在这之后，这首歌被阿尔·乔尔森采用了，在三四天内就获得了巨大成功。事实上，在这首歌的推广过程中，乔尔森就是"商业中最强的力量"。据另一位歌曲作家所说，有报道称乔尔森因为为一首歌做广告而得到了一批赛马。

出版商会安排表演者弥补效果不好的广告，例如，雇佣内部作家为表演者的表演撰写喜剧性介绍。有些时候，表演者会被看作是通过版税间接支付报酬的合作歌曲作家。这样更会刺激他们让歌曲走红（但对出版商们来说需要更高的花费）。和阿尔·乔尔森类似的表演者，也会被认为参与了大量歌曲。而作者们很乐意分享这种荣誉，因为乔尔森的担保在市场上十分奏效（据说乔尔森拒绝接受他眼中的劣质歌曲）。

　　这种"贿赂"（在1938年的杂志《综艺》中这样称呼这种报酬）已成为一种规则。这种潜规则就是，几乎每个杂耍演员每周都会从出版商那里得到"薪水"，并且很多演员从出版商那里获得的收入比杂耍巡回表演还要多。最终，这种体系严重损害了出版商的利益。因为他们被迫需要提高花费以使越来越多的竞争者出局，却没有使相关表演或歌曲的销量增加。1914年时，出版商们对表演者支付的报酬总额达到新高——据报道，一个表演季的报酬高达25万美金。最终，杂耍巨人E.F.阿尔比、《综艺》杂志出版人萨姆·斯尔曼以及出版商爱德华·马克让最大最有影响力的出版商们达成了共识。出版商们开始共同抵制这种支出。他们成立了音乐出版商保护协会。这个组织的细则规定，违反支出保证的出版商将被罚款5000美元。但与同时期其他产业的自主管理尝试相比，这个组织缺乏有效的强制力，他们避开或是忽略了适用于全体的禁止条例。有一个典型的例子就是，一位职业经理人会询问艺术家是否有歌曲发表的需要，如果这位艺术家有这个需要——不管是什么歌，这个出版公司都会为艺术家拟定合同，并支付预付款以增进他未来的忠诚度。"如果这位艺术家没有歌曲，"哈利·冯·提利尔提到，"那么出版商会很轻易地找到一首较老的，未经使用的手抄本，或买一首25美元的新歌。这个艺术家之后会被认为是这首歌的作者，并签订合同。在这之后，他就可以拿到他的预付款。"

和叮砰巷类似，在消费群体文化出现前，杂耍表演也是过渡期的一个重要组成部分。在杂耍表演里，融合了地方性的传统剧院、观众参与以及本地文化的特征。本地文化特征与新型的、标准化的新音乐文化特征相交融。这种新音乐文化在之后的无线广播和电影中得到了最大程度的繁荣和发展。表演者将音乐产品带到全国各地。然而，这些音乐产品是在纽约大规模生产后被修改为适应本地消费者品味的音乐。尽管杂耍表演有时会传播陈旧的消极种族观，但它仍为很多人介绍了新移民带入国内的异源文化，并且成功地减弱了维多利亚时期对中产阶级礼节的要求。融合新旧文化于一身的杂耍表演并没有除去观众心中存在的差异。然而，它培养了一种自身和观众的共同感——这些共性会在二十世纪二十年代大众娱乐爆炸时得到扩散和增强。

如果出版商们希望通过商店和杂耍剧院为他们的歌曲做广告来影响并刺激消费者，那么他们所需要做的工作还有很多。在美国，很多产业出现在十九世纪末，在这几年里，自由市场引起了价格的混乱，出版商们也参与了战线颇长的价格战，并导致了众多"危机"。为了使价格稳定在"合理的"层面上，出版商们付出了很多努力。尽管歌谱销售在二十世纪一十年代保持了稳定的上升趋势，但出版商们不安地看着销量稳定的零售组织被打破。1904年以前，音乐产业面临着层出不穷的问题：大规模、低门槛的百货商店销售将小音乐商逐出了这个行业；少数出版商开始向经营连锁店进军。在这种局面下，有些出版商倾向于更加有侵略性地推销自己的作品，有些出版商则呼吁反对不平等的交易限制。

1907年以前，乐谱价格的下降成为出版商们所面临的紧迫问题。杰罗姆·H.雷米克的公司控制了全国36家音乐商店，并且继续强制压低价格。纽约最好的百货商店沃纳梅克，在价格战中大幅度降低自己的价格，甚至出现过乐谱只卖1美分的情况。出版商们当时的批发价是每个副本6到10美分（低于十九世纪八十年代和十九世纪九十年代初批发价的一半），当时伍尔沃斯的乐谱给零售商的折扣价格是10美分（尽管有一段时间他将价格降到了5美分），而不打折的价格为25到30美分。

为了应对价格战，五名出版商首先联合建立了他们自己的零售商店销售链，也就是美国音乐商店。他们以此来稳定以及提高价格。不久后，另外四名的出版商也组建了自己的销售链，也就是联合音乐商店。最初，出版商们冒险进行联合零售是出于积极的心态和热情。他们对美国音乐的设想是将它变成一个强有力的产业。一位不愿透露姓名的出版商宣称："我们最终会成为音乐界的美国标准石油公司，到那时，除了政府以外，没有什么可以阻止我们的发展。"然而，多方管理的困难，仍旧存在的价格竞争以及金融危机的致命攻击，让这些商店前途渺茫，也使美国音乐商店只是昙花一现。接下来的几年里，行业道德就像直线下降的价格一样，沦落到历史最低点。《音乐贸易》发表的一篇社论文章痛骂道："商业的标语已经是金钱，而并非尊严。"

二十世纪二十年代，无线电通讯的兴起和杂耍表演的衰落逐渐打破了很多广告陈规，但很多基本行规从未改变。二十世纪早期，出版商们努力建立一种可管理的市场结构以抗衡音乐自由市场竞争。可管理的市场结构是建立在稳定的价格和众多广告基础上的市场。这种复杂的市场结构为音乐贸易增加了很多新东西。爱德华·马克提到，这种市场结构使得出版商的产品遍布四海。同时，也使音乐的商业循环更加集中，并加速了音乐商业的循环。

值得注意的是，歌曲流传的短暂性也是流行歌曲特征的一部分。欧文·柏林在《流行歌曲》一诗的诗句中承认了这一点：

你虽寂静闪现与坠落，
第二天就会被人忘却，
且让它成为你的慰藉——
玫瑰亦如此生存毁灭。

然而，引人注意的是流行歌曲的走红速度和被取代的速度的加快。《舞会过后》在芝加哥展览会上出现时，一首成功歌曲的流行时间为两到三年。然而，在1904年圣路易斯国际展览会时，这样的歌曲只会畅销一个季度甚至更短。一年后，幽默杂志《小妖精》讽刺这一转变。杂志从流行歌曲的角度出发，详细叙述了歌曲在五周的周期内创意、推广、快速走红以及瞬间衰败被听众忽略的过程。与此同时，歌曲的销量也随之增长，从1902年到1907年，卖出了超过十万张复制品的歌曲多于一百首。

　　为了吸引最广阔的听众市场，出版商试图创造易于在全国各地广泛销售的歌曲。因此，出版商们偏爱那些消遣类的歌曲，也就是那些主题和情绪尽可能"包罗万象"的歌曲——也会尽可能地减少争议。这些歌曲与时间地点毫无关联。它们所要达到的目标是不管何时何地都能吸引听众。然而，一反常态的是，在叮砰巷的影响下，一个独特的音乐种子悄悄发芽。作曲家查理斯·艾普斯不仅从欧洲音乐会获取灵感，也从史蒂芬·福斯特的作品、铜管乐队、大自然的声音、爱默生的作品、梭罗的作品以及怀特曼的作品中获取灵感。与叮砰巷的产品不同的是，这些替代产品否认时间和地点的重要性。艾普斯的音乐中有着对声音的浓厚兴趣，并尝试唤醒听众的这种兴趣。例如，十九世纪九十年代纽约中央公园某个夜晚的声音，包括远处街头乐队演出减弱的声音。艾普斯辛苦创作而不被人认可长达几十年，他的很多作品在完成后很久才被首次演出。他成年后的大部分时间在保险行业做商人，并且，很多人是因为他写的关于系统保险营销的书才认识他的。然而，到了二十世纪二十年代，他被视为美国现代主义音乐的先驱。因此，一个被如此边缘化的作曲家，甚至都不是"正式的"音乐出版行业的一员，却引发了人们对于音乐、声音、环境三者关系的思考，并且使叮砰巷的主流音乐文化向他学习。

今天的人们是因歌曲而记得叮砰巷，可能这个产业就是通过音景产生了巨大的影响。叮砰巷歌曲是指那几十首没有短时间消亡而变成了长久存在的收录在国家歌集的歌。创新、大胆、适应性强、想象力丰富的推销技巧使叮砰巷的产品成功地在地域上和社会上得以扩张。广告人会利用从足球比赛到班级舞会的各种集会进行音乐推销，并会抓住任何一位潜在的商业听众。他们还会利用好每个角落，从通勤列车到监狱的任何潜在的商业表演地点。他们清楚地知道与视觉相比，声音更容易制造刺激。声音会向你袭来，并且不论你是否愿意，声音都会进入你的头脑。如果通过改变人们听音乐的地点和方式不能消除娱乐和广告的界限的话，叮砰巷至少是模糊了娱乐和广告的界限。随着合唱曲的减少，捧场者以及街头艺人影响着人们日常哼唱的歌曲以及回家路上用口哨模仿的歌曲，有偿表演和无偿表演的界限也在逐渐消失。对整个产业来说，所有的流行歌曲都在为整个产业做广告。在剧院、在街上、在家里以及其他环境下，听歌是隐藏的商业交换。那些不自觉地听到旋律的人，则成为市场关系的一部分。

这种转变并不因为音乐贸易本身。因为其他商业领域将音乐视为经营的补充部分。这些地方包括饭店、剧院、百货商店以及五美分商店，这些地方的歌曲示范美化了资本的灿烂景象。在公共空间中，无处不在的广告人创造了一种联系。这种联系将公共活动、娱乐、顾客关联在一起。在新兴的消费者团体出现的同时，国内市场催生了一种全国文化共享的感觉。如果海报、广告牌以及橱窗给了现代消费者一种视觉的华丽感，那么叮砰巷则给予了现代消费者一种鲜活的音乐的陪伴。

少数人抱怨叮砰巷并没有努力提高自身的水准，并且因实力不足而逃避，他们认为叮砰巷的音乐革新是一种侵略行为。然而，更多的人则享受着音乐产业提供的欢快的音乐。在叮砰巷的产业处于最佳状态时，他们的歌曲非常吸引人，并且能为人们的生活带去真正的快乐。此外，通过音乐的桥梁，人们找到了有意义的社会关系。音乐产业为人们的生活带去乐趣这一点，是通过市场完成的。叮砰巷音乐产品在全国范围内的走红，加快了区域文化消失。不论是在环境上还是在精神上，可以留给歌曲的空间都很有限，毕竟人们每次也只能听一首歌。而叮砰巷的音乐产品，会尽可能广泛地吸引听众。并且，它在商业上的运气很好。而其他类型的音乐，也就是在竞争中遇到困难的音乐，会更难得到发展的机会。

第3章

二十世纪开始的十几年，音乐的声音开始从一种新型的机器中产生。在很多人的印象里，自动钢琴和留声机标志着文化大变革的发生。《练习曲》杂志声称，"使声音再现的机器开创了名副其实的文化时代"。《现代文学》的一位批评家格外欣喜，认为"音乐世界再不会将穷人拒之门外了"。批评家罗伯特·凯文估计，这种设备对音乐文化的影响超过了印刷机对文学的影响。"多亏了这些机器，"他断定，"一个时代即将来临……一个弥尔顿、巴赫、贝多芬、莎士比亚的复制品就像我们普通书柜上的书籍一样的时代。"很多怀疑机械音乐会对社会产生腐化作用的人，把机械音乐当作一种需要重点防范抵制的事物。他们抨击叮砰巷和流行歌曲的高潮。通过推销"优秀"歌曲的经验，卡罗尔·布伦特·奇尔顿在《独立》杂志中写道："机械音乐不仅可以与利用扭曲事实的新闻制造轰动来吸引读者的报刊竞争，也可与各种使世界变坏而非变好的廉价的哗众取宠的事物竞争。"然而，另一个人在《练习曲》杂志上自负地预言，音乐教育情况乐观——"音乐机器导致优秀音乐教师减少的想法，就像认为汽车可以让人们不再需要马的旧思想一样，是如此愚蠢，毫无依据。"

人们对优秀的音乐教师的需求，就像人们对马的需要一样，从没有彻底消失。但是，这种需求会随着科技进步和机械化再生产市场的发展而变化。二十世纪早期，自动钢琴和留声机走在了消费市场的前端。此外，他们最有效的策略就是利用并扩大音乐与"数量可观"的中产阶级这一特殊联系。实际上，机械制造将音乐价值作为文化资本推广的方式越有效，他们的市场就越广阔。他们的商业策略有着双重影响，也就是说，他们的商业策略在体现现有文化差异的同时，也破坏着现有的文化差异。同时，这也迎来了一种人们在某些方面离音乐更近，而在其他方面离音乐更远的新文化秩序。出现自动钢琴的打孔纸和留声机的唱片后，人们可以在自己家熟悉的环境中，在任意的时间听贝多芬、威尔第作品的专家演奏，反复听他们喜爱的作品，研习音乐作品的复杂技艺，品味其微妙之处。当然，想象贝多芬和莎士比亚的作品肩并肩放在架子上这种友好的并排结构，只是使用音乐机器后的一部分改变。

自动钢琴和留声机为听众提供了与构建十九世纪音乐文化的劳动和规则不同的欣赏音乐的渠道。实际上，这些技术弱化并重整了音乐行业的社会关系。几个世纪前，书面音乐符号的出现使音乐思想在纸面上的保存成为可能，并使音乐设想和音乐实践分离。而今，机械化再生产通过将乐声嵌入到廉价、可替代、耐用的物体中使音乐实践和试听的分离成为了可能。新制度下，艺人们不再为活生生的观众表演，而是为一架机器和技术专家表演。实际上，留声机和自动钢琴真正的设计意图掩盖了其功能。因此，这也只能引起人们对其影响的思考，结果是机器的普遍使用为变革做出了显著贡献。这是从文化植根于产品价值，到文化植根于消费的变革。

音乐机械化

自动钢琴和留声机的发展方式相互独立又互为补充。今天看来，留声机的革命性不言而喻。然而，自动钢琴现在看来却像新鲜事物，是一种吸引人的消遣方式。然而，在 1900 年，一位观察员可能会说出相反的话：自动钢琴被广泛认为是拥有变革潜力的事物，留声机却被普遍视作一种灵敏却缺乏内涵的娱乐方式被抛弃。尽管在当时留声机和自动钢琴没有过多的社会和商业根基，但已存在了几年。随后的几十年，留声机和自动钢琴共同成为了音乐产业和音乐文化的中心。1919 年到 1925 年，美国每年生产的自动钢琴超过了专用键盘钢琴。1923 年以前，留声机的产量超出自动钢琴产量的五倍，而自动钢琴的单价远高于留声机。实际上，维克多牌商标就是以自动钢琴商标为模型，并最终成为一般留声机商标的形式。自动钢琴这个商标则是由处于自动钢琴制造业领导地位的伊奥利亚公司来设计的。

尽管自动钢琴和留声机都实现了音乐的机械再现，它们在重要层面上仍有所不同。自动钢琴本质上是手摇风琴和音乐盒的派生物，而手摇风琴和音乐盒的历史可追溯到几个世纪前。音乐盒的设计思路，源自用周围带有突出小块的转动圆形鼓状物拨动极小的粗细不均的金属"梳齿"的想法。有了圆形鼓状物后，圆形物上的小块机关的开关会依据预设的音乐运转。自动钢琴动力提供的方式与早期技术（通常由脚踏板提供动力）不同，并且，它的范本音乐被刻入有孔旋转纸带中，而不是被固定在鼓状物上。最常见的自动钢琴在旋转纸带的指示下并不能产生和留声机"唱片"同等的效果。每条纸带都是一系列指示，包括音乐的乐谱规则以及弹奏的琴键顺序。但这些不能决定演奏的速度和音量，这些都是由人工控制的。随后出现的更加复杂的也更加昂贵的"再生产自动钢琴"，才能做到不需要人工控制。"再生产自动钢琴"由电动机驱动，并可以控制所有钢琴演奏效果。这些效果包括节奏、音量和踏板效果。自动钢琴每次依据打孔卷纸上的信息，演奏的音乐都是全新的。留声机的前身则有所不同。留声机有着长达几个世纪的文化基础，而最终得以发展，则是由电报和电话两种发明催生的。如果说自动钢琴是将声音产生的方式系统化和机械化，那么留声机技术则存储了这些声音。

正如水坝会阻挡水流一样，声音录制品让时间停滞在印刷机滚轮或是唱片沟槽中，每次这种停滞会长达几分钟。在这种情况下，机械再生产是重现那些被储存的声音，而不是重新创造声音。

在其他方面，自动钢琴同留声机联系密切，这两种产品都是将音乐体验构筑于物品之中，而非事件当中。事实上，将音乐体验构筑于物品中可以实现音乐大批量的生产，还可以以相对低廉的价格出售。这样创造的音乐形式不要求任何真实的技艺和长期的经验。然而，它也并非是完全被动的创造品。起初，自动钢琴和留声机用户仍需付出一定人力（脚踏打气或手摇启动）带动机器，并且需要一定的手动操作（例如控制节奏和音量的按钮，将唱臂和唱针放到唱片上并在使用完毕后将其取下）。这些信息可以被人很好地表演出来，也可以被人糟糕地体现出来。钢琴打孔纸和留声机唱片包含的是预先设定并且只有轻微变化的声音信息。然而，与此同时，使用这些设备的机器操作员不论是聪慧地感知了音乐输出的作用，还是完全忽略了这一作用，他们在音乐的选择中仍然扮演着一个重要而积极的角色。（在这之后，大部分收音机用户放弃扮演这个角色。因为这些收音机用户只是选择一个电台，而电台播放的内容由其他人决定。）

自动钢琴和留声机的设计史甚至也反映了社会关系领域的变革。第一架自动钢琴并非像很多今天熟知自动钢琴的人们所想的那样。当时，自动钢琴不是处于一个框架内，而是独立的机械控制面板，用户将其安装在钢琴前方的键盘上，面板内部隐藏着一个可以按压钢琴键盘的自动手指架。在1905年左右，第一个钢琴内置自动机械装置出现，它的上推模型合并了同样的功能，但它却没有占据多余的空间。此外，它在熟悉的外壳下隐藏了机械设备，成为了客厅的音乐陈设。1909年以前，美国每四架自动钢琴里就有三架是这种类型的。此外，1923年以前，这种产品所占的市场比重每年都保持上升的趋势。1923年之后，这种上推型的自动钢琴才全部停产。

留声机也经历了类似的变化。维多利亚公司副总裁曾写道："女士们不喜欢在她们的客厅里出现外观类似机器的东西。"1906年，维克多引进了他的新维克多拉设计，也就是将留声机隐藏在漂亮的木质小柜里，这种外观代替了曾经的大型外凸喇叭。这一设计使留声机作为无争议的客厅家具而被大家接受。如此看来，自动钢琴和留声机在二十世纪都历经了变革，这种变革被二十世纪工业设计师们称为"盖板"，也就是产品设计必须将工作仪器设备藏于外形美观的外壳之内的限制。（二十世纪二十年代，无线电设备也历经了类似的变革。）这种转变，通过使设备表达效果进一步抽象化，改变了用户和音乐创造的关系。这种情况下，产品更容易强行分裂音乐知识和音乐运用。正如罗兰·巴尔泰斯所说，"消费方式的转变"不仅意味着开始由机械产生音乐，也意味着机械化过程的渐渐模糊。

这两种乐器的流行过程中，自动钢琴和留声机的制造商担负的不是销售一件商品的责任，而是两件：一件是机器本身，一件是唱片或纸带。在技术的支持下，这两个无关的元素组成了一个完整的系统。这两个元素就像火车车厢和轨道，是共存的关系。历史学家沃尔夫冈·沙威尔布斯将其称为"机械合作"。以铁路系统为例，火车在笔直水平的轨道上运行，速度会越来越快，并且成本会越来越低。考虑到这一点，铁路公司尽可能改变沿途地貌以满足乘客的需求。对音乐来说，这些机械对音乐环境的改变与之类似。机械式声音的再现有着与其他方式不可比拟的适应性。最终，机械系统以侵略的方式使整个音景发生了改变。

虽然自动钢琴和留声机大多和家庭空间有关，这些机械系统的影响也仅限于家庭。在十九世纪八十年代，商业代理们将由电池驱动的投币式柱型留声机，投放到了药店、旅馆门厅、火车站、避暑胜地和农产品评比展览会上。广告人甚至还在一些场所开设了留声机专营店。这些地方将很多元素组合在一起，例如，商店内置吊扇、盆栽棕榈植物、一排排留声机以及电影技术产生后的活动电影放映机。由于这些早期的留声机要求使用单独的听管聆听唱片，它们对听觉环境的改变程度低于其对社会环境的改变程度。十九世纪九十年代末出现的投币式自动钢琴却与之不同。这种自动钢琴大量出现在 1910 年左右。这种电动机械可以快速地来回在几个不同的纸带中转换，这种技术上的革新使它成为了现代自动唱机（出现在二十世纪三十年代）的前身。二十世纪一二十年代，很多公共空间里都有投币式自动钢琴的身影，包括游乐园、台球大厅、露天啤酒坊、咖啡厅、甜食店、烟店、俱乐部、舞厅、药店、百货商店、杂货店、旅馆、快餐店、报摊、明信片工作室、火车站以及餐馆。与此同时，尽管十九世纪九十年代的留声机店已经消失，留声机公司仍旧在公共领域推广留声机，从旅馆门厅到公园和学校。商人经常在郊游野餐、游行以及其他的当地活动上演示留声机的使用方法。

在二十世纪早期，可以说自动钢琴和留声机是一同进入了音乐产业中心，但它们在本质上是以不同的地位进入的。十九世纪八九十年代，自动钢琴商业始现于钢琴、机械和柱状风琴行业的边缘。这个行业的创始人是威廉姆·B.特里梅因。威廉姆·B.特里梅因生于1840年，他从钢琴生意起步，之后将注意力转向机械乐器，并于1878年建立了小型的手摇风琴公司。这个公司生产由打孔纸带控制风琴演奏的小型手摇式风琴。1887年，特里梅因建立了一个名叫伊奥利亚的公司。十九世纪九十年代，这个公司成为了一流的上推式自动钢琴的普及者，最终成为了行业的龙头制造商，以及自弹乐器和打孔纸带的重要的卖主。威廉姆·B.特里梅因的儿子哈利·B.特里梅因1866年出生于布鲁克林区，并在1898年接手他父亲的生意。哈利·B.特里梅因有着很强的商业能力。他证明了自己是产业发展过程中最有见地和影响力的人之一。在那个时代，很多产业的领袖人物都是在十三四岁辍学，有着艰难的经历，依靠自身的勇气和一定的好运发展事业。哈利·特里梅因和很多产业领袖不同，他受过良好的正规教育，并且，他以管理现代、专业、大规模商业公司的策略管理他的生意。

1903 年以前，伊奥利亚的总资产为 1000 万美元，并且拥有不下 12 家子公司，包括在法国、英国、德国和澳大利亚的子公司。然而，伊奥利亚公司最显著的发展，是由于特里梅因对广告史无前例的使用力度。1911 年，特里梅因成功之后，行业老手阿尔弗雷德·道奇声称，特里梅因的广告"震惊"了行业老人。"今天没有人可以否认他为自动钢琴的流行铺平了道路。"阿尔弗雷德写道。伊奥里亚产品的一个广告战术就是使其产品处于著名人物的周围。1901 年以前，这个公司吹嘘，这些著名人物包括"统治者和皇室成员（英国已故的维多利亚女王、德国威廉二世、教皇利奥三世、迪亚斯、墨西哥总统）、商人和制造商（菲利普·阿默、约翰·沃纳梅克）、著名政客（前总统格罗弗·克利夫兰）、资本家和社会名流（柯尼利厄斯·范德比尔特）、音乐家（巴岱莱夫斯基、梅尔巴、摩里茨·罗森塔尔）、铁路和保险行业人员、银行家（J.P. 摩根）、牧师以及律师"。同时，伊奥利亚公司还签约了很多著名演员，这些人包括伊格纳奇扬斯基、安东·塞德尔以及内莉·梅尔巴。同年，当其他形式的自动钢琴生意在其他国家发展时，伊奥里亚和其他美国公司将自动钢琴的贸易扩展到了世界各地。由于德国生产昂贵、工艺精良的机器，这些生意大多在德国发展。没有任何一个市场有着与美国同等大的利润空间，但特里梅因仍把伊奥里亚推广到欧洲、亚洲、南美洲和大洋洲。

特里梅因的商业天分在于"低估"自己产品的革新程度。他并未强调他的产品和十九世纪音乐文化的显著不同，而是运用"现代音乐理念"，将产品作为对现有乐器的补充来推广。伊奥利亚的目标是整合现存的钢琴行业或将自身融入到现存的钢琴行业中去，而非取而代之。伊奥里亚公司兼并了五个所谓的正统（也就是说非机械式的）钢琴厂商，包括著名的韦伯公司。此外，在1909年，伊奥里亚签署了一份25年的合同，合同规定伊奥里亚公司生产的机械式自动钢琴会被安装在施坦威钢琴里，并以伊奥里亚和施坦威专门的商品经销特许权销售。与此同时，在纽约的第四十二街，伊奥里亚公司仿效老施坦威讲堂，修建了伊奥里亚讲堂。伊奥里亚讲堂在1890年停止音乐会表演。然而，它却是施坦威公司在十九世纪树立名声的关键。伊奥里亚讲堂有着能给人深刻印象的十八层构造，伊奥里亚讲堂和卡内基讲堂是整个城市中举办交响音乐、合唱音乐会以及钢琴音乐会的重要场所。

自动钢琴技术的特点和重要性不言而喻，然而，在乐器广告和公众评论中却不是这样的。一种情况是，有些人宣称自动钢琴易于使用并会再次让钢琴无声消失。自动钢琴给了人们"和一位有天分的音乐家一样的完美表演"，一则广告中这样说道。这则广告的供货商的商标，是一个在乐器脚踏板边爬行的小孩。如果对上一代人来说，弹钢琴是一种性格培养的训练，那么这个商标图像的意思就是，现在弹钢琴是一件连小孩子都可以做到的如此简单的事。另外一种情况是，有些人证明自动钢琴和过去有联系的途径是强调钢琴实际上的"难度"。根据这种观点，自动钢琴只是一个简化者，以不太繁重的方式培养旧的价值观，而非一种退步的音乐创造方式。

"伊奥里亚并不是一种全自动乐器，它不能全自动演奏。"行业领先的制造商宣称，"这种乐器可以对（它的操作者）的每种情感做出反应，并且操作者可以控制乐器以同样准确的速度演奏，它的准确度与精心指挥演练的交响乐效果相同。"在《女性家庭伴侣》杂志上，一位评论员坚持要用自动钢琴发展正确的"技术"。而另一位评论员在英语杂志《低音喇叭》上主张，操作钢琴纸带需要一年每天两小时的练习！其余评论员则对以下问题产生了分歧。这些问题是：什么类型的音乐最适合自动钢琴？自动钢琴会促进音乐教育还是阻碍音乐教育？被自动钢琴创造的音乐能否成为一种艺术，或者连音乐都算不上？

自动钢琴再生产的出现，缓和了人们对自动钢琴音乐价值和合法性的一些激烈的争论。自动钢琴再生产，代表着顶尖的机械钢琴技术。据说，这些昂贵的电动乐器的纸带上记录的不仅有演奏指导，还包括所有的力度、节奏、踏板操作以及其他演奏细节。实际上，制造商夸大了纸带与"纯唱片"的相似性。这个产业的内部知情人员在之后承认，每个纸带的制造都需要大量的编辑和后期制作。然而，这些乐器的确创造了惊人的音乐。这个领域出色的表演者和作曲家为这种特别的乐器制造纸带，这些人包括古斯塔夫·马勒、理查·施特劳斯、克劳德·德彪西、莫里斯·拉威尔、卡米尔·圣-桑、亚历山大·斯克里亚宾以及伊格纳西·帕德雷夫斯基。自动钢琴重复生产的原因是它本质上更高的价格和它严格受保护的设计所有权，以及它的再生产量从不超出整个自动钢琴市场的需求。然而，他们的确再现出远超过留声机唱片的无与伦比的逼真效果。实际上，这些纸带不仅记录着从前的表演细节，他们也真正让声音在一个不同的乐器中，以同样的雷鸣似的声音和戏剧性的效果再现。正如一位伟大的演员正端坐在一位听众家的琴凳上一样。

留声机行业和现存文化的关系却与此不同。留声机行业的出现与其说是建立在现有硬件、经验和期望基础上的音乐产业内部的变革，不如说是和自动钢琴企业家所做的一样，是从无到有地挤入了音乐产业。尽管在十九世纪九十年代早期留声机公司就开始生产唱片。同时，唱片是作为推广留声机这种听写工具的附属物而生产的。十九世纪末以前，留声机和音乐间只有微弱的联系。尽管公共娱乐领域较早地使用了投币式留声机。然而，这些留声机只是公共娱乐领域做出的简单的出于新奇的让步。这些唱片和音乐产业并无联系，并且，许多唱片只是有声独白，并非音乐。1902 年的一则美国人口调查报告显示，"在过去的 25 年里的许多最伟大的发明之中，可能没有比'能说话的机器'的发明更能在各阶层人们之中唤起普遍和广泛的传播兴趣了；同时，加之这种'能说话的机器'被广泛展出的事实，几乎人人都或多或少地熟悉这种被称为'留声机'的东西"。此外，留声机的出现不是在音乐产品的层面上，而是在"电动仪器设备"的层面上。实际上，在承认留声机对商界有着巨大影响潜力的同时，这则报告丝毫未提及音乐、商业生产和其他方面。留声机对商界潜在的影响在于，它既是一种听写设备，又是一种传递口信的工具。然而，随后几年，这种留声机成为了一种乐器。由于音乐行业人员将留声机这种乐器视为对立物，这个里程碑式的物件在当时并未产生很大影响。后来，留声机被视为里程碑是由于留声机行业的人员发现了潜在的音乐商机。

留声机的音乐性

1916 年，维克多公司在新泽西卡姆登建立了巨大的合成工厂。工厂占地面积超过 120 万平方英里，也是世界上最大的音乐中心。这个工厂的音乐产品远销世界各地，并且，维克多公司自夸它的唱片目录囊括了全国最受尊敬的音乐家的唱片。然而，大约 16 年前，留声机刚进入美国国家音乐文化和世界音乐文化。1901 年，这个公司的创立者埃尔德里奇·约翰逊，发觉自己正处于绝境当中。当时，约翰逊已有过几年机械师、设计师、零部件供应商以及埃米尔·柏林的唱片留声机业装配工的工作经验。此外，他当时为了满足埃米尔·柏林的发展需求，扩大了自己较小的工作范围。之后，柏林的市场代理陷入一场法律纷争，迫使柏林从这个行业中退出。约翰逊接手了柏林的专利权，并不情愿地开始了自己的事业。约翰逊开始并没有销售经验和市场经验，尽管约翰逊在产业技术和生产方面做得很好，然而，他处理商业问题并不得心应手。此外，只要有人能主动给出合适的价格，他愿意售出自己的直接股权。

　　唱片录制行业的三个重要制造公司——托马斯·爱迪生的国家留声机公司、爱德华·伊斯顿的哥伦比亚留声机公司以及埃米尔·柏林的公司，让问题变得更复杂。这些公司很多年都处于激烈的商业竞争中。此外，爱迪生圆柱型播放方式和柏林的唱片播放方式间的技术竞争仍旧存在（哥伦比亚公司同时采用两种播放方式）。与此同时，这三个公司都通过许可证持有人和设立子公司的方式着手开发欧洲市场。这些持有人和子公司中最重要的是位于英格兰的留声机有限公司。这家公司由美国人威廉姆·欧文持有执照并管理市场，由柏林提供在欧洲的技术支持。因此，在柏林随后的生意中，埃尔德里奇·约翰逊面对了令人生畏的巨大挑战。这些挑战的令人生畏之处，就在于是出于拥有更多资产、更好的名声、更丰富的商业经验的竞争对手的挑战。纵然，埃尔德里奇·约翰逊的留声机效果正如他对此的自信一样，实际上的确是超过他竞争对手的机器。他的产品的优点是，柱形留声机既允许用户重放购买的预先录制的柱体，也允许用户录制自己的唱片——也就是说，用户既是唱片的消费者，又是唱片的创造者。

面对这些现实的瓶颈，约翰逊首先发展正统音乐唱片，然后进行大量的广告投入。他的广告投入，甚至超过了哈利·特里梅因对伊奥利亚公司的投入。通过在办公场所推广留声机，很多人把留声机视为新奇的声音再现品。同时，人们会在游乐中心或旅馆休息室里，在这种东西上花上几个硬币，但绝不会花费很多。国家留声机公司和哥伦比亚公司在再现音乐市场中的发展只占有小部分份额，它们的唱片在音乐产业中也没有很大的覆盖范围。而且，它们的唱片，绝大多数是由对音乐没有太多理解的人制造的。尽管约翰·菲利普·苏泽乐队的唱片有着显著不同，但这些唱片也只是在商界和媒体界产生了轻微影响。

实际上，约翰逊自身对音乐并不十分在意，却重视有价值的文化资本。1901年，在约翰逊建立他的新公司，也就是维克多公司后，他稳固了自己的市场位置。此外，他通过向大众推广高雅文化，最终成为了市场的主导者。维克多公司并非通过强调自己机器的优越性或技术，而是通过其高雅的唱片内容，引导消费者远离竞争对手的机器设备。通过一系列独特的被称为红色印章系列的唱片，维克多获得了留声机的一种文化合法性。这种文化合法性是通过自身机器和一些音乐领域里最受尊重的音乐艺术家的联系获得的。这些特别包装、特别定价的唱片，不仅吸引了艺术家，也吸引了消费者以一种前所未有的方式听唱片，并以新的眼光审视留声机文化。销售机器，也就推广了唱片并销售了唱片，这也同时推广了高雅文化。

而爱迪生则与之相反，他仍坚持致力于市场，并专注于音质。哥伦比亚公司跟随维克多的领导，但从未达到维克多公司的高技术水平和高艺术水准。

约翰逊的另外一项市场对策是基于和英格兰留声机公司的商业合作。1901 年，约翰逊和英格兰留声机公司签署了几份基于长远发展规划的商业协定。依据这些协议，英格兰留声机公司可以购买约翰逊生产的半数留声机产品。这在当时，为约翰逊处于不稳定的国内市场的新公司提供了可靠的收入来源。维克多建立了一个用于长期的研究发展的实验室。对于这个实验室，英格兰留声机公司投入一半的维护资金，并且以获得其一半的专利冠名权为回报。同时，维克多也得到了使用英格兰留声机公司商标的权利。这个商标的图案是一条狗聆听一个留声机的图像，并配以"它主人的声音"的标题。与此同时，英格兰留声机公司同意共享其唱片模板，并且不与约翰逊在世界范围内相互竞争。

维克多公司的红色印章系列唱片起初的目的是，赢得顶级专业音乐家的支持，并且改变他们对唱片媒体的偏见。1900 年，英格兰留声机公司雇佣了年轻的指挥罗纳德·兰登作为音乐顾问。这是以利用他个人和专业的影响力为目的。1902 年以前，罗纳德·兰登已经为公司的唱片招募了保尔·布雷松、安东尼奥·斯科特以及艾玛·卡文。与此同时，法国分公司的负责人阿尔弗雷德·C.克拉克是一位美国人。几年后，他成为了英格兰留声机公司的总裁。

他将留声机和精挑细选的唱片寄到巴黎的作曲家那里，以寻求他们的帮助。此外，当时另一个美国人，也就是弗瑞德·盖斯贝格，来到伦敦为英格兰留声机公司创建唱片计划。他曾在哥伦比亚公司和柏林公司工作过。

　　盖斯贝格的工作也和现在的唱片工程师、艺术总监和演出总监类似。在1899年或1900年，他为了给英格兰留声机公司的新市场创造唱片而远游欧洲。他的这次远游，途经莱比锡、布达佩斯、维也纳、米兰、巴黎和马德里。他在俄罗斯停留了六个月的时间，并在俄罗斯录制了吉卜赛歌曲、合唱歌曲以及喜剧演员的表演。然而，他发现被高度评价的专业歌手面对这些表演，不会对他们的朴实表演有反应。当回想到1900年的留声机最初是一种怎样不起眼的东西时，盖斯贝格详细叙述道："当我们和伟大的艺术家见面时，他们对我们仅是嘲笑，并且，告诉我们留声机只是一个玩具而已。"在盖斯贝格说服费尔多·夏里亚宾和其他皇家剧院成员在圣彼得堡生产唱片后，这种情况终于有所改观。在圣彼得堡，一位优雅的在涅瓦大街上的本地留声机商人建议，为了吸引贵族顾客，唱片中间部位应该带有明显的红色标签，以和标准顾客的黑色标签区别开来。此外，为了更明显区分这种唱片，公司也提高了它的价格，每张相当于5美元。当这种做法在俄罗斯有了显著成效后，英格兰留声机公司的伦敦总店，也对其他顶级表演实行了特殊标签和特别定价。

　　盖斯贝格从俄罗斯远游到下一站意大利。意大利一行，收获更加明显。1902 年 3 月，盖斯贝格在米兰将拉斯卡拉逐渐走红的明星恩里科·卡鲁索纳入了公司参与者的名单。恩里科·卡鲁索这位29 岁的男高音，1873 年生于那不勒斯。他当时在布宜诺斯艾利斯、蒙特卡洛以及圣彼得堡演唱，并希望在伦敦的科文特哥登谋得一份工作。然而，他当时并未实现这个愿望，但在这之后，他因为留声机唱片取得了巨大的成功。实际上，他之前为法国百代公司创造的少数唱片并未引起太多注意力。但是，卡鲁索对盖斯贝格做了足够的保证，盖斯贝格同意付给他对于当时的唱片艺术家来说非常多的费用——每十张唱片一百磅的巨款。这一行为导致了一些媒体史上最重要的唱片的出现。

卡鲁索的这些唱片在音乐上和市场上都有着极高的成就。这些唱片的成功，不仅源于卡鲁索的声望，也源于出色的音乐素材、卡鲁索的嗓音以及无与伦比的唱片质量。这些元素共同将留声机媒体巨大的潜能发挥出来，并且，在音乐界开创了唱片的新领域。英格兰留声机公司开始在整个欧洲销售卡鲁索的唱片。这些商业上的成功，不仅将男高音的名誉提到了前所未有的高度，也将留声机的声誉提到了前所未有的高度。

1903 年，由于埃尔德里奇·约翰逊和英格兰留声机公司的协议，维克多开始进口和开创美国的红色印章唱片市场。直到 1903 年，埃尔德里奇·约翰逊对区分他们销售的唱片和竞争对手推广的唱片并未做很多努力。他们的竞争对手是爱迪生和哥伦比亚公司。所有这些公司都在销售苏泽进行曲、黑人歌曲、幽默的"朗诵"、器乐独奏或者笛子二重奏、萨克斯管二重奏、曼陀林琴二重奏、短笛二重奏、班卓琴二重奏、木琴二重奏。此外,唱片还拥有许多实用的作用,例如为孩子提供娱乐和教授外语。然而,在这个结合点,维克多通过杰出的欧洲音乐会艺术家以及远销海外的唱片开拓市场。接下来的一年,维克多让红色印章唱片在美国首次上市,并且,将这些唱片出口回英格兰留声机公司。之后,几乎所有的红色印章艺术家都来自国外。这些唱片显露出了留声机行业的新商机。而且,凭借红色印章,维克多和其竞争对手交互跃进。此外,短短几年之内,维克多不仅重新定义了留声机行业,也重新定义了整个音乐产业。

继恩里科·卡鲁索唱片在欧洲的成功之后,维克多的红色印章目录的主要卖点依然是卡鲁索。从那以后的二十多年,卡鲁索始终是维克多最重要的艺术家。尽管红色印章系列的唱片包括乐器音乐、卡鲁索的音乐以及红色印章唱片成功的基础部分。世纪之交,歌剧在各阶级有着广泛的流行性。并且,早期留声机的倡议者使用了女歌手的声音,而女歌手的声音是最有保留价值的声音。不仅在欧洲,也包括在美国,歌剧在社会精英中有着忠实的追随者,并且广受欢迎,听众不断增长。同时,美国二十世纪早期,移民工人阶级和本土工人阶级仍旧大力支持歌剧。此外,移民还经常将注意力集中在来自自己家乡的表演者身上。

然而,歌剧给维克多提供的不仅仅是基础广泛的听众。维克多以剧院为中心的市场策略，源于其对唱片制作过程中的美学或文化的技术规范。从前，钢琴音乐是美国音乐文化的中心，并非和歌剧一样被录制出来。弗瑞德·盖斯贝格是最出色的唱片工程师。"我们为了获得最有智慧的结果，而不透露机器有瑕疵的内情。"弗瑞德·盖斯贝格回忆道，"通过选择声音洪亮以及声誉很高的歌手来演唱，可以避免假音被喇叭屏蔽；同时，洪亮浑厚的声音会盖过唱片表面所带的杂音。"乐器音乐从未从红色印章的唱片目录中消失，但是，商业性的歌剧歌手的作用变得越发重要。

唱片聆听过程中的窄频带范围是一个问题。一些乐器的声音会消失或减弱；另外一些则根本不可能听到。对于声乐唱片来说，伴奏通常受到技术的严格限制，以至于不能表现出作曲家原作的细微和浑厚之处。大型团体的演出则需要调整安排，通常大号和长号都用大提琴和部分低音提琴代替，而这些代替物会让大型管乐听上去像删减过的铜管乐队。实际上，这些技术性约束也可以解释，为什么像巴岱莱夫斯基那样的表演者，拥有着极高的名誉，并且在十九世纪九十年代的全美大获好评，却从不是重要的唱片艺术家。直到1911年，巴岱莱夫斯基才发行了自己的第一张唱片，并且他对机器能否成功保存他表演的穿透力和细节持怀疑态度。为巴岱莱夫斯基录制唱片的弗瑞德·盖斯贝格在1942年的自传中同意："今天，以我对巴岱莱夫斯基的进一步了解，加之对留声机限制的了解，我倾向于同意他当初的观点。"

在很长一段时间，女高音歌手成为了最有价值的歌手，也就是最受欢迎并且身价最高的歌手。然而，当唱片工程师了解到卡鲁索和其他男高音的唱片听觉效果更好时，女高音歌手的地位开始动摇。卡鲁索是"一个唱片人的梦想"，盖斯贝格之后回忆道："我们这些录制者一直都在寻找这样一种声音。"卡鲁索唱功很好，尤其是在与难处理的唱片喇叭结合时。卡鲁索和很多录制时会紧张、不知所措的同行相比，唱歌很自信，并且从不抱怨"需要"重复上一定次数。此外，他似乎天生拥有一种本能，使他演唱的细微之处也能被录进唱片。他唱歌时，会通过将喇叭移远或移近以调整唱片音量。他是成功的现代音乐家的典范——他对机器熟练的操作，加之有唱片专家团队的配合，以至于他的唱片效果就像充斥着歌剧爱好者的歌剧剧院的效果一样好。

与此同时，新技术的机遇与挑战都显现出来了，批评者和消费者都将音质作为评估留声机的主要因素。在 1904 年的一次记者试听会后，一位记者写道："虽然唱片现在还没逃离机械缺陷的影响，然而，这一批机器明显胜过一年前的机器。"之后，1906 年到 1908 年间，唱片的音质变得稳定，人们对其技术水平的评估变得不那么频繁。歌剧院歌手仍保留其在唱片领域的发展。此外，直到二十世纪二十年代电子唱片出现之前，歌剧唱片仍是红色印章唱片目录的主要部分。

通过红色印章系列唱片，维克多扩展了"音乐家"的定义，将那些创造商业音乐唱片的表演者也包括在内了。红色印章系列是维克多唱片目录中的主导产品，此外，歌剧是红色印章系列的关键。然而，红色印章系列中的歌剧是意大利歌剧，相对来说更易让人接近。这是这个系列最显著和最普遍的特点。从艺术性和影响力上看，意大利歌剧既有实质性的内涵，又同时拥有明确的娱乐性。与之相反，十九世纪末的美国剧院的全部主要剧目均为瓦格纳的剧目，越发显得令人生厌。

尽管英格兰留声机公司在欧洲利用红色印章及意大利歌剧的策略，和维克多在美国的策略一样。然而，在人们普遍持有欧洲音乐有优势的信念下，维克多享有更多优势。这一点，使得维克多红色印章系列唱片以尊贵的旧世界文化的化身的形式呈现。此外，通过这种文化联系，维克多也给留声机渗透了某种程度上的严肃性，并得到了受尊敬的地位。1904年，有一则以德国盖斯贝格录制的广受赞许的唱片为中心的广告，广告词成了在欧洲证明这些唱片对于美国听众价值的有利证据。盖斯贝格的唱片是为卡鲁索和另外一位男高音佛朗西斯科·塔马尼奥录制的。"只需设想一下，"一张维克多乐器目录这样写道，"在你自己的家里聆听触动心灵的旋律以及编成合奏曲的节目。这些节目来自不朽的威尔第、古诺、多尼采蒂、莫扎特、瓦格纳、普契尼、莱翁卡瓦洛以及其他伟大的作曲家……聆听在维克多诞生之前，几乎是已尘封的音乐佳作。这些作品中少数作品，可能从未奢望被理解认知。"在另外一处，红色印章唱片系列也被保证为"全球名人真实的声音"，并且可以"对所有古典音乐爱好者、大歌剧爱好者以及一般大众开放了"。在纽约的百货商店的留声机部门经理证实，顾客会"高价购买外国人的唱片，尤其是当这些外国人的名单里有着像卡鲁索、拉尔多尼、布雷松以及卡文这些人时"。与叮砰巷依赖短暂的事物不同，维克多向顾客保证永恒的严肃艺术。在叮砰巷，出版商们是在利用流行歌曲轻率的风气。然而，在留声机界，出版商们却正在通往高端市场，而非仅仅推销留声机。

实际上，维克多推销的不只是音乐。维克多通过推广一系列"世界上最伟大的音乐艺术家"的唱片，显著提高了留声机唱片的文化水平层次。但是，在社会经济不稳定的情况下，这种"艺术贡献"似乎为本就普遍存在的社会不公提供了正当的理由。就像在说这些阶级的文化价值原本并且永远都比其他阶级优越一样。如果红色印章系列唱片的表演者及其全部表演剧目代表了"世界最高水平"，那么其余的音乐家、表演者、体裁和文化就似乎低一等。尽管红色印章系列建立在文化分层上，然而，它的贡献是使人们接触文化的方式民主化。再也没有只在都市中心表演的高级音乐艺术了。在过去，这种高级音乐艺术的准入观众是按照等级、种族或者其他形式的社会权力划分的。现在，任何能买得起一部留声机和一张唱片的人都可以欣赏这种表演。而且，留声机和唱片的花费远低于最昂贵的钢琴。作为消费者，听众只会按照他们的偏好来选择音乐，而他们的偏好并不会被阶层所限制。

　　"纯艺术"的卫道士认为质量是某种音乐特有，而其他音乐没有的固有品质。然而，实际上，质量只是被作为一个相对价值来考虑。如果维克多打算给红色印章系列注入适当的文化资本，那么，维克多就需要陪衬物。为了让这些唱片和少数其他的唱片分化，维克多提高了红色印章系列的包装的成本和唱片的价格。少数其他的唱片是指叮砰巷的流行歌曲、本国为移民制作的"外国唱片"以及幽默朗诵等。用特殊的红色标志将它们区分开来，并分开印刷它们的目录，使得英格兰留声机公司、维克多公司和它们各自的经销商宣称这些唱片和其他商业唱片具有本质区别。正如制造商、经销商和消费者所理解的那样，唱片不仅可以传递独特的音乐表演瞬间，并能使之一遍遍重复。实际上，带有螺旋槽的黑色唱片也可以包含卡鲁索的艺术表演或者一段新奇的口哨声：录制的实物本身在本质上并无区别。

　　如果如沃尔特·本杰明的著名论断所说，机械再生产剥夺了唱片生产独有的"艺术氛围"的话，那么红色印章唱片正试图用特殊包装为产品仿制艺术气氛。这么做就好像是每张红色印章唱片都使一个音乐表演变得神圣。事实上，音频唱片，尤其是精心制作的音频唱片都具有独特性。因为嗓音拥有的艺术力量会创造出一种任何其他媒体所做不到的逼真的感觉。在 1908 年以前，当唱片只用单面记录音乐时，每张唱片都展现了一个独立的艺术工作的假象。然而，在双面唱片成为行业标准后的几年，维克多仍旧发行单面红色印章唱片，并且仅发行单面红色印章唱片。这种情况一直持续到1923年。这么做没有其他原因，只是因为维克多想将每张唱片当作非凡的艺术品呈现给顾客。这是一种极端的逻辑，这甚至暗示了一种对消费社会本身的对抗叙事策略。

重新定位机械生产目标是一个难题。这就好像红色印章唱片的目标是为了使一小部分唱片从平庸的唱片的海洋中脱颖而出，并因此在媒体大众中受尊敬一样。从1903年到1917年，阿尔弗烈德·施蒂格利茨创办了一本名叫《摄影技巧》的前卫的留声机杂志。杂志中，施蒂格利茨主张将留声机置于艺术品的位置。反对廉价的留声机重复生产的观点开始出现在更多的报纸和杂志上。每一期刊物中的照片都不超过12张，并会印在独立的薄纸上，没有标题和说明。通过这种形式的展示，这些照片被视为珍贵的艺术品。尽管，施蒂格利茨是从前卫派艺术家的角度看待这些留声机的问题，而不是从一位生活资料市场商人的角度。施蒂格利茨提高机械再生产美学的价值和传统艺术制品的力量的策略，与维克多的贡献相类似。

从市场的角度考虑，红色唱片需要与其他唱片区别开来，并且高价销售唱片是一种限制销量的方式。维克多偶尔会声称红色印章唱片的高定价是由于表演者要求了高昂的唱片录制费。然而，这种说法却并不真实，因为事实上这些花费相对来说并不高，并且，可以被维克多其他唱片的业务经费摊销掉。后来一直到现在，零售价格标准化了，出版商们需要根据一定标准来指定零售价了。

在维克多跟随英格兰留声机公司的战略中，他的美国导演威廉姆·巴里·欧文通过《每日邮报》的整版广告推出佛朗西斯科·塔马尼奥的第一张唱片。这张唱片的边缘带有£标志，以表明这张唱片高价的原因是由于其文化价值。这种策略也在英国使用了。在当时，其他唱片售价35美分到1美元之间，带有£标志的新唱片每张售价2美元。维克多副总裁莱昂·道格拉斯在1903年对美国商人解释新唱片的特殊外观的象征意义。并对高定价如此解释："这些唱片一定会在大西洋两岸吸引之前未被留声机吸引的阶级。"与此同时，维克多公司通过广告告诉消费者，世界上使用维克多机器的消费者有许多名人，包括英国女王、西班牙和意大利的王子、波斯君王以及埃及总督。通过这种方式，维克多从另一个方面扩大经济影响力。

维克多通过红色印章唱片，证明了音乐和留声机之间有无可争辩的联系。在1905年发行的杂志《留声机世界》证实了留声机的这种"音乐性"。《留声机世界》是一本由音乐产业的领导机构和出版商出版的商业杂志。全国最优秀的音乐零售商之一里昂·希利的副总裁断定："我认为维克多的成功在很大程度上给了真正推崇文化的人信心。"表面上，维克多的策略是一种吸引中产阶级的策略，然而，事实上这一策略却收到了更好的效果。留声机的价格从十五美元到几百美元，留声机的总销售额达到了空前的数量。尽管留声机的价格不便宜，消费者却没有像对其他高价商品那样止步，甚至很多工人阶级家庭是通过分期付款来购买机器的。维克多将这种吸引力视为一个超过竞争对手的重要的因素。爱迪生国家留声机公司总裁法兰克·L. 戴尔写道："我设想，我们大多数的机器是由穷人或中等程度的家庭购买的。此外，古典音乐并不能吸引他们中的大多数。"然而，由这种设想可以得出红色印章唱片在工人阶级家庭中会像和在其他阶级的家庭中一样普遍的结论。正如特克尔所回忆的："偶尔，（我的父亲）会带回家一张维克多唱片，并且小心地将唱片放到留声机上。唱片直径有十二英寸，并且易碎。唱片的一面是黑色的。'这唱片多少钱？'我母亲很好奇。我的父亲会举起两根手指。'两美元。'我的父亲摇摇头。我的母亲会生气。我的父亲也不多言，他只是简单地说，'卡鲁索。'"

维克多红色印章系列唱片的另外一半市场战略是进行不知疲倦的有创造力的广告投入。广告的投入增加了维克多和留声机甚至整个音乐产业在顾客群体中的可见性。从 1901 年到 1929 年，维克多在广告上的投入达到了 5270 万美元，占年平均公司开销的 8.24%。这种投入使维克多的广告成为了世界范围内最出名的广告。仅 1912 年一年，维克多公司在广告上的投入就超过了 150 万美元。如此大的投入使维克多公司成为了领先的消费广告商，并展现出了其广告对于开拓新市场的作用。尽管维克多的竞争对手也在全国范围内投放广告——例如哥伦比亚公司在维克多一体化前就开始在全国杂志上做过少量广告。但是，维克多在起步阶段就表明其拥有卓越的创造力。实际上，早在1903年，埃尔德里奇·约翰逊就声称："我相信我们的产品的广告词是美国目前最好的，即使包括家庭日用品的广告词。"

在1901年末1902年初，由于缺乏流动资金，约翰向专业广告代理阿姆斯特朗求助。阿姆斯特朗的公司是当时的新型公司，是帮助客户重新设计广告的专业公司之一。当时新成立的费城的艾尔公司，也就是之后由F.沃利斯·阿姆斯特朗接手的公司，是维克多今后的二十四年里的广告代理商。1916年，这个公司聘用了年轻的广告文案雷蒙德·罗必凯，这个年轻人之后成为了整个世纪领先的广告执行者之一。在跳槽到艾尔公司前，罗必凯为维克多和一些其他的客户工作了3年。艾尔公司的其他音乐界的客户包括施坦威。艾尔公司从1900年开始为零售商沃纳梅克、蒙哥马利·沃德以及宝洁公司、歌手牌缝纫机公司以及劳斯莱斯提供服务。维克多不仅雇佣专业广告代理，还与广告业最有影响力的从业者合作。

维克多副总裁莱昂·道格拉斯是维克多继约翰后第二位重要人物。在他的指挥下，公司继承以往的广告策略，并且在公司出版战略允许的情况下尽可能多地在出版物上投放广告。这些出版物的覆盖面从全国大众杂志到专业期刊，包括《成功农业》《美国男孩》《西弗吉尼亚大学学报》。维克多在报纸上的投放的广告是为了宣布新产品的发行，并表明唱片的实用性。而在杂志上的广告则更加形象化，是为了使人们产生对维克多产品的"需求"。在美国最广泛流通的杂志《星期六晚邮报》上，维克多的广告所传达出的意思，是已经将公司视为国内最大的唱片商，而这远远超过了公司当时实际上的商业地位。二十世纪一十年代中期，维克多是美国最好的五家杂志广告客户之一。尽管到 1917 年时，论资产排名维克多也仅仅排在第 174 位。到了 1923 年，维克多已经是全国最大的杂志广告客户，也是第四大报纸广告客户。

叮砰巷广告的数量和质量都在当时的评论者眼中留下了深刻的印象。美国《日落》杂志于 1916 年举办了一场征文，要求读者根据杂志上的一则广告来阐述如何创建有效的、使人印象深刻的广告。获奖的文章就是描述了维克多公司人尽皆知的留声机广告的影响，文章认为，留声机广告的效果源于红色印章唱片的艺术家——恩里科·卡鲁索、内莉·梅尔巴、杰拉尔丁·法勒、欧内斯廷·舒曼的形象。获奖者埃莉诺·V.科格斯韦尔说道："伟大音乐家的形象可能是留声机广告最重要的特点以及价值所在。它激发并促进了听众聆听他们优秀演奏的渴望。广告的目的就是激发听众的这种渴望，而且广告也实现了这一目的。"早在 1907 年，优秀音乐杂志《音乐快递》就称维克多是一个"杰出的现代广告的拥护者"并建议其他音乐产业界的公司参考学习维克多模式。杂志同时也认为，维克多的宣传人员每次都显现出他们天才的广告才能，这是维克多在商业上极大的进步。

维克多在做杂志广告和报纸广告的同时，也为其他的推广耗费了大量精力，这些广告大多在维克多自己的出版物上。这些出版物包括三百页以上的当年发行唱片的普通目录，以及又厚又大的含有插图的精装目录。目录中也同时包括少部分特殊出版物，例如《维克多歌剧》。精装目录是一本精美的精装书，里面包括歌剧情节图解，咏叹调的释义以及所有维克多歌剧唱片列表。这本书模糊了广告和教学之间的界限。这本书可以被视为课本、参考资料和销售目录。这本书让读者认识歌剧，了解歌剧，同时向读者渗透大歌剧和维克多的关系。与此类似的情况是，留声机带着艺术家的自传略图，最初的目的是为了提高销量，并更好诠释歌剧情节。庞大的年度唱片目录有着远远高于罗列供应商品的文化价值。每一本目录都是一本商业音乐唱片的百科全书，正如维克多宣传文案一样，包括"世界上所有的音乐"。此外，目录包括极其广泛的材料，从墨西哥马林巴琴到夏威夷摇篮曲，不胜枚举。广阔的商业空间对维克多公司来说，意味着录制生产数十种风格上百个标题的唱片的支出只是略高于少量生产的支出。然而，尽管如此，红色印章唱片始终处在列表之外，而被印制在特殊的粉纸的背面以彰显其独特的地位。

维克多的广告也会在市内的有轨电车、橱窗、经销商代表访问处出现。这些都帮助维克多公司提高其认知程度——此外，也提高了音乐产业的认知程度。有数百万美国人会经过这些场所，无论他们是否是维克多产品的顾客。此外，维克多任何形式的广告都含有它们的著名商标：头歪向一边的白狗，通过一个喇叭正听着主人的声音。如果说歌剧和红色印章唱片的广告赋予了维克多留声机庄重的特点，狗的商标则给予了维克多留声机忠诚、娱乐、服从的产品形象。狗是人类最好的朋友，保持着听从主人声音的姿势。狗是被驯服的、有准备的、表现良好的。狗是可以被放置在客厅的。实际上，狗在商标中胆怯的反应只是因为他坐在了光滑的桌子上面。一些学者认为，商标上的狗的铰链暗示了"忠诚"——狗对主人的忠诚象征着声音的保真度。然而，从更重要的层面来看，观察者是否理解这一场景的象征意义并没有太大意义。他们只要知道：小狗尼珀很可爱，并且它被留声机迷住了。

英格兰留声机公司总裁威廉姆·巴里·欧文相信这个商标会是一个成功的商标。他于1899年从一位名叫弗兰西斯·巴罗的英国艺术家手中买下了《它主人的声音》这幅画。这位艺术家创作这幅画来纪念他最近死去的宠物尼珀。由于约翰逊和英格兰留声机公司之间的商标共享合同，维克多公司于1901年开始使用尼珀商标。从那以后，这个商标被印在维克多每一件商品和每一个广告上。这两个公司共同使用这一商标成为了历史上被重复使用范围最广以及最易于识别的商标。最典型的例子是，维克多公司于1906年在纽约先锋广场上放置的巨大标识，在这个标识上，尼珀商标的下方写着"家中的歌剧"。每天大约会有成百上千人参观这个标识，这个标识会被超过一千个灯泡照亮，并且，据报道称，这是当时世界上最贵的广告。这个广告距梅西百货商店仅有两个街区，距大都会歌剧院也仅有两个街区。这个广告与这两个地方有着同等程度的影响力。对同时代的人来说，商标的影响显而易见。一位《纽约时报》的作者在1910年评论道："维克多的商标极人地提高了维克多留声机的影响力，那只小狗……每个人都知道那条狗。并且，自从它出现以来，我们都会站在商店橱窗前给它微笑并会关注维克多公司。"一位《科利尔周刊》的作者估计，巴罗的画从那以后会成为世界上最有名的商标。维克多公司也在自己的广告上推广这一论断。维克多的商标成为了一个著名的商标，"它主人的声音"成为了一段著名的文字。1916年以前，作家塞缪尔·霍普金斯·亚当斯就断言"它主人的声音"已经是"家喻户晓的文字"。他认为，"专注于身前喇叭的有些古怪的猎狐狗比任何世界上的佳作更让美国人熟知"。几年后，在二十世纪二十年代中期，美国期刊联盟发行了描绘世界上最著名的三百个商标的小册子，尼珀排名在美国电话电报公司、美国西屋电气公司、德科和凯迪拉克之前。

然而，在弗兰西斯·巴罗将画卖给英格兰留声机公司前，画并不是商标上的样子。在他的原画上，尼珀在听一个圆筒留声机而非唱片留声机。尽管，似乎没有人注意到这一点。当爱迪生伦敦分公司要求巴罗卖出画作时，他拒绝了。在这之后，他将原来的圆筒式留声机修改为唱片式留声机并卖给了英格兰留声机公司。这一举动，使维克多的商标成为了整个留声机行业有影响力的标志。由于红色印章流水线和其巨额的广告投入，维克多在短短几年之内成为了留声机及唱片行业的主导者。后来，尽管爱迪生继续将留声机当作一种听写办公用品销售，但他的公司对家用记录留声机的推广则投入甚少。

十九世纪九十年代，格调低下的唱片——笑话、歌曲、粗俗的对话——作为地下经济得以发展。这表明现有的音乐产业中的唱片无法满足人们的这些需求。人们希望自己有机会制造自己的唱片。爱迪生对在十九世纪八十年代曾提出，顾客可能会发展一种制造唱片的文化，而非只是聆听唱片。但是，除了零散的关于开办"留声机俱乐部"让客人们一起创作新奇的唱片的建议外，他对这一想法投入甚少。实际上，比起爱迪生，像马克·吐温、阿瑟·柯南·道尔、阿加莎·克里斯蒂等作家却对开发录制的可能性显现出了更大的热情。马克·吐温尝试过将小说录进留声机，但失败了。与此同时，维克多的策略却十分成功。1908 年以前，爱迪生广告的导演就抱怨，有很多他的熟人都开始购买维克多的机器而不是爱迪生的机器。他认为维克多的成功是源于其广告在数量和质量上的优势，以及在熟人中日益上升的名望。

维克多通过红色印章唱片策略和广泛的广告投入使公司迅速地在音乐市场上崛起。然而，与维克多的市场设想相反，大多数人在大多数情况下不会购买红色印章唱片。维克多的广告几乎从未集中于甚至几乎没有提到过公司的黑色印章唱片。这一系列唱片的内容包罗万象，从流行歌曲到政治历史演讲，再到二流的古典音乐表演。然而，在1925年，黑色印章唱片的销量几乎是红色印章唱片的五倍。尽管如此，以红色印章唱片为中心的广告为留声机注入了文化价值，并且使其在艺术家和顾客眼中合法化。

黑色印章和红色印章唱片之间的巨大的销量差距，使人们推测维克多会将其广告调整为以销量更好的黑色印章唱片为中心。然而，这种猜测不得要领。红色印章唱片推动了所有留声机产品的销售。此外，尽管黑色印章唱片销量远超过红色印章唱片，红色印章唱片的销量仍是不可忽视的——从1903年到1925年，红色印章唱片的销量超过700万张，并且红色印章唱片的单价高于黑色印章唱片。没有相当大的销量，表演者不会获得丰厚的回报，并且也会降低他们录制唱片的热情。然而，正如英格兰留声机公司总裁威廉姆·巴里·欧文所说，对维克多和其欧洲分公司来说，红色印章唱片的本质是"高级广告计划"。并非仅以保护当时的艺术为目的，这一策略的目的是利用高级文化的声望来吸引广泛的消费者。据说，几年后，维克多公司为零售商和批发商建立了一个正式的培训计划，课程包括推销术、仓库管理等，计划取名为"红色印章学校"。

维克多公司的商业优势不仅仅在于其在唱片的外在包装的竞争中的胜利。维克多公司所反映的是一种深刻的文化现象。维克多公司的确打开了很多扇文化的大门，但也关闭了很多。如果之前的技术允许顾客制作自己的唱片，二十世纪美国人的生活会非常不同。

事实上，在尼珀出现的同年，也就是1900年，乔治·伊士曼的相机引起了一场革命。从那时起，普通人不仅能购买相片，还能制作相片。在半个世纪后，磁带的出现，使消费者获得了录制唱片的权力。然而，在那时，人们对美国社会音乐的普遍形式、意义和价值的看法已经发生了很多改变。

机械复制音乐规模的扩大，尤其是维克多独特的方式，有着深远的含义。通过红色印章唱片和大量的广告，维克多在英格兰留声机公司的帮助下，成为了世界上最有影响力的高等音乐文化的推广者之一。二十世纪二十年代，红色印章唱片成为了一种特别的经典作品。实际上，古典音乐唱片和歌剧唱片等严肃音乐并不是与流行音乐对立的，而是流行音乐唱片的补充。一方面，唱片业广泛的供应促进了文化的发展。另一方面，文化方面的宣传和强化对音乐产业的发展起着重要作用。

钢琴卷纸和留声机唱片的出现，使从前只有有限的精英听众可以接触到的大量音乐变得容易被接近。尽管，顾客听到的音乐是经过修改的，并不完全与原始音乐相同，唱片使各种音乐类型之间的差异缩小。但是，毫无疑问，唱片的出现，使那些被地域、种族或是其他因素阻隔在都市音乐厅之外的人真正受益。

与集唱歌、弹钢琴、拉小提琴、写歌于一身的埃米尔·柏林不同，他的后继者也是他从前的合作伙伴埃尔德奇·约翰逊从未显示出和音乐如此多的联系。约翰逊自称年轻时拉过小提琴，但水平并不是很高，他对音乐并没有很多天分。当约翰逊退休后，他没有接受维克多公司的任何纪念品，甚至卡鲁索送给他的讽刺画也没有接受。实际上，约翰逊对音乐表现出本质上的不同，并且他在重整美国音乐的领域中所扮演的角色十分理性。他不愿参与商业性的音乐活动。他发现卡鲁索和其他艺术家"很难控制"，并且不希望看到这些艺术家的名声在商业领域中被夸大。从二十世纪二十年代起，一直到他 1945 年去世，他都是一位出名的慈善家。他将上百万美元捐助给宾夕法尼亚大学做医学研究，并且在宾夕法尼亚大学担任考古学博物馆和人类学博物馆主席多年。他捐助童子军、基督教青年会以及美国新教圣公会，为大学提供科研经费、为公共图书馆提供资金、修建市政公园以及社区活动中心。他同时也是自然科学院、美国社会科学院、美国哲学学会、宾夕法尼亚美术学院、动物园协会以及宾夕法尼亚历史协会的成员之一。简而言之，除了他的专业活动以外，约翰逊将他的时间、精力和金钱花费在了广阔的领域上，而音乐是他未表现出很大兴趣的领域。

SELLING SOUNDS
第 4 章

声音贸易

　　作者 A.J. 利布林 1904 年生于美国纽约，当他还是个男孩时，还在将自己的"小奥林匹斯山"当作童年的神时，就意识到了世界的存在。乔治·华盛顿就如宙斯，莉莉安·罗素的位置就如阿芙洛狄忒，而恩里科·卡鲁索对他的吸引正如帕恩。名人就是世俗社会的宗教，如今这已是陈词滥调。而现代名人对利布林来说，是新奇而给人启发的。"卡鲁索……有着空灵的声音，这就像历史上任何宗教的本质，"他回忆道，"我熟悉的声音，从维克多的牵牛花形的喇叭里放出。尽管我不理解他所唱的更让人敬畏的词句，但我能听到他唱'今夜星光灿烂'。尽管时隔五十年，在我听到过的所有卡瓦拉多西的咏叹调中，卡鲁索的声音比任何男高音都要响亮。我父亲会说，'这就是艺术，是判断一个真正的艺术家的条件。'"这种感受不仅来自音乐，而是所有有关声音的社会经验的作用。这不仅是卡鲁索的声音的影响，利布林聆听到的这种噪音是通过特殊的机器录制的。如果维克多留声机公司的负责人和英格兰留声机公司的负责人将卡鲁索的唱片视为面向顾客的文化资本，那么利布林的记忆会使我们想到，购买到人们家中的唱片会有着极其不同的意义。那时，卡鲁索的戏剧性哭泣会引发年轻的头脑思考艺术和效果，也会使男孩和其父亲的关系熟稔，同时还可以产生影响终生的记忆和强烈感受。

维克多和英格兰留声机公司试图将卡鲁索和其他红色印章艺术家与公众对留声机的印象紧密相连。卡鲁索这种超自然的、精神上的声音本身不仅代表了留声机，也代表了音乐和声音自身的力量。此外，正如卡鲁索所做的，他的力量似乎像自然的力量。维克多于1916年发布的一则留声机宣传广告上描述了卡鲁索在海伦·凯勒的手指尖触摸下唱歌。这一迷人的画面描述了某些超凡的经历。斯·特克尔也曾说过，听卡鲁索的音乐能治愈"医生所不能治愈的疾病"，也就是他少年时的哮喘。此外，各地也出现了有关被卡鲁索留声机中的声音迷住的德国流浪狗的故事，以及卡鲁索的唱片一播放就能使亚特兰大老鼠从洞里爬出来的故事。

如果男高音不是被一直作为"超人"对待，那么卡鲁索的名字就不会拥有声乐艺术领域以外的超越时间的惊人名气。"他是继卡鲁索后最伟大的男高音。"格劳乔·马克斯对《歌剧之夜》的一位歌手评价道。一位批评家夸赞萨克斯管吹奏者西德尼·贝彻是"爵士乐中的卡鲁索"。一位经验丰富的表演商人称卡鲁索和"很多被视为领域内'最出色的人'"一样，是他听过最完美的声音，这些人包括杰克·登普西、约翰·巴里摩尔以及雅舍·海菲兹。在维尔纳·赫尔佐格的电影《陆上行舟》中，一个南美印第安的凶残的部落，被从安装在船首的便携式留声机中传出的卡鲁索的声音摆平了。实际上，这就是一位歌手超乎寻常的能力。

这些例子共同证实了一类从音乐产业产生却不完全由音乐产业控制，并且对二十世纪美国社会和世界文化产生了巨大回响的新名人的出现。卡鲁索将留声机的美学和技术具体化，而其巨大的影响并不限于留声机行业。他的声音通过声音录制媒体重新定义声乐表达的可能和期望。此外，他个人的职业生涯促进了音乐产业的发展。没有任何其他公司像维克多宣传卡鲁索一样宣传过其他歌手，也没有任何演员从大量的媒体广告中有过这样的收益。卡鲁索是维克多的签约艺术家，卡鲁索的成功也是维克多的成功。卡鲁索是现代音乐产业的第一个明星，在他去世后，其影响长久地遍及美国。

镀金联系

尽管现在的电影业常和明星相关，但大约在1900年以前的电影工作室并不经常宣传电影演员个人的名字。相比之下，工作室负责人更倾向于宣传工作室的名字，以防给予他们的演员额外增加公众认可度的机会。在留声机行业，同样作为电影业领军人物的托马斯·爱迪生仍狭隘地坚持专注于技术品质并拒绝投资和推广名演员。"我不打算依靠歌手的名声，我打算凭借唱片的质量。"他在1911年的一封信中写道。之后的一年里，在商业市场的巨变中，他找到了自己的弱点："我们对艺术家、歌手、乐器演奏者的名声并不关心……我们想要的只是尽可能完美的声音，而我们的目的并不是展示艺术家或利用艺术家的名字贩卖唱片。"很多年里，由于这种策略性错误，爱迪生发行了很多甚至没有列出表演者名字的唱片，而只列出了标题和作曲者的名字。

爱迪生的竞争对手维克多的追求方向则不相同，维克多遵循新闻工作者约瑟夫·普利策和威廉姆·伦道夫·赫斯特所推崇的策略，即增加个人焦点和故事戏剧化的策略。"名字创造新闻"是赫斯特新闻编辑室的准则，维克多在音乐制造中也持同样的观点。很多歌手和表演者为维克多录制唱片，但维克多将卡鲁索作为声音录制技术本身的标志，作为唱片的潜在艺术性，这是卡鲁索对整个音乐产业的价值。从1903年起，卡鲁索的第一张美国唱片发行以及他在大都会歌剧院的首演后，他的魅力和名声就成为了维克多最有价值和有影响力的资源。他作为男高音的名气直线上升，维克多从他名字、声音、形象以及人品中获利无数。他似乎拥有着点石成金的能力，可以增加身边任何人的价值。公关之父爱德华·伯尼斯将处于卡鲁索身边定义为"镀金联系"。

在新音乐文化中，名人扮演着明星的角色。正如卡鲁索本身，这种名气就像原子中相反的微粒，以两种互补的要素为基础：明星系统和个人魅力。第一个要素通过系统的策略激发并增强观众对表演者的兴趣，而另一要素则在非理性层面上起着独特作用。和音乐产业的复杂的宣传机构形成鲜明对比，个人魅力的作用实际上超越日常生活的结构和价值，是从理性和传统权威形式中解放的不同事物。个人魅力能够创造出强烈甚至使人着迷的效果。以卡鲁索为例，他的令人着迷的效果是人们通过听觉感知并产生遐想而产生。

的确，卡鲁索可能是第一位引起强烈反响的音乐人，并且他的出名有着一些重要的先决条件。以詹妮·林德和弗朗茨·李斯特为例，他们都在十九世纪进行了引起轰动的巡回活动，并从精心设计的专业宣传中受益。十九世纪末，施坦威·桑斯在广告中强调巴岱莱夫斯基的名字，对巴岱莱夫斯基杰出的名声起到了重要作用。同年，制造约翰·菲利普·苏泽的出众声望也是施坦威的工作目标。他的经理大卫·布莱克利的谨慎的媒体操作概念和实践在某种程度上都是彻底现代化的。苏泽也扮演了一个彻底的男性化的形象，他的军事装扮、他的进行曲都为所有本质上与女性化音乐相反的音乐形式做出了贡献。

然而，卡鲁索的名气与其他更早出名的音乐表演者不同。他的名气来自特殊商业产品的推广。他的名气和广告紧密联系。和施坦威与巴岱莱夫斯基的关系类似，但卡鲁索的名气和复杂的创新直接相连，并且影响力远超过施坦威。此外，之前没有像卡鲁索对留声机文化和经济产生类似影响的先例。巴岱莱夫斯基对施坦威是一种恩赐，但他的影响力建立在已经流行并广受尊重的钢琴的影响之上。与之相反，苏泽的乐队从十九世纪九十年代开始录制唱片，但这些并没有对他的名声和留声机产生很大影响。实际上，只有卡鲁索的名声在名人音乐商品零售系统经济中得以提升。"维克多艺术家唱片商业化过程中的一个重要因素是他们的知名度和流行度，"公司向其经销商解释道，"他们的知名度确实是你们经营的事物之一，并且目前并不需要任何付出。所以，当艺术家变得家喻户晓时，它将成为你的回报。"维克多对经销商的建议是直接考虑卡鲁索，"宣传卡鲁索——尽力宣传他的大名（音乐界最出名的人物）以及他惊人的唱片……他是唯一独立的艺术家。"

对于卡鲁索和少量其他唱片艺术家来说，这种新名声带来了相当大的经济回报。1914 年，卡鲁索的总收入超过 22 万美元。尽管他的大部分收入来自现场演出费，但是正是他唱片的名望提高了他的演出收入，同时，他唱片的版税收入同样不菲。从 1915 年年中到 1916 年年中，他从美国赚取了 7.8 万美元的唱片版税（他早前在欧洲极好的销售被战争中断）。1919 年，他和维克多公司签署了新合同，合同中保证了他每年超过 10 万的佣金以及唱片零售价总额 10% 的版税——这一条款远超过当时任何艺术家。这种财富，作为回报，成了卡鲁索名气的一部分，正如记者会在新闻标题下写的，"哼！嗬！怎样能唱出5年66万美元的颤音？"除了唱片合同中许诺给他的惊人的版税之外，他也可能从唱片中单独获得300万美金。这种情况与卡内基或是洛克菲勒甚至埃尔德里奇·约翰逊的运气类似，但它却比早些年的表演者所希望获得的数目还要多。

另一个同过去的决裂的是很多人听说过的詹妮·林德和巴岱莱夫斯基，但极少有人听过他们的表演。与之对比，维克多将卡鲁索和其他红色印章艺术家作为服务上百万较低阶层的顾客的主力。维克多公司用优质的产品质量和留声机的娱乐教育意义向消费者推销"世界上领先的音乐艺术家"。所有这些主题都反复出现在维克多的广告中。最著名的一个是，在一个布置舒适的私人住宅中，红色印章唱片作为装饰出现在家庭或是私人聚会中的情景。这些广告传达了一个人拥有或聆听卡鲁索和其他红色印章艺术家的唱片的舒适体验，并进一步暗示了任何播放唱片的家庭都会带有艺术家们的艺术气息。实际上，红色印章唱片的广告常以艺术家的画的形式出现，在广告中，家被表现为影院，顾客在家里就好比像是影院经理或是影院包厢座位的拥有者。早在1907年，维克多就对经销商宣布图像是一种广告形式，相信艺术家的画"对大众更有吸引力"，并有一种让人"仔细品味……的吸引力"。

不论是广告、目录还是带有红色印章艺术家的海报，卡鲁索总是出现在最显著的位置——第一排正中，并且他的图片比其余艺术家都要大。在1917年的一张圣诞季的广告中，卡鲁索和圣诞老人手拉手，走在其他红色印章艺术家之前。一本广泛发行的维克多年度目录广告中，有一本超过 300 页的记载卡鲁索作品的册子，并且他的唱片通常是唱片月度目录增刊第一页的重点宣传产品，甚至在其余严格按照字母表排列的列表中也是这样。维克多通过广告、目录、海报以及招牌，将卡鲁索职业生涯的每个阶段都转化为商业资本：1903 年宣布他出道，二十世纪一十年代对他大力称颂并夸赞其天分，一战期间则公开他对美国的支持，1921 年哀悼他的离世，二十世纪二十年代以后则享有他的唱片遗产。然而，当时很少人认为维克多与英格兰留声机公司的联合对卡鲁索的知名度的提升起到了最大的作用。维克多在 1909 年对经销商强调："今天，全国没有一个街区或村庄不熟悉卡鲁索的名字，原因是什么呢？因为卡鲁索是世界上最伟大的男高音？错！是因为维克多将他的名字从一个国家传播到另一个国家——从此让卡鲁索成为了众所周知的伟大男高音。"

为了强调艺术家和企业之间的联系，维克多宣传自己与卡鲁索和其他红色印章表演者之间特有的联系，以此将合同转化为了一种资本的象征。印刷目录在描述一位艺术家的唱片的同时会经常提及这种合同。并且卡鲁索很显然适合公司的这种策略，他的合同比任何其他合同的知名度都要高。1908 年，一本乐器目录的封皮上有一份"卡鲁索的宣言"。这份宣言宣称："我希望向全世界对我的唱片感兴趣的人宣布，我自从 1903 年后，从未为维克多留声机公司和英格兰留声机公司外的任何人录制或演唱任何歌曲。"这种排斥性条款在唱片艺术家合同中本来只是作为一种工具存在，但维克多以此来保护他们对个人表演的投资安全，同时将这种合同转化为另一种可对市场进行宣传的资本。在这种情况下，这一过程表明文化生产和商业限制是同一件事的两个方面。

二十世纪一二十年代，维克多增加了另一个巩固公司与优秀艺术家和留声机的联系的战略：公司将红色印章艺术家的形象以某种方式加入到和媒体主动直接的互动中——听留声机、收集唱片以及在印刷厂检查唱片。这些照片使抽象的不具人格的工业生产人性化。有些照片是约翰·麦克马克检查新近印刷的唱片，并附有唱片生产工厂的介绍；有些图片则是艺术家假装站在留声机旁或正在聆听自己的唱片。这样的形象是一种视觉刺激，维克多鼓励经销商购买并在商店中悬挂这种海报不同规格的复制品。这些图片表达了艺术家、唱片公司以及留声机之间的密切而稳定的联系，以及这些艺术家对音乐的关心。

在二十世纪一十年代，当红色印章唱片在消费者的客厅出现的图像主题确立好后，维克多开始推广艺术家们在其家中的非正式快照式照片，视觉上使人想到顾客和这些艺术家有一种交互关系。从前，维克多目录的形象是艺术家在录音棚身着正装或身着表演服饰的形象。然而大约从1916年开始，维克多的目录和广告照越来越多地表现了红色印章艺术家的家庭生活和娱乐活动。维克多告诉其经销商："这种视觉风格，即'非正式快照'会吸引更多的注意力。"在正式肖像照仍旧在维克多广告中占据重要地位的同时，卡鲁索和其他艺术家的非正式照片则对表演者的公众形象增加了一个新的更加个人的形象。

几乎与此同时，维克多推出了一系列维克多圆盘唱片在唱片艺术家身旁的广告。例如，卡鲁索在《圣洁的阿依达》的宣传图片中穿着类似拉达米斯的衣服。广告的文字解释道："维克多公司的卡鲁索唱片的声音和卡鲁索本人亲临一样真实，事实上它就是卡鲁索。"这种广告将唱片、留声机和艺术家等同的超前主张模糊了现场表演和大规模机械复制音乐的界限，以及个人和其唱片的界限。尽管这种主张在今天的广告中很普遍，但在二十世纪一十年代他们却传达了一种对唱片定义的重要观点，构建了戏剧演出和现实的新关系。如果这种观点的本质是一种商业的观点，那么它的影响力实际上已经超出商业的范畴。

值得注意的是，这个广告以及其他类似的广告不止宣传了歌手的"出众的嗓音"。在之后的广告中，维克多保证，卡鲁索的103张唱片提供给消费者的都不仅是他的艺术，而是他的人格。一种基于乐谱的音乐文化分支已经很明显——它不受销售的音乐类型的影响，也不受维克多广告的表演和表演者本身的影响。消费者接触这种唱片的方式是通过机器表演，这种唱片能够传达出卡鲁索的"个性"。个性的概念是这里的关键，也是这个领域的标语之一。此外，有关卡鲁索个性的材料频繁地以各种形式出现在各种广告、推广材料和新闻报道上。一篇报刊文章称赞卡鲁索"多彩的个性和威严的声音"。另一篇卡鲁索职业生涯的总结文章的副标题提到了卡鲁索"不同寻常的个性"。维克多不仅将这种概念应用到了表演者身上，也将其应用到了物品上。一则维克多的唱片指南写道："这个小册子将标准唱片归类，并对每个唱片做出了非技术性简介——对每个唱片做了个性化介绍。"实际上，这种商品崇拜是二十世纪大规模消费市场的核心。

"个性"的概念出现在二十世纪早期。"个性"可以理解为行为举止、服饰和演讲风格上的独特以及自信的个人特征。"个性"常被定义为"本质上成为某人"，这种思想建立在无需取悦他人的基础之上，并且和现存的道德规范有着相对较少的联系。卡鲁索完全符合这样的特征。卡鲁索既迷人又上相，既顽皮又慷慨。他不屑理睬他的缺点和小毛病，并希望受到他人的模仿。他对自己有着极度的自信，但却不像很多歌剧歌手一样流露出自负和高傲。对卡鲁索和其他出名的唱片艺术家来说，他作为表演者的工作并非不再重要，但是"个性"伴随着他的名气。报纸也开始追踪卡鲁索的生活和他感兴趣的事物。人们发现卡鲁索是一个欢快友善的人，不仅体现在他在舞台上的努力，更体现在私人领域和他的幕后生活中。比如，关于他夫人的珠宝被盗的故事，或是关于卡鲁索刮掉胡子的反应。1904 年，有篇报道详细记录了卡鲁索在意大利新买的城堡，这座城堡曾为但丁的朋友所有。1906年，有篇报道记载了卡鲁索对旧金山地震的描述："这是最可……可怕的呼呼声。我的耳朵能听到它的响声，那些可……可怕的事情，这场地震。"1910年，一家媒体报道了意大利人组织的名为黑手党的犯罪团伙给卡鲁索的敲诈信。在一则耸人听闻的报道中，声称卡鲁索购买了两把手枪和一把刀用来自卫，来反抗黑手党。然而，另一则报道称："卡鲁索害怕了，给了黑手党钱。他给了黑手党2000美金。"更多的报道记录了卡鲁索是杰出的多产漫画家，他喜爱吸烟，他对美国女人有所偏爱，以及其他的小爱好。

在所有报纸上报道的卡鲁索的故事中，最著名的是1906年卡鲁索在中央公园动物园猴馆对一名女士性骚扰后被警察逮捕的故事。这个被称为"猴馆事件"的报道和接连发生的审讯可能是世界上第一例"名人审讯"，这个审讯在纽约的报纸首页上出现了长达六周。这种奇怪而壮观的新闻报道包括事件的文字描述和卡鲁索在动物园所穿外套的图片，还包括对事情发生时的笼子里的猴子的报道。据说，由于卡鲁索在猴馆被逮捕，猴馆出现了大量的参观者，而参观者使猴子感到压力而生病并在短时间内死亡。原告在审判前消失，并且有证据显示一名警察曾向卡鲁索索贿。卡鲁索最终被判有罪并处以10美元罚金。

当时，另一桩名人丑闻是哈里·肖的谋杀案。哈里·肖因为自己的妻子伊芙琳·内斯比特与著名设计师斯坦福·怀特曾经的风流韵事而试图谋杀怀特一案，引起了轰动。哈里·肖之后被证实患有精神病而被判无罪，但卡鲁索被罚款 10 美金。此外，"猴馆事件"从报纸上消失前，公众的关注范围已经演变为：警察索贿和恐吓、本土主义者对意大利人的敌意、女性由于性骚扰而出庭作证对其名声的影响以及法律对名演员的不公正对待。换句话说，名人成为了相关的严肃的社会问题的聚焦点。

与此同时，卡鲁索对自己的信念非常重要。真正的裁决不是在法院，而是在剧院里。观众对卡鲁索抱有很大期待，首先，观众们对他的季度首演致以激动人心的、宽容的掌声、喝彩和问候。此外，一些卡鲁索的粉丝知道，这位歌手从前有着放荡的行为。一家报纸在 1905 年写道："卡鲁索先生喜欢我们美国的牡蛎……此外，也喜欢美国女人！……和喜欢牡蛎一样喜欢美国女人。他爱这些东西。"1906 年，另外一则人物评价上提到卡鲁索在大都会歌剧院的后台寻欢作乐。"据说你会亲吻所有允许你亲吻的漂亮女人！"记者对卡鲁索说道。"我只亲吻丑陋的那个，"卡鲁索回答道，"用来赎罪。"记者继续道："他在后台追过诺迪克、弗蕾姆·斯塔德、玛丽恩·威德。他尝试过吻这些人，但不被允许。"这些例子和卡鲁索的"猴馆事件"并没对他造成影响，这表明他的支持者已经可以宽容这种与过分威严的卡鲁索形象不同的行为。他那不勒斯式的教养和地中海式的聪颖丰富了他的公众形象。这种方式帮助卡鲁索以一种和美国黑人歌手不同的方式创下了名声。但是，几年后的罗兰·海斯、保尔·罗伯逊的声名狼藉的政治策略则起到了不同的作用。

声音的力量

二十世纪早期，声音始终是被强调的重要的个性元素，并且只有少数歌手拥有像卡鲁索一样的给人深刻印象的嗓音。在刺耳的大规模都市化时代，卡鲁索的声音成为了完成人类表达的一种证明。他所有的力量、悲悯和深度——让人听到的不是浅薄和短暂，而是爱和痛的共鸣以及在喜剧舞台上激发其他持久情绪的能力。很多发行品都涉及卡鲁索，这其中，当属诗人约翰·查尔迪最能完整地表述这些价值以及他与唱片的关系。约翰·查尔迪的文字的深度和穿透力将这些全部显现出来：

当我还是个小孩子时，我的叔叔常收集很多……卡鲁索的唱片。一直以来，我对卡鲁索有着一种强烈的喜爱。我听过卡鲁索两三次"现场演出"，但我对他印象最深刻的还是那些唱片，因为我对这些唱片的记忆是最长的……当你听到这种嗓音时，你听到的不仅是他在唱的歌曲，你会感到想象空间在扩大——你会发现这些歌竟然能被唱得如此好。你天马行空的想象被释放。你会有一种热切的期待。你不可能料到这些歌会被演绎得如此完美。你无法想象，卡鲁索可以达到如此高的高音，这就是人类可以达到的高音的极限，你不会对人类的声音要求更高，而在你以为他达到了最高音之后，他还会超越这个高度，他会超过你所有的期待。这种歌唱的方式是花了几个世纪的时间形成的，而卡鲁索的这种音乐天分会和歌曲随时完美结合。

这种声音不仅仅是一种个人的成就，也是一种历史积淀的成就。

如果说人声在这个历史阶段对文化产生了特殊的回响，那么这主要是由歌剧唱片引起的。这种唱片摘录的是单人声音，通常只有最小限度的伴奏。它摆脱了剧场合奏，并且从特权阶级的社交关系中解放出来。超过其他听觉体验的是，这些唱片可以传送声音本身的细微之处，也使观众自觉或不自觉地聆听这种声音，忽略歌词的意义。这种唱片创造了一种远超过图像所能描述的真实的体验，是由卡鲁索独特的灵魂所带来的听觉体验，在人们的听觉世界中产生了回响。这不仅仅是一种简单的声音，而是一种经技术调节过的声音。就像电影通过摄像机镜头的特写会使视觉效果有所改观一样，观众通过这些特写镜头可以欣赏到画面的细节。听众不可能永远处于剧院的表演现场，有声唱片使观众可以重复聆听、仔细品味每一个高音、呼吸、停顿、变音。这是和卡鲁索的演唱以及技术应用同时产生的一种听觉享受，这两方面不可割裂。

这就是卡鲁索，一位当时颇具影响力的批评家亨利·克雷比尔在《纽约论坛报》上称赞他是一位"具有男子气概的歌手"，并且花了大量篇幅称赞他的嗓音（无疑不是他的表演，批评家一般认为他的表演很普通）。大多数人持有的普遍看法是，卡鲁索的声音是一种会使人深陷的声音，并且非常适合机器的录制，最终的唱片会达到和现场演出同样的效果，人们会体验到与观看现场演出同样的感受。歌剧历史学家约翰·迪描述的在1908年发生的一个突发事件，证实了这一点。1908年，大都会歌剧院公司在芝加哥的巡回演出中需要保证上演两个歌剧连排节目，一个明星是卡鲁索，另一个明星是男高音安德鲁·狄佩尔。当时，狄佩尔的嗓子不适，卡鲁索在歌剧开始时在后台为他唱了一段曲调。当人们不知道是卡鲁索在演唱时，只是礼貌性地鼓掌，然而当人们知道这一点后，便开始疯狂地喝彩。对听众来说，卡鲁索的名气似乎远比他的演唱重要。此外，那些通过留声机唱片认识卡鲁索的观众，一开始会不习惯听卡鲁索现场演唱的声音。但是，无论如何，当人们听到卡鲁索的声音时，他所代表的从来都不是浑厚而完美的声音这么简单。

　　实际上，卡鲁索的个人魅力、嗓音以及他的口碑共同构成了卡鲁索的名望，尽管在某些情况下，卡鲁索的嗓音似乎是二流的。这种看法来自公共关系学科化的先驱、西格蒙德·弗洛伊德的侄子爱德华·伯尼斯。他在1917年参与过一个对卡鲁索的全美巡回表演进行的广泛宣传。在伯尼斯和卡鲁索的接触中，他惊讶于卡鲁索惊人的个人魅力。伯尼斯后来回忆道："他的魅力像影响其他人那样影响着我。我就像在和太阳神说话，而太阳神的光芒使周围失色。当我们在百老汇走在一起时，我会暂时忘我地把注意力集中到他身上。"伯尼斯提到，卡鲁索会做出和其他电影明星一样的反应。尽管在1917年时，电影明星的名气仍纯粹取决于人们的视觉感受，对电影的讨论是十年之后的事。

在巡回演出的途中，铁路系统为边远地区来看表演的大量观众加开专车。卡鲁索的影响力遍及全美各处。尽管伯尼斯是这次活动的推广者，他同样也敬畏这个"不管他去哪儿，也不管他做了什么，永远是占据新闻头条的人"。他同时也提到了卡鲁索的名声盖过了他的演唱效果。尽管伯尼斯并未提及维克多的名字，他的报告却如实地记录了维克多宣传的影响力："这种宣传对大众的影响力给我留下了深刻印象，因为绝大部分从前没听说过卡鲁索的人也会自发地追随卡鲁索。这些人中，只有极少数可能听过他的唱片，但大众的态度在他们看到或听到卡鲁索时就已经形成了。"当年的巡回演出在年底前结束，伯尼斯由于感受到了卡鲁索的魅力，并且看到了维克多的推广对大众的影响，他参加了政府的战时宣传机构公共信息委员会。伯尼斯在那里利用他在卡鲁索巡回演出时工作的经验，为他战后辉煌的职业生涯奠定了基础。

维克多公司在二十世纪二十年代建立了一个维克多新闻服务部。建立这个部门的目的是，希望在不提及公司的情况下，为维克多的艺术家在报纸杂志上创造故事，扩大将维克多艺术家作为"新闻主角"的推广范围。维克多向其经销商解释道："这种工作是为了保证维克多的艺术家……出现在公众眼前，这样可以使报纸和杂志的编辑让艺术家出现在专栏文章中，又不会违背他们的良心。因为文章中不包含任何艺术家和维克多公司之间关系的信息。"此外，为了减轻经销商对这一战略的疑虑，维克多坚持声称，维克多的艺术家的照片和故事都是真实的，而不是虚伪的广告，并且说明，这些故事绝非唱片的宣传活动，只是因为音乐世界的领军人物和其他公众人物在新闻中有着同等的吸引力。

恩里科·卡鲁索不仅是维克多公司的商标，他几乎代表着维克多公司的产品和名声。在那几年中，卡鲁索担负的还不仅如此，他成为了音乐产业以及音乐力量的代名词。正如爱德华·伯尼斯所说的那样，他被视为一个"太阳神"，他的光芒会使周围失色。同时，他的唱片对人们聆听录制音乐的方式产生了深远的实质上的影响。在此之后的许多年，他的唱片是被人们铭记的、感人至深的，也是激发人们想象、构成人们回忆的唱片。

然而，卡鲁索并不是唯一感人至深的唱片艺术家，虽然人们对卡鲁索的回忆远多于其他艺术家。1957年，一位来自弗吉尼亚的女士提到，那些和卡鲁索不同的艺术家也激发了她同样强烈的情感。在《爱好》杂志上，她清晰地回忆了她于1917年参加的维克多公司的优秀留声机艺术家音乐会的情景。"到现在，我仍把这个夜晚当作我人生中的大事，那个夜晚，我听到了这些举世无双的歌手们的表演。那个音乐会的很多细节至今仍清晰地留存在我的脑海中，他们就像上周发生的事情一样。"她写道。"尽管这些歌手大多都已被今天的人们遗忘，但这些表演者都是当时最多产的维克多红色印章系列的音乐艺术家，他们有亨利·伯尔、阿瑟·科林斯、比利·默里、贝丝·奥斯曼等。在麋鹿剧院举行的这场音乐会，当天表演的节目包括幽默歌曲、感伤民谣、舞蹈短剧。舞台前方摆有一排由经销商提供的留声机。当时，我盼望参加这次音乐会盼了一个月。"她回忆道，"无数个夜晚里，我梦想自己重返麋鹿剧院，等待着幕布的开启，再一次欣赏这场音乐会……我一直认为这场音乐会在我生命中是最重要的事，甚至比我的婚礼还要重要。"

尽管她的记忆只围绕着这场音乐会的现场演出这一个事件，但这与她在家常年收听留声机唱片的经历有关。她的所有家庭成员都对艺术家有着个人的偏好，此外，他们都将优秀的留声机唱片音乐明星视为自己的好友，视为家庭的一员。实际上，A.J. 利布林也曾在提到了他对卡鲁索的神化，同时，这位作家将留声机视为了"几乎所有家庭的祭坛"。更加值得注意的是，她对黑色印章艺术家怀有同样的感情。

卡鲁索耀眼辉煌的职业生涯让我们对他很多缺点视而不见。很多和卡鲁索有关的书都含蓄地表达了同样的意思，与他的职业生涯的辉煌同样给人留下深刻印象的是，卡鲁索的惊人的空虚的生活。

歌剧历史学家约翰·迪曾记录过歌手卡鲁索的表演职业生涯："他不和任何艺术运动或学派有关，他没有艺术野心，也没有像十九世纪九十年代德·雷什克的首创精神。此外，他也并不真正关心全部剧目，除了小心避免演唱那些不符合他嗓音的歌曲。"舞台上他经常扮演小丑，但在台后，他远离聚会，也从未在他朋友面前非正式地唱过歌或表演过。就像麦克马克和拉赫玛尼诺夫那样，他也有着收集硬币和玩单人纸牌的爱好。他是一个温和、和蔼、大方的人，尽管他承认他自己只有少数好友。他在旅馆中（他在纽约的纽约人酒店中有一套著名的套房）、旅途中或是在他意大利的别墅中度过了他整个成年的生活。他的遗孀也强调了他的纯朴："他本性并不复杂，实际上还很自然……他知道谷物的味道。"

　　卡鲁索作为一个现代名人，对社会各阶层都有着广泛的吸引力，他的嗓音、个性以及名望从来都不代表着单一或是一成不变的意义。以在纽约为例，他是人们心中音乐名声的试金石，无论是在社会名流聚集的上东区还是商业中心的工人中。他在这些不同的环境下有着不同的意义。男高音罗兰·海斯1887年生于佐治亚州的一个贫穷农场的前奴隶家庭，卡鲁索是激励他的人。卡鲁索的唱片出现在罗兰·海斯的青少年时期，并开启了他后来受到国际赞誉的艺术职业生涯。对于上东区的意大利移民来说，卡鲁索就像是他们的同胞。他们在大都会歌剧院的池座为卡鲁索的表演喝彩，并在"猴馆事件"时给予他支持。他们联合起来支持卡鲁索，就像支持他们中的一员。

马丁·沃尔夫森回忆道，"我们家是一个有着八个孩子的移民家庭……我们从周一到周六每天在工厂工作十到十二个小时。晚上我们去剧院听卡鲁索、加利·阿姆利塔、罗莎·庞赛儿和其他人的演唱。我们有一台留声机，卡鲁索的声音充满着整个房子。"沃尔夫森凄美的致敬显示了卡鲁索和工人阶级的联系："工厂的男女工人需要这些歌剧。卡鲁索生活富裕，但他的财富来自无产阶级。"

在美国，卡鲁索的两个竞争对手对音乐产业日益重要的表演者的名声做出了不同反应。哥伦比亚留声机公司在创作自己的大型歌剧系列、签约艺人以及推动一些著名演员演艺事业的事情上追随维克多的脚步。哥伦比亚公司没有卡鲁索，也没有梅尔巴、麦克马克，但它也拥有一部分具有代表性的艺术家，并以维克多推销红色印章唱片同样的方式推广自己的唱片。与此同时，哥伦比亚公司在技术上的调整也反映了维克多不断扩大的优势。在十九世纪末二十世纪初，哥伦比亚留声机公司制造并销售柱型留声机、唱片留声机以及唱片。但在维克多重新定义消费市场后，哥伦比亚公司越发专注于唱片生意，并在 1912 年彻底结束了其柱型留声机的生产。

维克多另一个竞争对手托马斯·爱迪生的留声机公司在十九世纪成为留声机行业领军公司后，在二十世纪的发展越发艰难。二十世纪一十年代，它引入了自己的金刚石圆锯片技术。爱迪生本人是他公司最大的明星，公司推广材料上最频繁出现的是他的形象，而不是任何一位唱片艺术家。实际上，爱迪生本人是那个时代一位最伟大的名人——鬼才、天才发明家、实业家和政治家。然而，作为一个商人，他的成果不佳。他知道如何向大工厂的委托人销售他的发明，但对于向消费者推销产品，他似乎并不在行。并且，在留声机的销售中，他相信留声机惊人的技术会使其自行销售。他不理会竞争对手的出版物上的图像带有的吸引力，爱迪生认为，在目录中添加图像毫无意义。即使偶尔添加艺术家的照片，艺术家的形象也是经常一起在目录的背面出现，而不是出现在歌曲列表旁。

　　实际上，很多人坚持认为爱迪生在音效的技术上好于维克多公司的，尤其是爱迪生在1912年引入蓝色柱型留声机后。但是，技术的优势并未像艺术家名声那样使消费者热情增加。1927年，在爱迪生公司破产前，爱迪生公司的副董事长亚瑟·沃尔什承认了维克多策略的优越性："艺术家的名字可能是维克多公司能用的最好的推销广告。"爱迪生开始不情愿地录制一些相对名声显著的天才艺术家的作品，但当时维克多的唱片已经占据了市场，其他公司只能跟随。卡尔多·马丁在公司的交易公告里称赞新的顶级歌剧歌手的唱片时写道："（他）显然有着很好的男高音的嗓音，略低于著名的卡鲁索。"

　　卡鲁索在1921年去世，享年48岁，死因可能是由脓肿破裂引起的腹膜炎。然而，他的名字和声音仍在人们周围回响，从小说到电影再到广告。此外，他的唱片影响着各种形式的音乐文化。2000年时，他的唱片被《纽约时报》列入了二十世纪流行音乐25个最重要的成就中。在这几年中，他的唱片被无数次重新发行、重新包装、重新录制。最近，他的声音甚至被从原版唱片原本简单的伴奏中提取出来，再配以现代管弦乐队的现场伴奏重新录制。一位持怀疑态度的《纽约时报》的评论者谴责这一改动是"可悲的拙劣"，并且好奇唱片公司为何不能允许"伟大的唱片用自己的形式证明自己"。当然，结果是卡鲁索的唱片从不只用于证明自己，他的唱片总有远高于其音乐价值的重要性。

二十世纪早期，卡鲁索体现了一种伟大的文化变革的发生，作为结果，表演者们获得了一种史无前例的社会和文化层面上的地位。卡鲁索是一位训练有素的极好的专业演员，他代表着十九世纪机械复制时代人们对艺术家的崇拜。作为民族文化的一部分，卡鲁索对每个人的意义并不同，但是，甚至是那些对歌剧一无所知甚至没听过他唱片的人来说，他依然发挥了影响。他象征着社会想象中的伟大的可能性。

人们对于艺术家的这种洪水般的感情往往会在现场演出时爆发出最大的力量，不管是对卡鲁索的还是对黑色印章艺术家的。平时，这种感情被编织进人们的家庭情感和友情中，人们在留声机中重复收听那些被感动的瞬间。

音乐财产

　　1906 年 6 月，桑斯对国会联合委员会表示，亚历山大·弗莱彻说过，只要他能写歌，他不关心是谁创造了这块大陆的法律。我们这些美国的作曲者都持有这一观点。我们和这块大陆的法律制定者一样焦虑。通过桑斯给出的这些强有力的暗示，从中可见他自己对法律状况的"担心"。并不只有"进行曲之王"一个人感到担忧，其余音乐生意人也开始意识到法律对于音乐的深远含义，它决定了音乐将以从未有过的方式被对待。在二十世纪前，很多音乐家和音乐企业并不特别重视这些。

　　流行音乐兴起的同时，新机械技术和艺术家的名声和其他音乐经济都在发生变化。反对将音乐视为"财产"的观点威胁着音乐产业的持续发展。同年，美国商业的法律基础也发生了变化，并且通过加入新的音乐财产权，为音乐产业解决了最紧迫的问题，打开了音乐产业未来发展的大门。从南北战争后开始，美国的经济政治力量发生了变化，美国商业社会发生了重要的法律重建。音乐产业从"专利权"等法律条款中受益。

当时的音乐产业并不是一个整体，它包括各个部分，每个部分都在寻求自身的利益，甚至音乐产业本身也很少注意边界。作为作曲家、表演者、声音、产品，音乐同时作用在几个不同的市场中，并且其中一部分的需求并不总和其他方面一致。音乐利用现场演出和机械再现的获利越来越高。音乐产业将音乐传播到越多地方，商场就会越发认同这些音乐产品的商业价值，商人们也就会越发急切地寻找和控制那些从中获利的人和企业。

版权法律是音乐产业内以及音乐产业和外部的冲突核心。在当时美国的版权法律中规定："为了促进科技和艺术的发展，在有限的时间和地域内，保护作者和发明者的作品及其复制品的相关权利。"面对这条法律，立法者和法学家面临大量条款解释的困难。这条版权法律的目的是保护作者还是确保思想的流通？谁来保护作者的权利？"限制"次数是多少？"作品"的复制品是否包括像留声机唱片和自动钢琴纸带的东西？对这些问题的解决是创建二十世纪娱乐产业经济基础的关键。1841 年，约瑟·斯托里在解释《版权法原理》时提到，毫无疑问，书籍出版、剧院、留声机、平板印刷和电影同样都存在有待思考的版权问题，很多原有的概念都需要延伸、挑战和重新定义，但可能没有一个领域像音乐领域一样，商业规则、社会关系和文化环境三者间存在如此活跃的联系。

产权扩大时代的音乐

南北战争后，在美国的法律中，普遍将"财产"的概念视为一种真实存在的物品，例如土地。十九世纪后半叶，尽管立法团体将财产的概念从"物质的"最终改变为更加抽象的"一些权利"。1873 年，法官诺亚·H. 斯韦恩将财产定义为"任何有交换价值的物品"。在随后的半个世纪，随着音乐产业的发展，法学家开始将信誉（也就是公司的名字和名气）这样无形的东西纳入到财产的定义中。到 1922 年，耶鲁法学院的亚瑟·L. 科尔宾在回顾这段关于财产定义的转变时说道："我们对于财产的定义发生了变化，财产包括无形的权利……财产不只代表实物，它已经演变成了一系列法律关系。"面对这种抽象概念，哲学家莫里斯·科恩在他的文章《财产和主权》（1927 年）中对这种概念的转变又做了有益的补充："不管我们使用什么样的技术性的语言来定义财产，我们都必须认识到，财产权不是物主和物之间的关系，而是物主和其他人对物的所有关系。"这一观点尤其适用于音乐，音乐是一种没有确定的物质形式的东西。

同时，这种和"物理主义派"区别很大的财产定义体现在美国社会生活的很多方面。同年，铁路、电报和电话改变了普遍的时空概念。股份公司的规模迅速扩大、其复杂程度也急剧增加。寡头垄断的竞争系统正在形成。

音乐产业中，没有比陈旧的竞争相对激烈的钢琴行业和新兴的寡头垄断的留声机生意更能反映这种转变的了。这三个领军的留声机制造商会一起反对想成为该领域新成员的公司。和著作权法一样，美国专利权法开始的目的是希望通过授予专利人固定年限的专卖权鼓励发明和创造。然而，到了十九世纪中期，专利权已经不仅在刺激创造力方面发挥作用，同时，也可以阻止竞争。大公司通过合同分享他们的专利权，不仅降低了成本，还巩固了他们作为行业巨人的地位。第一个这样利用专利权的行业是1856年的缝纫机制造业，同样，专利权也影响着音乐产业。十九世纪九十年代，哥伦比亚留声机公司和爱迪生留声机公司为了防止正在发生的两败俱伤的竞争，商议决定交换使用彼此的版权。此外，哥伦比亚留声机公司和维克多公司也在1903年和1907年做出了同样的协定。电影业的领军公司在1908年也进行过类似的尝试（这个尝试被最高法院于1918年否决）。二十世纪二十年代，同样受影响的还有无线电通信行业。

1909年，在一次重要的版权案件中，也就是利兹卡特林公司和维克多留声机公司的案件。由于维克多拥有机器生产和唱片录制的专利技术，因此最高法院判定另一家公司生产维克多留声机用的唱片属于侵权。自此，维克多公司通过这种法律形式，不仅控制了音乐生产，也控制了生产的内容。维克多董事长埃尔德里奇·约翰逊为与利兹卡特林公司一案的结果欢呼并尖锐地告诉经销商："在留声机行业中不会再有少投入多获利的事情了……现在需要大量资金、大工厂生产计划以及经过精心挑选的稳定的专家团队。"

尽管专利权对文化生产的法律结构具有重要作用，但版权依然是音乐产业相关法律领域中最重要的东西。十八世纪后，版权的讨论开始向两个相反的方向发展。一个方向是，版权被认为是对个人智力成果重复使用的权利。这一观点源于约翰·洛克的自然权利原理。他认为，个人的身体是个人的财产，这给予个人享受其劳动成果的权利。他所持有的这一观点也应适用于智力成果。另一个方向是，版权的概念被认为由社会秩序决定。这一看法源于孔多塞，他批评罗马式的个体知识的观点。取而代之的是，他认为所有知识都是由社会产生的。对孔多塞来说，知识可能是一种财产，但即使是这样，知识也是属于公共财产的范围，也就是任何一个社会中的人都有用于对知识的平等的所有权，而非可以被个人独占的私人财产。这两种观点以各种方式被表述出来。这两种观点有着长久的辩论意义。实际上，英国安妮法案（1710年），美国1790年版权法，法国1793年版权法和很多相关法律都是试图平衡这两方力量的尝试。

尽管于1790年颁布的美国第一个版权法中并未明确提到音乐，但它的国会起草人已经开始明确提到，版权法不仅针对书籍的复制生产，也针对表格和图片保护，从而增强对"作者"及其"作品"的宪法保护。实际上，版权法的确保护了一些以书籍形式出版并向版权部门申报了的音乐作品。1831年对版权法的修订，第一次明确将音乐包含在"作品"的范畴内，当时，美国乐谱发行量有了相当程度的增加。此外，还有关于诗歌、小说、散文作家创造自主权的棘手的问题，自主权的概念被应用到电影业和音乐创造行业时则更加复杂。实际上，音乐是一种不仅依靠原作曲家和作品，还包括了（剧场和唱片的）导演以及表演者在内的创造性行为。这是洛克对人享有自己劳动成果的天然权利的概念的复杂化。我们会面临很多在单一的劳动生产模式中不存在的问题，例如，名家表演所创造的价值是什么？

在十九世纪晚期前，和英国、欧洲大陆一样，侵权行为并非美国的一个严重问题，版权问题并不是音乐产业的主要问题。其他的法律，例如破产法，对音乐贸易的影响更大。版权法相对不重要的另一个原因是，美国早期法律的制定者对版权法的兴趣相对不大，他们更多地投入到了关于人们在社会中获得社会利益和保护人们的自然权利之间的哲学拉锯战。当时，美国的文化产业处于典型的发展中国家的模式，这种模式表现为拒绝尊重外国版权。当时的美国文化产业正严重依赖欧洲的文化产品。这一情况从十九世纪晚期开始有所改观，当美国的文化产品的数量和价值达到了一定程度，出版商便开始可以从保护版权中获利。因此，美国的版权所有者开始通过了一系列的公告、双边条例和多边国际公约。实际上，这或多或少地将美国向欧洲先进的工业国水平推进了一步。

十九世纪晚期开始，在财产的法律定义变得更加抽象的同时，财产法也开始引起更多不属于它从前范围之内的问题。这一趋势在版权和专利权案件中尤其明显，政治家和律师在一个世纪前就开始讨论这些问题。今天，版权和专利权（和商标、商业机密及其余少数子范畴）在法律上属于知识产权类，但这一法律形式在美国是最近才存在的。尽管一个美国法庭曾在1845年提到过"知识产权"，并且最高法院在1873年所引用的一封信中出现了这个词组，但它直到1949年才在高等法院中再次出现。（甚至在今天，版权运动和其他现有的激进知识产权法批评者仍在怀疑将归入这一词组的案件作为有形资产处理的合理性。）

此外，尽管技术进步（摄影技术、留声机、电影等）引发了版权新问题，这些发展本身并没有带来版权的扩大。法院仍会向很多早期案件一样拒绝扩大对新媒体的保护。当乔治·华盛顿在1790年签署美国的第一份版权法时，这一法案就被明确命名为"鼓励学习的法案"。在布莱斯坦和唐纳森的商标案件（1903年）前，最高法院已经把版权保护的重点从社会财富方面转移到了个人私有财产方面。这一案件涉及一个马戏团未经授权的广告海报的再生产，法庭判定盗版侵犯了为海报命名的创造者的版权。法院拒绝将艺术质量作为裁决版权资格的因素。尽管这一考虑是留声机1884年扩大版权保护的基础，法院将这一法律应用的范围扩大到了包括特意创作的商用作品和主要用于商业的作品。奥利佛·文德尔主张，为大多数人而创作并非法学家裁定艺术批评的证据，并且海报必须能

"引起任何公众的兴趣"，他们必须有一定价值——商业性、教育性或审美性。"任何公众的品味都不能轻视，"霍姆斯写道，"这些图片有着自己的价值，并且通过未经原告授权的再生产的成功证实了这一点。"因此，霍姆斯表达的观点，打开了人们构想将更广泛的作品作为私有财产进行保护的大门。

随着艺术和广告的界限越来越模糊的时代的到来，这当然是一个恰当的提议，然而它加重了过时的版权法的负担。当时的法律不适用于处理留声机唱片、自动钢琴纸带以及电影，没有涉及到发展中的娱乐产业——歌舞杂耍表演、音乐剧院、舞厅以及廉价小说和大规模传播的画报，所有这些行业都将使用有版权的作品视为理所应当。1905 年，托瓦尔·索伯格在《版权在国会，1789-1904》一书中详细描述了悲哀的不适当的现存法律是如何保护"有价值的文学艺术所有权"的。之后，同年的十二月，总统西奥多·罗斯福在一次国会演说中夸大了索伯格的抱怨，并呼吁版权法的"一个完整版本"。在演说中，他将当时的版权法视为不能适应"现代化再生产过程"的东西，很难被法庭解释并且给版权所有者以没有东西支持保护公众利益的"困难"印象。从这一呼吁开始，经过了 3 年的游说、计划和讨论，新法律终于诞生。罗斯福在他在任的最后一天签署了美国 1909 年《版权法》，这也是美国 1976 年《版权法》的法律基础。

重新定义音乐产权

在这一法案通过前，很多草案的主题都被听证会长时间吃力地讨论。音乐出版商在起初草拟法案时处于主导地位，并且在上百小时的国会听证会中，有着目前数量最多的从音乐产业各个领域来的听证人，其余几乎所有的听证人也都来自书籍出版、摄影、图书馆等领域。对版权改革的催促是包括音乐产业在内的大部分迅猛发展的文化产业的副产品。有报告显示，音乐产品的价值从 1899 年到 1904 年增加了 58%，而仅音乐出版印刷商品就同期增长了 69%。乐谱的销量在增长，音乐出版商自然反对为他人的经济利益开发他们的材料版权。当时的法律抵制非授权生产销售他们的印刷复制品，但并未提及是否可以使用他们的材料，也就是说生产钢琴卷纸和留声机唱片。1897 年的版权法修正案禁止非授权的版权作品的公共演出是比较相近的法律。然而，这一条款也并未涉及美好的机械再生产，对机械生产毫无强制约束，而只是起到了微弱的效果。根据已经成文的法律，出版商们垄断了音乐乐谱和作品歌词的印刷品复制。但是，法律并未将音乐视为一种具有经济价值的，随着表现方式、地点、对象而变化的听觉现象对待。

在传统的对版权的有形的书面理解中，音乐产业的版权并不是像其他行业使用版权保护材料那样。在音乐产业，这种使用显然是两个领域的，一个表演方面的，一个机械方面的，而后者在版权方面更加重要。音乐的机械重复生产以令人惊奇的速度增长，以留声机行业产品总价值为例，从 1899 年的 220 万美元增长到了 1904 年的 1020 万美元，并且没显示出现下降的趋势。尽管大量钢琴纸带和留声机唱片材料没有受到版权保护——包括传统歌曲和民谣、各种欧洲艺术音乐、幽默独白、政治历史演讲、版权失效和过期的歌曲。然而，直到二十世纪早期机械再生产音乐出现时，各种现场商业音乐表演已经发展了几十年。从上流社会的舞厅到工人阶级的舞厅，音乐的发展都是商业"狂欢"的主要特征。然而，在很多工业生产对技艺娴熟劳动力需求下降的同时，对技艺娴熟的音乐家的需求在增加，受版权保护的音乐构成了表演音乐的大部分。

出版商们紧盯着动荡的机械再生产和现场表演，并声称他们的版权受到了侵犯。然而，对于这些出版商来说，很多东西是矛盾的。一方面，得到广泛传唱的歌曲，与无人知晓或无人喜欢的歌曲相比，其版权更有经济价值；另一方面，出版商既想让歌曲广泛传唱又想将其据为己有。留声机生产从十九世纪九十年代就开始使用受版权保护的材料，但在早期，由于出版商在留声机产业的投资很少，因此并未意识到这一点。出版商注意到后，他们开始反对在其他越发有利可图的行业中将其音乐产品当作原材料来使用。

版权意见分歧的另一方是剧院主人、乐队领导者、管弦乐队指挥、音乐家、自动钢琴卷纸和留声机唱片厂商。对于那些被指控侵犯专利权的人来说，情况有所不同。这些人声称他们确实对使用出版商的材料给予了补偿——他们是有偿使用歌谱和乐谱。他们同时声称，他们和个人消费者一样有权决定有偿使用出版音乐的方式。在更大的程度上说，钢琴卷纸生产商在法庭上声称，他们并没有在严格的法律意义上生产任何受版权保护产品的"复制品"，因为人不能辨认钢琴卷纸上穿孔的意义。留声机厂商也持有同样主张，声称他们的唱片并非"复制品"，因为没有人能从虫胶沟槽印痕中读出或识别出一段音乐。他们同时也声称，他们的留声机重复生产不仅没有使歌谱销售受影响反而促进了歌谱销售，这一主张在一些实例下毫无疑问是正确的。之后，一场意义深远的对"音乐"是否本质上是财产的讨论开始了。这是由音乐出版商发起的讨论，用来反对那些使用他们劳动成果作为音乐新生商业开发一部分的人。

1906年6月和12月以及1908年3月，国会专利联合委员会举办了很多由音乐产业听证人出席的美国版权法改革建议的听证会。这些听证人包括像苏泽和赫伯特一样的名人、行业组织的律师以及独立发明家。赫伯特在名义上有着作曲家和演员的双重身份，但实际上他的评论并未对专业音乐家版权改革产生影响，其他听证人也没有。然而，听证会实际上探讨的是，扩大对音乐产品版权保护构想的其他方面。例如，版权所有者是否有反对非授权的公共表演和机械再生产的权利；对这种权利的保护是否符合宪法（也就是说，是否和先前法律对"作者"和"作品"的定义一致）；受版权保护的材料的机械再生产的法定版税对音乐产业的经济意义是什么。哥伦比亚留声机公司的S.T.卡梅伦强烈反对版权改革。霍勒斯·佩蒂特代表维克多留声机公司采取了比哥伦比亚公司更稳健的立场。他表明，维克多公司在理论上不反对支付版税，但希望同时能够保护录音的权利——"（声音）产生的典型方式"。

版权改革支持者最有力的论据是引用自然权利的说法，作者对其劳动产品拥有财产权。但是，在这里他们模糊了作者的定义，他们所指的作者并非原作者和作曲者，而是大出版商。他们以音乐出版商协会执行委员会成员J.L.廷德尔为先锋，争论作曲家对其作品的机械再生产有着道德上的优先权。一般来说，出版商不会直接谈及自己的利益，而是将自己作为作曲家的代表，暗示这两者的利益相同性。"这是作曲家发现的手里的一种新财产，"廷德尔说，"并且是他预留给自己的。"两位最激进的力争对作品采取更强保护的作曲家是维克多·赫伯特和约翰·菲利普·苏泽。他们的利益和出版业紧密相连，然而，作为已经取得很大商业成功的艺术家来说，他们并不代表普通作曲家的利益和权利。听证会的基础是一份由音乐出版商协商的改革方案，这一方案并未邀请音乐产业其他行业的代表参与讨论。在之后系统整理立法委员会的备忘录和信函时，一位乐器发明者证实，他没能从中找到任何一位作曲家的诉状或是要求用这种手段保护版权的信件。尽管，支持改革者赞美个人的创造力，但这只是被大出版商利用的理由罢了。提起版权，很重要的一点是，并非是思想受到保护而只是思想的产物受到保护。比如，书可以受版权保护，但情节不受版权保护。实际上，叮砰巷的出版商公开和几个非常成功的作曲家一起抗议扩大版权保护，作为叮砰巷商人，他们并不依赖原创却依赖于公式和标准化。

出版商为了增强自身的实力，他们活跃在华盛顿内外，为国会法律的改革争取支持。以一次无耻的游说为例，伊西多尔试图得到五六千名歌曲作者的支持，于是，他给每位作者都写了一封信，声称他们的歌曲不可能被非留声机和钢琴卷纸行业接受，因为其他行业不注重开发他人的音乐，智力堪忧的出版商没有捕捉新歌的能力。他力劝歌曲作者选出代表要求修订版权法。

几乎与此同时，苏泽发表了一篇题为《机械音乐的威胁》的文章，这篇文章常被视为机械重复生产文化时代的代表性声明。在常被引用的第一部分，苏泽介绍了他有原则地对抗机械辅助音乐创作，并且警告人们，它的增加会代替人们的音乐修养，会导致"国家文化命脉"的萎缩，并且潜在破坏广泛存在的音乐市民文化。然而，苏泽针对文化的忧虑多于经济上的。并且，在文章的第二部分，他抱怨留声机公司没有为使用作曲家的作品付出版税。这是苏泽真正的目的，因为苏泽很难公然承认对留声机产业的敌对。他的乐队可能是十九世纪九十年代录制唱片最广泛的团体，他的合同书在维克多留声机公司的目录上存在了几年。当他在国会面前表示支持法案时，他被迫否认了他的推断：

参议院议员里德·斯穆特：如果你的产品受到保护，并且你可以从留声机中得到版税，那这会减少留声机的使用并且增多现场演唱、管弦乐队表演和家庭合唱团的比重吗？

苏泽先生：我不这样认为……

里德·斯穆特：那么，这只是一个你得到你命名权物品版税的简单问题吗？

苏泽先生：当然，先生。

他和留声机的敌对在版权法最终通过后解除，法律允许作曲家和出版商为作品机械再生产获取版税。直到二十世纪二十年代，苏泽才赞扬留声机为繁荣国家的音乐文化做出了贡献。

这些问题的特点，可能反映的是简单的音乐出版商与钢琴卷纸和留声机唱片生产商的对立，但令人惊奇的现实却更加复杂。在听证会进行期间，自动钢琴（以及钢琴卷纸）制造业的领军企业伊奥里亚公司于1902年和美国音乐出版协会签署了一份合同。音乐出版协会承诺，除国家两个最大的公司外的所有公司允许伊奥里亚公司发行出版商的钢琴纸带，并允许生产未经授权的钢琴纸带和留声机唱片，事实上，就是在侵犯著作权的情况下进行生产。对伊奥里亚来说，这或多或少是一个双赢的提议：法庭判定伊奥里亚（和其他钢琴纸带生产商）可以继续免费使用受版权保护的音乐材料。

以国家最优秀的律师之一（之后成为了美国的国务卿和最高法

院的首席法官）查尔斯·埃文斯·休斯为先锋的一个测试案件提到了司法部。这个案件是史密斯和阿波罗之间的诉讼案，最高法院同意在国会讨论版权改革的同时进行听证。1908年高等法院裁决钢琴纸带并未构成侵权行为，因为其行为并不属于宪法的"作品"范畴。法律在此后很久才将音乐作曲家视为"作者"，当然这也就不成为案件了。问题的症结在于钢琴纸带是否应该在没人能识别的情况下成为"作品"，而法院也不能判定它不是"作品"——钢琴纸带是"表演"，而不是"复制品"。这个裁决使很多同时代的人十分不满。正如霍姆斯大法官在他最终的裁定意见中所表述的那样，这个决定似乎遵循了法律文本的深层涵义，并且他为遵循过时的版权法所必须做出的决定感到遗憾。

随后的一年，划时代的1909年《版权法》修补了这个现状。在这部法律中，版权所有者可以为其作品授权机械重复生产并要求机械生产商为其复制品支付每件2%的版税——这在法律中叫作版权所有者的"机械权"。然而，法律为了推翻伊奥里亚公司的垄断，同样规定一旦版权所有者允许一件作品的机械再生产，任何其他公司只要支付版税，也可以制造机械复制品。这种"强制许可"——版权所有者有许可其材料被使用的义务——是"保护"歌曲的法律基础。根据这部法律，即使一首歌曲被录制，它对任何一个版税率的人来说都是公平的，作曲家仍能收到版税。但是，作曲家一旦卖出作品，他们对后来的重复生产者就没有了控制力。另一个里程碑式的条款则是将版权扩大为控制"盈利性公共演出"，这一条款的主题当时很少提及，但却会是未来几年有价值的新的"表演权"的基础。很多其他法律条款也扩大了音乐作为财产的价值，部分将版权期限延长至28年，续订期28年，并加重了侵犯版权的刑罚。尽管少数作曲家和出版商抱怨最后的法案：一些人希望更低的税率，很多人指责"强制许可"，但他们依然对法律通过感到高兴。里欧·费斯特挑选法定代理人布尔坎和出版商伊西多尔·维特马克，进行了特别的表彰。"新法律会极大地增加音乐出版商的利润。"F.A.米尔斯满意地说。

然而，一件没有改变的事是法律对声音的理解。尽管法律现在将钢琴纸带和留声机唱片视为在法律意义上受版权保护的音乐作品的"复制品"，但它并未使声音本身成为版权的权利客体。根据法律，钢琴纸卷、留声机唱片是复制品，是一种只有机器能识别的乐谱。法律对钢琴卷纸和留声机唱片的音乐的判断并非声音而是"文本"，尽管是人类不能识别的文本。申请作品的版权，作者必须呈递一些书面形式的记录。但是，假如申请物以唱片为基础，版权所保护的就是记录而非声音。实际上，直到几十年后，美国版权办公室才接受声音录音的版权申报，直到1971年版权法修正案通过后才增加了对声音的版权保护。

撇开这部法律的缺点，我们看到，这一法律的确纠正了先前法律上很多严重的混乱和模棱两可。例如，通过简化申报过程，明确在美国创造的符合版权条件作品的范围，并且它通过维护"机械权"这种新权利标志了一个版权新时代的到来。与此同时，这个法律也以其他更加微妙的方式影响着音乐。它给了音乐著作者更多特权，将作曲家和作品当作神物崇拜。版权法重申了音乐不是作为财产，而是作为过程的物质价值。

在广阔的文化制造业，音乐创造包含很多元素和很多人，不仅包括作曲家、表演者，也包括模仿者、管理者、乐器制造者、听众、经理、演出经纪人、批评者、编辑以及教育工作者。尽管，法律范围内的音乐是另一种完全不同的物品，一种固定的创作品，并不是一种关系也不是一个动态过程，而是一种停留在音轨里的东西。这种定义在出版商、留声机生产者，尤其是消费者的知识经验面前没有太大意义。表演者、表演、声音以及社会背景在音乐作品的价值中起着重要作用。不说别的，卡鲁索这样的人的职业生涯预示着表演者和作曲家一样，在商业价值上花费的精力将越来越多，有时甚至超过作曲家。然而，法律只保护音乐创造劳动的一个方面。如果法律的真实目的是保护创造性作品和鼓励有经济价值的原创作品，那么它还有许多有待改进之处。

将音乐定义为产品而非过程，法律将经济意义置于社会意义之前。它优待一种可被固定获取的创造性作品。文化产品的对照物是音乐即席创作，这由表演者之间或表演者和观众之间的动态互动决定。这同样也与音乐传统重复模型基础相反。很多乡村"民俗"文化中，存在一种音乐作品形式会由它所处的社会环境决定。在这样的背景下，重复使用产生价值——这是一个复制仪式而并非是版权的问题。

实际上，到那时，法学家勒恩德·汉德已经意识到版权不能为创造力服务。1916年他放弃了创造力对版权的限定资格，在他考虑可能存在两件艺术作品的确极其相似时，例如同一主题的画作或照片。同样的原则也适用于类似的地图、表格、说明书中，这些事物中新奇的元素可能是最少的。"没有人会怀疑两份独立制造的说明书在不考虑他们的相似之处时，每份都可以享有版权，"他在他1924年的著名的案件判决中写道，"这两个都是个人劳动成果，不管第二份是否缺乏新颖，也会受法律保护。"戏剧作品也引发了形而上学的版权问题，并且这些问题在某些情况下的音乐领域也存在。剧本可以不断更改并适应不同的剧场表演，那么什么是剧本版权？保护剧本的适当时间是什么？什么才是剧本的最终定版？过早定义版权，会有保护一个本质上和展现在公众面前不同的作品的风险，定义过晚，会有作品曝光和版权被盗的风险。同时，类似的这些后果暗示了艺术实践和社会与艺术间关系的不协调，以及它们之间糟糕的相互影响。

授予版权所有者反对非授权的"盈利性公共演出"权利的思想在国会对机械再生产的讨论中很少出现，但包含这一条款的最终法案却有着长期的影响。当然，在一些情况下，出版商和作曲家希望其作品公开演出，但在其他情况下，他们希望获取对其作品的商业控制以获取补偿。1909 年法案第一次为这一要求建立了法律基础，包括违反该项法律的罚金和刑罚，当然，也明确了这一要求的执行方式。

正如留声机唱片和钢琴纸带生产商所做的，经理人、乐队领队和表演者经常拒绝出版商提出的索赔，并且经常声称公共演出有助于而非妨碍歌谱的销售，这是一些商人支持的主张。然而，那些表演的人知道，很多音乐作曲家在他们的作品被管弦乐团演奏并卖出少数复制品时就已经很流行了。宴请音乐和舞蹈音乐对娱乐活动的贡献越发明显，并且出版商像其他从这些表演歌曲中获利的机构一样只是旁观。

之后，在 1913 年 10 月，一小组出版商和歌曲作家为了组织一个管理版权所有者所谓"表演权"的贸易组织聚集在纽约。1911 年，法国表演权利协会（也就是成立于 1851 年的作者、作曲家和音乐编辑学会）在纽约设立了收取法国版权保护者作品在美国表演费用的办公室。两年后，创立一个类似的美国组织的想法从出版商那里产生。实际上，当时几乎所有欧洲国家都建立了类似的作者、作曲家和音乐编辑学会的表演权利协会（意大利于 1882 年建立、西班牙于 1901 年建立、德国于 1903 年建立）。英国是例外，它的版权历史和美国极其相似。英国的 1911 年《版权法》几乎就是美国 1909 年《版权法》的翻版，尤其是对音乐的尊重，这个法案促使英国自己的表演权利协会在 1914 年成立。起初组织对组建类似法国作者、作曲家和音乐编辑学会的会议并没有太大希望，在 36 个被邀请的出版商和作曲家中，只有 9 个当时境遇较糟糕的人来参加，他们是哈贝尔、马克斯韦尔、布尔坎、维克多·赫伯特、格伦·麦克多诺（很多赫伯特作品的词作者）、杰·维特马克以及作曲家古斯塔夫·可可、西尔维奥·海恩、路易斯·A.赫奇。

这一不祥的开始显然没有给他们未来的组织以强大的力量，他们将它命名为美国作曲家、作者与出版者协会。会员资格从 AA 级到 D 级，AA 级是最高级，分级以资质、目录大小、曲谱销量以及轰动次数为准。它的董事会由出版商和歌曲作家按照平均的比例担任，歌曲作家也是由曲作家和词作家各占一半。和以收取成员作品费用为目的的法国作者、作曲家和音乐编辑学会不同，美国作曲家、作者与出版者协会的目的是许可其成员作品全体成为组织（宾馆、餐馆等）的签约作品，并且在年底扣除操作费用后，将所获利润在其成员中按等级分配（在作曲家和出版商之间平均分配）。很多叮砰巷的主要出版商和作者很快在这个组织中注册（包括维特马克、哈利·冯·提利尔、欧文·柏林以及杰罗姆·克恩），并且在几年之内，一些主要的美国黑人歌曲作家也加入其中——哈利·T.伯利、詹姆斯·韦尔登·约翰逊、J.罗莎蒙德·约翰逊、威尔·马里恩·库克、R.C.麦克佛森以及威尔·H.泰尔斯。这个组织中的选举权也由等级决定，这显然是非民主式的安排，这会使一些成员不满但却和社会基本性质一致。正如奥斯卡·哈默斯坦在几年后指出的，"美国作曲家、作者与出版者协会是一个财产所有者的组织……这不是一个市级组织、联邦州组织或是国家组织……这不是美国组织，更像是美国钢铁公司。"

成立表演权利保护组织是一方面，但真正起作用的却是另一方面。组织成立的当年年底，纽约的85个旅馆同意以每月5到15美元的价格购买美国作曲家、作者与出版者协会的音乐版权，但很多组织嘲笑这一想法。为了验证其法律权利，两个社会上有着社会法律和经济支持的最有名的作曲家，将验证案件提交到了法院。首先，约翰·菲利普·苏泽通过其出版商约翰教会公司控告新纽约范德比尔特宾馆未经允许在餐厅中表演他的《从缅因州到俄勒冈州》。尽管苏泽的诉讼在地方法院获得了成功，但上诉法院驳回了他的权利。在判决中，法院认为顾客光顾餐厅的目的是食物并非音乐。判决中提到，苏泽认为旅馆对他音乐的使用是"盈利性表演"不能成立。

在第二个案件中，布尔坎代表维克多·赫伯特起诉著名的时代广场尚利餐厅未经允许表演赫伯特的《亲爱的》。1915年5月勒恩德·汉德在区域法院否决了赫伯特的起诉。他在他的判决中解释道，同样的道理，人们去尚利的目的是食物而非音乐。上诉法院支持汉德的原判。但是，在1917年1月，美国最高法院重审了苏泽和赫伯特的案件，颠覆了下级法院的判决，并建立了表演权的法律原则。奥利佛·文德尔·荷默斯为了证明法律对盈利性非授权表演的反对，在他著名的裁决中写道："如果只有在门口收费的侵权表演才受法律制裁，那么版权不是被保护得很到位……被告的表演不是慈善表演。……不管它是否是有偿提供给公众，当它的使用是盈利性的就足够了。"在这个里程碑式的判决中，荷默斯的经验常识也显示出音乐产业对兴起的美国消费文化的广泛影响。饭店和其他商业经理的满意之处是音乐帮助他们营造了一个本身有盈利性的更加愉快而有美感的听觉环境。不管人们是否有意识地享受他们所听到的音乐，音乐增强了空间的感官体验。音乐可能不是挑选饭店的主要原因，但它也不是一个无关紧要的原因。

这是美国作曲家、作者与出版者协会的决定性时刻。它的成功为组织吸引了很多持怀疑态度的人的加入。第二年，美国作曲家、作者与出版者协会也赢得了其他重要的"战役"。二十世纪二十年代，无线电通信为美国作曲家、作者与出版者协会带来了下一个大挑战：反对无线电台非授权使用成员受版权保护的作品。和尚利案件一样，美国作曲家、作者与出版者协会精心选取了判决案例，以班贝格百货商店在纽约纽马克开设的 WOR 广播电台案件为例证。和所有美国作曲家、作者与出版者协会的诉讼一样，这个诉讼由协会成员维特马克和苏泽提起，而不是美国作曲家、作者与出版者协会本身，避免协会以出版商和作曲家委托的形式出庭。法庭依照荷默斯所提供的尚利案的判决，新泽西区域法庭于 1923 年判决，商业广播属于另一种形式的"盈利性表演"，因此造就了美国作曲家、作者与出版者协会的又一次成功。同年，美国作曲家、作者与出版者协会也获得了杂耍剧场及电影院的授权许可协议，并且成功地躲避了几个司法部门的反垄断诉讼。

很多留声机产业的领军人物颇具远见，尤其是和维克多留声机公司有关的人物。这里要说的是拉尔夫·皮尔。皮尔明白，每张公开发行的唱片都有可开发的盈利性"机械权"，并且在 1926 年他去维克多做制作人时，他和公司协商，将所有他组织申报过的唱片版权移交给他以代替他的薪水。维克多欣然同意了皮尔看似愚蠢的交涉，但只有皮尔自己知道他在做什么。皮尔仅在 1928 年第 2 季度就获利了将近 25 万美元。考虑到维克多可能会得知他获得的钱数，他成立了几个出版公司作为掩护，这些公司在二十世纪三四十年代发展成为价值百万美元的国际出版帝国。

1909 年《版权法》和荷默斯于 1917 年对尚利的判决，通过将出版商的身份从主要的乐谱销售者转变成主要的版权管理者，重新定义了音乐出版的基本特征。这种转变出现的原因是新技术和社会实践改变了音乐的功能以及其影响方式。音乐这种独有的财产权——短暂的、无形的、可转换的、可复制的并且可适用于很多不同形式的（现场表演、机械重复生产、乐谱）——出版商必须永远保持警惕，以防其财产被非授权使用。正如叮砰巷先驱里欧·费斯特的儿子出版商伦纳德·费斯特所解释的那样："不管在哪里，只要有新表演、新唱片、电影应用以及任何用途，歌曲出版商就不会彻底结束他对任何一首歌曲的运作，流行歌曲的发行过程从未停止过。"实际上，印刷音乐是产业中相对影响微弱的因素，但音乐发行坚持将控制保护版权作为文化产业中十分重要的部分。正如最近《纽约时报》的一篇文章的标题所写的——《音乐界最炙手可热的明星：出版商》。

如果美国法律系统和留声机产业需要几十年的时间弄清楚版权法应用到像音乐一样优美的事物上是怎么回事，那么这是出版商自己的事。马克斯·德雷福斯带领杰罗姆·克恩、乔治·格什温以及很多大片的出版商用极端的方法表达了这一看法。作曲家理查德·罗杰说："德雷福斯声称他自己没有孩子，但他将版权当作自己的后代一样照顾培育。"

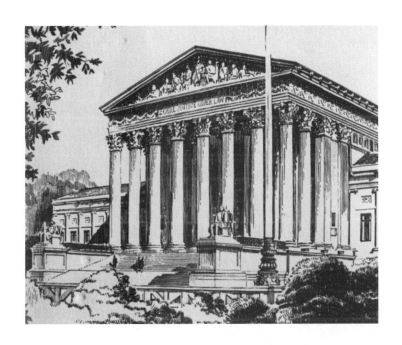

完美音调

1923 年 4 月，在一次宴会上，美国副总统加尔文·柯立芝站在一群音乐名流和政治名流前畅谈音乐和国家：因为我们对音乐以及自由的热爱，都是我们理想的力量，所以音乐应当被视为"民主政治的特殊代表"，应当"被当成一种重要的国家资产"。对第一架钢琴的制造者乔纳斯·克林的百年纪念庆典偶然引起了柯立芝的注意。柯立芝作为庆典组织委员会名誉主席出席。同时，总统哈定委托他对该活动表示祝贺："乔纳斯·克林……实现了全国人民的愿望，给予了人们从对物质层面的追求提升到对精神层面的追求的新能力，……我们很难想象一个桌上没有《圣经》，角落里没有家用钢琴的家庭是什么样的。这样一种乐器的成功既是个人努力也是集体努力的结果。几代年轻人通过黑白琴键认识了奇妙的艺术世界。同时，克林的贡献也对国家政治军事生活产生了影响，也是在最近，我们发现，在战壕、战地医院和大后方，乔纳斯·克林使所有人都能接触到伟大艺术宽广的教化精神。克林的贡献增进了我们的手足情谊，给我们带来了安全感，增强了人们的力量。"

演讲充满高超的庆祝修辞，内容大多是熟悉的主题，并带有一些当代口音。这次演讲是被公众广泛关注的年度事件。这次演讲与政府、商人、大企业之间在那段时期的遍及音乐产业内外的紧密合作有关。在那之前，钢琴和自动钢琴贸易是实质上统一的一种生意。美国钢琴公司不仅控制了 12 个以上的钢琴制造者，同时也是市场上最主要的自动钢琴之一的生产商和所有者。同时维克多留声机公司成为了整个音乐产业最重要的一家公司。1921 年，维克多的留声机产量是全美国 596 万台留声机的 54%（全国同年生产的钢琴是221 万台）。而在克林的演讲前，维克多已经享受了 20 年以上的惊人发展。维克多销售的唱片，在 1902 年到 1923 年间，年平均增长率达到了 20%。

音乐不仅是作为一个全国性产业发展的，在一战前后，音乐的商业改革也在地方发展，但全国统计数据却隐藏了全国城镇社区的变化。产业内的两次运动引起了地方性改革。第一次是以专业音乐推销标准化零售店装修和运营的商业运动，第二次是将音乐产业嵌入到公共和市民的生活机构——学校、社区和国家的思想运动。维克多公司是两次运动的主要力量。在一战和战后期间，音乐产生出思想动力，并且音乐产业以音乐思想是社区和国家内涵的新方式有效地开发了音乐思想。音乐产业外，出现了无数对这一行为影响的探讨。例如，它对促进社会进步的作用以及机械再生产对社会的影响。如果批评家、专业演员和消费者对这些影响持有不同意见，音乐产业显然不能给他们正确答案。因为当代音乐文化的矛盾越激烈，音乐在现代生活实践中的地位越牢固。

维克多的本地形象

二十世纪早期音乐产业快速兴起的新秀留声机行业证实了在全国印发广告和"一流的"音乐唱片在刺激消费者对产品兴趣的效果，但只靠这些并不能搞活地方市场。正如伊利诺斯州盖尔斯堡有着几十年经验的商人 R.G. 查普尔在 1917 年说的那样："我从没听说过只用全国在线广告而不自己在当地做大量广告的商店。"查普尔说，他在这种情况下，只是将维克多的商品销售简单地当成副业加入到他的商业活动中。直到他为维克多建立了一个特殊的研究未来顾客的部门并开始在当地投入大量广告，维克多对产品的推销才结束。查普尔解释道："全国广告不能引导消费者来我们的商店买维克多产品。"

留声机公司为了补充杂志传播和歌剧唱片的不足，一些留声机公司开立自己的零售店，增加和消费者的联系，但只取得了有限的成功。另一些留声机生产商则利用少数资金投入，也就是利用他们对现有商人的影响打开音乐产业对当地的影响，也就是鼓励R.G.查普尔这样的开创者。生产商承担总部派发给他们的计划，而零售商承担和消费者一对一的接触、装饰消费者路过的橱窗、在路面电车上和社区通告栏里投放广告、回答唱片回头客的问题并记住他们的名字。因此，留声机生产商通过有组织的专业化零售代表培训，开始改变商人销售产品的方式。

留声机生产商在营造地方音乐产业上遇到了很多挑战。挑战之一是他们需要鼓励和他们有着各种关系的零售商。大中型城市里最重要的留声机零售商是百货公司，小城镇的零售商则是音乐商店或家具经销商，一开始就被托马斯·爱迪生控制的乡村市场的留声机一般由贩卖从渔具到摇篮纺织品的商人顺便销售。这些商人中的大多数，几乎没有如生产商希望的那种希望努力学习推销术的学生，他们都以相对保守简单的方式看待自己的职业。维克多公司为了鼓励这些商人和音乐零售改革，除了利用自身产品的优势以外，还付出了很多努力。维克多因此和商人建立了机会与责任、合股和从属并存的复杂关系。

维克多的根本目的是增强公司和有效合作商人的联系并排除他人的竞争，维克多通过恩威并施达到了这一目的。维克多同时试图为零售商讲授从专业写信到橱窗展览的各方面的推销术。维克多的主要教学手段是从1906年到1916年出版的商业月刊《维克多之声》。在这本杂志里，商人可以看到各种音乐、技术、商业信息、一定数量的鼓励性评论以及时常对每个人和维克多公司整体的紧密联系的提醒。偶尔杂志上会有引起商人虚荣心和社会展望的文章——例如，提及维克多为商人商店增加的"高贵感和名望"。《维克多之声》更多发扬的是和商人之间通力合作的关系。1910 年的一篇典型的文章以如下的方式吸引商人："你和我们对维克多的成功有着同样的期待……让我们共同努力，再创佳绩。我们的努力是不断提升维克多和维克多唱片的品质，以及打响历史上最大的广告战。你可以献出自己的一份力吗？"另一篇文章声称："维克多之声是你我共同写就的。"此外，杂志还强调现代合作"组织"思想："只要有成功的地方一定有组织机构——很多为一个共同目标努力的个人，通过协同努力达到特殊目的——成功。维克多就是这样的一个组织。"

《维克多之声》是专业化标准化维克多零售额的巧妙工具。这个计划的第一部分是传授给零售机构高效管理的方法，例如建立存货清单、生产通知单、个人销售的记录保管系统。计划的第二部分是为商人和他们的员工进行现代推销术培训。维克多在像《广告时代》和《现代理论》这样的商业杂志上不仅重印特定广告，一般也会给商人大量介绍一系列典型的评论性销售技巧。在一些传授推销经验、推销员启示和维克多商人销售思路这样的专栏中，商人们看到了"成功推销员"的形象，并且简短地知道"标准化（销售）过程"的原因和方式。在《如何应对难以应对的客户》《帮你推销自己》和《应对非稳定客户》这样的文章中，向商人们介绍了处理客户关系的实际技能。然而，据说像卡鲁索一样有声望的艺术家的唱片利于文化"民主化"，维克多正面鼓励消费者的"贵族气质"——也就是以恭敬热情的方式对待消费者。（这种方式对今天的影响是"顾客服务台"和"我能帮您吗？"的问候语。）维克多以这种风格为商人讲述包括记住顾客名字的个人礼节的商业价值。例如，在《永远适应个人风格》的文章中教授商人："人们愿意自己的名字被单单列出……抓住人类这个有趣弱点是既合乎伦理又有所获利的。"

维克多通过《维克多之声》影响着零售业环境的商业和美学设计。很多带有照片的文章频繁提到维克多内部的模范商店。更重要的是，《维克多之声》极其注重成熟的作为现代零售的主要部分的商店橱窗。维克多在 1910 年的一篇文章中尝试将对橱窗展示的建议分成简单、实际的准则：①橱窗展示应当有吸引力而不过分繁乱；②橱窗展示应该以"简单有说服力的方式"讲述一个小故事；③商人永远不能让橱窗布满灰尘或是过时。虽然有对商人的建议，但很多商人仍没有理解橱窗展示的美好和微妙之处的天分。因此，维克多为了帮助商人，在《商家记录和橱窗展示》商业杂志中，在埃利斯·汉森的直接指导下开展了橱窗展示服务。这一服务被称为维克多的现成橱窗展示。并且，维克多向商人销售橱窗展示货物，例如基座、橱窗样板。所有这些都在全国推广了更加标准化的橱窗展示，同时也为维克多带来了一小部分额外收入。

维克多鼓励商人通过长期侵略性的本地广告将他们的影响扩大

到零售店之外的社区中。公司为商人提供电铸版、有轨电车卡片、室外电子标语和幻灯片——一些免费，一些收费——以及一些实用多媒体的个性化建议。以一系列"好广告好效果"为例，维克多广告部对商人们的广告做了改动，展示了改动前后结果，解释了改动之处及其影响。《维克多之声》在《广告：成功的基础》《如何让你的广告发挥更大作用》以及《广告：坚持的意义》等文章中解释了广告的一般作用。这些文章显示了维克多的成功与大量广告投放、推动商人将其本地化的战略和维克多的全国战略同步关联。

对这个时代很多大型企业都适用的一个销售人员的主要职责就是为有消费潜力的消费者和客户介绍产品。对于主要销售复杂产品，例如机械工具和保险的公司来说，销量和介绍产品复杂程度和微妙之处的能力密切相关。留声机的销售商人必须清楚了解留声机的机械技术原理并且懂音乐。为了避免商人忽略留声机最重要的亮点，在例如《你销售的是音乐还是机器？》这样的文章中，维克多反复提醒商人留声机是"一件乐器"——不是一件玩具，也不是一件家具，更不是一个新奇的机器。同时，无数文章向商人介绍了各种从零散的音乐知识到音响技术理论的音乐信息。以一个名为《闲聊音乐——吸引你顾客的兴趣》的月度固定栏目为例，包括音乐格言（例如"最老的音乐对从未听过它的人来说是崭新的"）、拉尔夫·瓦尔多·爱默生、亨利·沃德·比彻、亚伯拉罕·林肯无关音乐的谚语以及最近维克多管风琴音乐唱片发行的方式和问题。《维克多之声》中同样有对唱片艺术家和重要唱片会议的记录的专栏，这些都有利于商人在和顾客的交流中流露出一种音乐专家和内行的气质。

从广义的角度来说，《维克多之声》强调了维克多发展长期唱片顾客而非一次性消费者的目标。在那几年中，《维克多之声》中频繁出现这样的说法，人们对机器的需求是有限的，而对唱片的需求是有弹性的并且可以"被商人……大量刺激"。维克多传达给商人的观点是，商人是"可以被出售"的"无声的维克多留声机"，并且"每个拥有维克多留声机的人每个月都应该买一张唱片"。公司坚持认为这种购置应该视为商人资产负债表中的一部分。一方面，"每个新的维克多留声机的拥有者都应额外成为公司的资产"；另一方面，每一位不再次购买唱片的维克多留声机拥有者都是公司的损失——是店主造成的损失。"每当你不能成功地让一位维克多留声机拥有者再次购买唱片时，你就失去了一部分收益。这种收益就像美国政府债券的固定利润一样。"在很多避免这种结果的建议中，有一种是早期的数据提炼。《维克多之声》强烈要求商人整理本地维克多留声机拥有者的数据并且密切关注他们购买的物品。那么，"当你发现顾客的唱片支出减少时，你需要对他们进行私人拜访并找出原因"。

鼓励听众养成购买唱片的习惯和发展中的消费信贷系统相吻合。因为大多数消费者的留声机购买方式像分期付款，也就是商人和他们的顾客之间正在进行维护的关系。以戴夫·卡普对他父亲——

一位二十世纪早期的留声机销售人员——的回忆为例，他父亲在四处走动收集还款时会将新唱片带到人们家中，并为人们做示范。维克多告诉他们的商人，这种销售计划是"立刻保证唱片销售的……最快方法。"这种促进唱片购买的努力，为留声机产业成为推动标志着人与商品关系的深刻变化的消费金融的主要力量起到了更加重要的作用。直到十九世纪中期，大多数人尽量避免承担债务，但这种态度在十九世纪后期有所转变，尤其是在购买缝纫机、钢琴和家具上。美国和英国的留声机生产商都是二十世纪信用使用的主要推动者。哥伦比亚在1904年声称，"纽约有大量分期付款交易"并且以"和老旧方式彻底背离的经商模式"欢迎它。维克多在1907年出版了一本《如何以分期付款的方式推销维克多》的小册子，公司报道称收到了超过2000份对它的需求。大多数人估计，80%-90%的留声机以"分期付款"的方式售出，而二十世纪二十年代前，留声机债务占到全国消费债务的5%。（汽车债务占全国消费债务的比重超过50%。）

很多业内人士认为，顾客对唱片了解甚少，并且需要销售人员的指导。而熟练的推销术会使商人顺从顾客无知的冲动，并且引导他们进行一般来说"值得尊重的"文化投资。一篇文章建议，"找到一段当时最合适的音乐，那么生意就会成交。""让顾客选你播放的第一个唱片；实际上，让顾客做决定。"一旦顾客购买或承诺购买乐器，商人们不会劝说他们考虑某个人的唱片，而是为他推荐一间可以向顾客证明自己教养和品味的唱片储藏室，然后商人会刺激消费者产生未来消费。"要给每位消费者留下每张新唱片都是对消费者自己'音乐储藏室'的扩充的印象。要让消费者对'收集唱片'产生兴趣……一旦消费者在此基础上找到了确定的目标唱片——鼓励他尽可能完整地收集……并且……让消费者满意自己的选择。"此外，维克多鼓励商人增添各种适合"储藏室"风格的唱片，使消费者的长期投资最大化。然而，任何种类唱片的重点都是促进消费需求。维克多鼓励商人赞同顾客做出迅速反应的唱片，并且避开较难理解和听众反复聆听后会热情减退的音乐。"你必须向顾客推荐耐听的音乐，而不是听15到20次后使人不愉快的音乐。"如果商人能成功应用这一技巧，他可能会获得"维克多的固定贡献者"——也就是理想顾客——"永远会在光顾他的音乐储藏室后购买新唱片。"

然而，《维克多之声》除了特殊战略和主题外，也重复一系列类似于宗教的"精神治疗"的案例，使光明的世界观和积极的思考响彻主流商业文化。尽管各种精神治疗小组——基督教科学派、神智学者、新思想追随者等——各自的信仰不同，但都有着通过意志和希望可以在地球上创造天堂的乐观的信仰。这些组织本身不支持任何政治信条，但他们的观点受到无数将快乐和自我实现作为社会经济美德的商业领袖、广告人以及经济学家的支持。因此，"精神治疗"渗透到了主流文化中，例如出现在埃利诺·波特的《盲目乐观》中，出现在弗兰克·鲍姆的《绿野仙踪》中以及《维克多之声》中，这使工作场所拥有了乐观的"精神治疗"。一篇文章力劝商人"醒来，给自己一次机会"，另外一篇告诉商人们，"人们想要来你店里购买维克多唱片留声机或是其他维克多产品，表明你的热心很有用"。

这样的热情在今天看来可能会过于天真和过时，但在一战前它是成熟的商业用语，代表了广告和管理中心理学层面的发展趋势。实际上，维克多的这种战略给广告业的主流杂志《印刷者必读》的作者弗兰克·霍尔曼留下了深刻印象，他惊讶于维克多（以及另一家独立公司）应用新思想鼓励商人的方式。"有些人会把它称为心理学，有些人把它视为活力，有些人视为一种关系，"霍尔曼写道，"但至少最有能力的大广告商中的两个在使用这一方法，并取得了成功。"霍尔曼直接从一份商人公报中引述了商人们受到留声机公司强制推广积极心理的情况：

思考维克多，你就能把它卖出去。

你的心态是销售成功的秘密。

如果你是一位维克多商人而对维克多毫无热情，那么你的心态不正确。你没有扩宽你的视野。你不够重视维克多。

霍尔曼提醒，这大概是"新思想运动"或是"基督教科学派"的语言，并不是"精神治疗"，但他认为这些和"精神治疗"很相近。

商人可能对《维克多之声》的指导持怀疑态度，其他商人可能拒绝维克多公司的支持。然而，大多数商人意识到，是否严格采用维克多的建议由自己作为生意人的兴趣而定，维克多的资源是专家意见、名望、资金和远见。同时，维克多为商人补充提供的积极鼓励是对商人职责纪律的暗示。公司指定商人职责的最基本的工具是命令商人遵从维克多的价格表并保持一定专业水准的合同。埃尔德里奇·约翰逊将这种情况视为控制专利权的延伸权利。当维克多发现它的商人违反这些条款时，它会将这些商人的名字登上贸易新闻，终止和他们的合同，并阻止他们和其他商人的商业活动。维克多的销量在二十世纪一十年代平稳上升，使很多商人自愿接受了维克多强制定价的事实。在二十世纪一十年代，"公司为留声机唱片商人提供了排他性保护，并且公司很重视这种保护。"纽约著名的康懋达唱片商店的店主米特·高布乐回忆道。同时，《维克多之声》在例如《谁在降价中损失最多？肯定是你！》和《稳定价格——一个糟糕的名字！》《必须成为"标准化公平价格"》的文章中责备价格系统的反对者。

　　最有可能坚持价格稳定系统的是百货商店和其他大型零售商，他们试图通过销售更多商品来增加利润。芝加哥的公平百货商店控告维克多限制性政策时，维克多发动了一场激烈的法律防御。随后几年，维克多成为了支持全国范围内价格调整的主要力量，然而对这种反竞争的抗议仍在增多。当维克多的特许价格计划受到法律行为威胁时，公司很快动员它的商人。在《发一个电报需要多少钱？》

的文章中，维克多鼓励商人、办事员和其他相关人员向国会发电报反对法律修改价格制定权。然而，二十世纪一十年代前，法律环境开始发生变化。1917年，国会进行了以维克多为主的零售保持价格稳定影响听证会。同年的晚些时候，在梅西公司对维克多的诉讼中，最高法院以非法贸易限制的理由否决了强制定价。

这一结果使司法部门调查者发现维克多使用过"贿赂、威胁、高压政治、压迫和恫吓"的手段控制经销商和商人。维克多保证规定的工具是所谓的旅游部。旅游部成立于1913年，部门的职责是监视商人服从价格和其他政策，以及为商人提供销售和商店管理技术。旅游部是集侦察、咨询、质量监督为一体的部门，它是代表公司规定和公司对商人支持的混合物。一方面，旅游部的25名左右员工的职责类似于早期名牌产品的推销员，他们的职责是广告分配以及给本地商人商店装饰、橱窗展示、广告、商业理念、个人训练、各种商品股票购买以及电话邮件推销技术的建议，帮助他们以更加专业的方式管理商店。旅游部同时也会给商人展示和解释每年留声机模型的细微差别。另一方面，一旦旅游部代理发现某个商人没有为维克多"提供满意的代理情况"，他会警告这位经销商并劝说其承担适当责任。

音乐、教育、社区

1911 年，维克多建立旅游部的两年前，维克多留声机公司新建的教育部的第一任主管弗朗西斯·埃利奥特·克拉克对维克多商人进行了年度演讲。一位经验丰富的音乐教育工作者的演讲中渗透了罗威尔·梅森的哲学原理，梅森支持音乐对儿童道德、身体、智力发展有重要意义的观点。克拉克走向零售商，力劝他们为了美好的公民社会把留声机推广到校园里。"我们的学校是联邦最重要的财富，"克拉克告诉他的听众，"并且对年轻人和公民的教育是政府最重要的功能。"每个学生都应受到应有的教育，不论他处于什么社会等级，都应有必要的资源使他能在社会生存，并且，音乐是教育不可缺少的一部分。儿童教育在前几十年经历了有益的变革，但现代社会对实际技能的过分注重，迫使人们开发毫无价值的老旧美德。实际上，克拉克坚持想向学生灌输"对美的热爱"，并且培养想象力和情感，音乐在这个过程中起着至关重要的作用。对此，维克多"提供了一种完美的解决方案……在各地学校中投放合适的最高档次的音乐"。

维克多开创了在学校推广留声机，将音乐加入学校课程的运动，这些运动的时间长达四分之三个世纪。仅在运动的前十几年，少数美国的主要大学才设立了第一个音乐教授职位（1875 年的哈佛大学和宾夕法尼亚大学、1894 年的耶鲁大学以及 1896 年的哥伦比亚大学）；同时，当时领先的行为心理学家 G．斯坦利·霍尔和他的学生约翰·杜威取得了在较低等的院校推广音乐的显著成功。在这样的背景下，维克多教育部门设计了一个和广告扩张、特的红色唱片目录一起的新的三重整体市场策略。《维克多之声》强调了这种极大的商业潜力："相比维克多公司的其他部门，教育部所有的力量都会用在开发这个维克多商人的巨大商机上。"

社会上音乐和文化发展相关的观点越来越激烈，这种观点将商人在学校推广留声机视为履行一种道德和市民义务。《维克多之声》告诉商人，"你自己有责任培养对音乐的热爱"。同时，教育计划也是不错的商机。"你意识到广告对儿童的意义了吗？"一篇文章这样开头。"到处都有儿童，那么，他们是怎么说话的？"行业商业杂志《留声机世界》也看到了这种潜能："'一次性的顾客就是永久的顾客。'为什么不让你的产品以儿童能理解的娱乐性的方式吸引他们的注意？"这篇文章后边提出了利用儿童的音乐短节目和在店里设立儿童角的建议。

有人指出，学校为商人提供了三重利润：学校本身就是一个市场；学校利用学生和他们的家长取得联系；此外，将学生培养成终身的留声机顾客。为了打入这个市场，教育部门当初给学校邮寄了超过 200 万份的广告印刷品，并给学校管理人员和负责人邮寄了成千封信。同时，维克多力劝商人们"劝说校务委员会"，或者最好直接劝说教师。如果教师相信留声机的教育意义，"他们可能以某种方式……让维克多进校园成为可能"。维克多为了促进这种计划，为教育市场开发了各种产品。这些产品不止有各种音乐唱片包和书籍，例如《我们听到的音乐是什么》和《小孩子音乐鉴赏》，也包括给外国人的英语教育唱片、给说英语者的外语介绍唱片、英美文学朗诵以及学校用的特殊留声机模型。最终，克拉克和《维克多之声》都宣称留声机不仅可以在学校使用，而且可以在学生的帮助下扩大家庭市场，学生们会"让（他们的家长）不得安宁，直到家长购买留声机和他们在学校听过的唱片"。

维克多为了给商人更多的帮助，详细介绍了建立本地教育部门的指导方案。维克多鼓励商人为这一目的留出零售空间，用校内（最好是本地学校）留声机的照片装饰教育部门以使其明显，并保持和学校的商业往来。商人同样应注意在店内预留一定的儿童友好空间。扩大服务范围的指导包括建立监视区域内所有学校的档案卡系统，用彩色图表表述在不同的学校扩大市场的阶段，以学校董事会成员、音乐监督人、物资供应处长为目标。维克多力劝商人对学校进行访问，学校成功购买一台留声机后，商人需每隔一段时间就带着最新唱片访问学校。"因为你在学校的身份是'维克多人'，让学生知道你的商店地址，他们就会带自己的父母去那里。"实际上，维克多告诉他们的商人，在学校推广留声机只是这个商业市场的开始，而非终点。"你只是把手放在了门把手上，如果可以打开门，那么你会拥有一个广阔的家庭市场。"

1914 年前，全美有接近 800 个城镇的学校使用维克多留声机，东北部和中西部学校集中了大部分的机器需求。4 年后，1918 年全美的城镇学校的留声机使用量飞升到将近 7000 台，又过了 4 年之后，就增长到近了 1 万台。1922 年，《维克多之声》报道，在全国 30 万所公立学校中，有 2270 万学生使用维克多的产品。《维克多之声》用这些数据问商人，他们为什么不在学校"成功地"推广教育计划？甚至农村等贫困地区的学校也能负担得起一个留声机和少量唱片。如果学校没有能力支付这项支出，那么学区会为它支付，或者学校所在的社区会进行特殊征收来承担这项费用。

维克多打开学校市场的计划的广泛影响更引人注目。哥伦比亚公司在 1913 年建立了自己的教育部门。美国钢琴公司、伊奥里亚公司和其他主要的自动钢琴公司也仿照维克多公司相应建立了自己的教育部门。一本名为《如何把美国钢琴公司的产品推广到学校》的美国钢琴公司销售手册中写到了和维克多类似的主题。手册中对学校销售做了如下解释：①一种接触学生家长的方式；②可以帮助开发未来顾客；③可以通过"美国钢琴公司是音乐教育（使美国钢琴公司的产品符合有儿童的家庭的愿望）的元素之一的认可"，合法化自动钢琴；④建立可以提高其他产品销量的声望。为了推动这一战略的实施，美国钢琴公司的一位设计师之后回忆道，公司当时尝试"在主要的大学和音乐学校放置留声机，并从学校董事长和音乐教师那里获得推荐书，在全国广告中使用他们的名字"。

美国加入一战的前夕，维克多已经取得了一定程度的成功，全国上千所学校中的留声机成为了进行声音教学的一部分。战时，弗朗西斯·克拉克提出，以新方式联系音乐和国家的概念，远超过了在学校中使用留声机。1919 年前，留声机不仅推动了民主化也推动了美国化。实际上，美国宣布加入战争后，音乐和留声机就不仅和教化市民有关，也和国家的军事目标有关。每个音乐产业中的行业都为战争做出了贡献，同时也从中获利。结果是，一战成为了提高音乐产业经济文化地位的分水岭。

　　音乐与战争的联系并不是新建立的，这两者的联系早在人们能击鼓时就已存在。但在一战期间，音乐对战争的作用和战时文化都发生了改变。音乐产业作为一个产业的贡献是反战运动。以叮砰巷为例，它善于让工厂生产易记的热门歌曲，轻松推出了几十首流行的爱国歌曲。出版商里欧·费斯特意识到这一市场的潜在商机，据说他为乔治·M. 柯汉的军歌投资了 2.5 万美元。留声机公司大部分的生产活动都变成了军工生产。雷管箱和外壳组件在金工车间被生产，陈列柜里展示步枪枪托和木质机翼。维克多在卡姆登的工厂也为海军的 NC-4 水上巡逻机生产了超过五十副的机翼。这种飞机原本是被设计来轰炸德军在北大西洋的潜艇，但是在飞机投入使用前，战争结束了。此外，留声机音乐被用于减轻军需工厂工作的单调乏味和提高红十字会工作者缝伤口和缠绷带的效率。

　　音乐产业也积极支持筹资和征募新兵。以维克多为例，它对经销商和商人施压令其购买战时公债，并且募捐现场常有维克多主要唱片艺术家的表演。这样的活动是很多外国出生的艺术家证明对美国忠心的好机会。例如，据报道，恩里科·卡鲁索将战时表演获得的2100万美元全部用于投资自由公债，将他所有的战前证券换成了美国政府债券，并且向美国红十字会和专业救援组织捐助了大量资金。其他艺术家也贡献了他们的才能（并且表现了他们的诚意），例如俄罗斯出生的小提琴家米沙·埃尔曼在红十字会的表演筹集到了3.5万美元善款。

一战时的音乐和以前战争中直接支持军队的音乐产业产品不同——并且这种差异不止存在于美国。叮砰巷出版商将满意的乐谱送到士兵手中，美国留声机公司为士兵提供外国语指导，例如《士兵法语速成》中包括3个语言指导唱片和一本24页的词汇书，都包装在防水盒内。同时，留声机甚至自动钢琴都获得了军需物品的地位：所有好战政权都将留声机投放到军队中，缓解士气低落僵持堑壕战的单调生活。唱片工程师弗雷德·盖斯伯格回忆道，"爱国流行歌曲被录制分配过上千次，并且，双方的军事首脑……都将（留声机）视为重要的必需品。"哈佛音乐学院院长甚至也提到过，音乐对道德品行的促进作用是军队把它当作军火重视的原因。妇女组织也提供了音乐对军队的支持，她们支持美国训练营收集留声机、唱片、唱针，希望有益健康的音乐娱乐可以防止士兵嫖娼和做出有损名声的行为。同时，一个国家著名的音乐家、歌手、作家委员会成立了国家留声机唱片征集公司来决定士兵极其需要的唱片种类，并负责收集、包装和运送这些唱片到军队。一位加拿大护士在寄回家乡的信中提到了留声机音乐对恢复期病人的影响："我们有一台从早到晚播放着的留声机。士兵们很喜欢它。这些可怜的人们已经习惯了它的存在，以至于没有它会不开心。"另一个更加神奇的留声机唱片的使用是以捷克语、匈牙利语和其他语言督促士兵放弃反抗，这些唱片跨越堑壕播放鼓励敌人投降的声音。

伍德罗·威尔逊总统宣称："将音乐轻视为奢侈品和不重要的东西的人，就是在伤害国家。""音乐现在比以前任何时候都重要，是一种国家需要。音乐是表达爱国情感的最好方法"。然而，这种观点既不是不言而喻的也不是普遍存在的真理。1916 年，钢琴协会试图说服战时工业委员会相信音乐贸易对战争时期的社会不可缺少的贡献。留声机产业领袖也做了同样的努力。但当战时税收法案通过后，音乐商品——从钢琴到留声机到音乐盒——都被分类为"半奢侈品"，并且生产商必须接受 5% 的货物税，这一税率远高于口香糖和香皂（3%）的税率，但低于体育用品和相机的税率（10%）。尽管整个产业极力要求废除税收，但这项税收一直保持到了战后。然而，那个时候，商业领袖拥有了前所未有的话语权，他们开始强调音乐对日常生活的必要性，并且他们在 1921 年的税收法案中为所有音乐产品免除了税收。

爱国歌曲满足了战时的部分需求，但人们对音乐的多样化需求也在增加。当时，有两个促成家庭音乐活动的因素，一个是电影院在战时被要求每周休息一个晚上，另一个是所有音乐会和电影都被征收了10%的强制税。同时，根据战时对公共和个人节俭的号召，《留声机世界》反复强调音乐是日常生活的必需品，并力劝商人们远离更加不必要的商品。在音乐成为"半奢侈品"的战时，商人们有两个职责："一个是反对虚假经济宣传，另一个是以从未有过的方式推广留声机。"尽管政府对原料的定量配给限制了维克多的产量，但维克多乐器的销量仍然在1916年和1917年达到了历史的最高点。

维克多消除各方敌意后，处在了前所未有的有利地位。1919年前，广告成功地引起了人们对维克多战时爱国服务的注意。在1921年，维克多的唱片销量达到了历史最高，它在全世界售出了5400万张唱片。不仅是维克多，美国留声机产业在战时得以迅速发展。根据美国制造业的普查结果，留声机生产商的数目从1914年的18家上升到了1919年的166家，与之相应的产品总值从2710万美元上升到了15 800万美元。

留声机产业的发展反映了音乐在战争中和二十世纪早期的戏剧性发展。最值得注意的是，全国很多地区在战时迅速兴起的音乐活动，尤其是叫作全场合唱的公共唱歌活动。这些活动在战前就已存在，但却因在军营中成组唱歌鼓舞士气在全国流行，之后传遍士兵家乡。战后，社区音乐运动一直延续到二十世纪二十年代。活动组织者组织欢宴，编辑歌本，之后组成从曼陀林组到唱诗班的主题各异的音乐小组。战前时期，公共音乐会也得到了全国人民的支持，同时"工业音乐"运动将音乐组传播到了工作区域，尤其是有着很多女性员工的地方。可能匹兹堡的 H.J. 海因茨公司是音乐推广的最大贡献者，它混合了公司温情主义和德国对音乐的寄托。海因茨的 600 名女员工不仅能在餐厅享受钢琴小夜曲，她们也能在公司大礼堂里享受各种音乐节目。公司的大礼堂有独立的音乐指导，有 1500 个剧院座位，两个舞台包厢，2000 个白炽灯泡，1 个爱迪生立体投影电影放映机，以及唯美的彩色玻璃穹顶。中产阶级女性音乐小组是地区音乐的另一种形式。1919 年前，全国有超过 600 个这样的俱乐部，拥有超过 20 万的成员，组织朗诵、系列音乐会和倡议学校音乐教育。

另一种社区音乐活动形式是"音乐记忆比赛"，在这个活动中，孩子们比赛从预先挑选的唱片列表中认出特定作品的能力。最先出现在 1916 年的这种活动，预期目标是丰富孩子的音乐知识，同时也是在学校推广留声机的一种手段。这种目的很难脱离它的支持者的商业目的。正如维克多教育部门领导弗兰克·克拉克告诉商人的，举行比赛最有效的方法是使学校监管者成为这一想法的中心，并得到地区女性音乐俱乐部的支持。尽管推进这个程序是商人的责任，但商人必须保持在后台。比赛不能显露商业特征。"1926 年前，美国 1400 个城市举行了音乐记忆比赛，这些比赛通常由百货商店和音乐商人组织并提供支持。很多比赛都和一个名为全国音乐周的企业赞助年会一起举办，同时可以产生推广音乐的效果。"以1920年的纽约为例，推广方式包括说教、钟铃声、500个教堂的音乐节目、公立学校各种音乐节目、与大企业合作的音乐会和全场合唱。这些企业包括梅西公司、沃纳梅克公司、邦维·特勒公司、麦考尔杂志、爱迪生灯泡工作室等。这个计划同时也包括了在卡内基大厅举行的亚瑟·鲁宾斯坦和里尔·奥恩斯坦的独奏会、自动钢琴示范和商业展览会，还有在纽约中央大皇宫三个音乐展示示范舞池举办的民族音乐秀。

二十世纪上半叶，音乐成为市民生活中可见可听的一部分。音乐由音乐产业推广，但却在各个层面上和国家文化有关。维克多有相当多的理由，并很愿意承认自己对这一发展的贡献。"维克多商人不是为了自己的健康而努力，"《维克多之声》封面一则评论写道，"而是他们知道这种生意是对生活和国家的精神状态产生最深刻影响的生意。"尽管白宫在西奥多·罗斯福在白宫开设总统常规音乐节目前就有音乐的存在，但没有什么地方比白宫更能体现出音乐和国家的联系。威廉·霍华德·塔夫脱总统在任期间，他喜欢用留声机听唱片，包括"亚历山大的拉格泰姆乐队"和他崇拜的卡鲁索的唱片。沃伦·哈丁的妻子是经音乐学校训练的音乐家，他本人喜欢歌舞杂耍、音乐喜剧和管乐团音乐会。1924年，柯立芝曾邀请A.L.约翰逊到白宫帮助自己进行总统再选。因此，1931年，赫伯特·胡佛签署了将《星光灿烂的旗帜》作为国歌的法案，这是美国第一个反映音乐在美国社会三十年取得成就的证据。

通过留声机在学校、全场合唱、音乐周和记忆比赛这些激烈的本地化策略,音乐产业在二十世纪一二十年代的覆盖达到了空前广泛的程度。然而,对音乐创造爆发的热情掩盖了音乐产业内部力量平衡的转变。美国钢琴产量再也不会达到 1910 年的程度,并且钢琴生产中自动钢琴的产量在 1919 年到 1925 年间超过了手动钢琴。在这之后,整个钢琴产业的贸易大幅度下滑。二十世纪以消费者为中心的文化代替了十九世纪以生产者为中心的文化,这对卡尔文·柯立芝来说是好现象。他表示,"我们相比优秀的表演者,更需要优秀的听众。"

自动钢琴在二十世纪二十年代就已广泛普及,但以维克多公司为代表的留声机行业对经济和音乐文化的重要程度仍在上升。实际上,一战战后引起世界留声机市场破裂的几年,维克多在美国建立社区市场的努力符合它扫除障碍控制海外市场的战略。1920 年,维克多直接收购了英格兰留声机公司 50% 的股份,并完成了无数个对以前紧密联系的公司的国际并购。这些和同年社区活动相配合,反映了二十世纪二十年代末的产业国际化发展的程度。音乐产业的商业活动和思想在美国始终和社会国家保持着紧密联系。当然,并不是每位商人都理解《维克多之声》宣传的专业技能,并且一些商人可能嘲笑他们是在鼓励士兵成为"音乐教育家军队"。然而,全国上千个城镇里的无数商人理解了运用新营销理念对自己的好处。

生产商通过这些商人，将自己的影响扩大到本地的居住、购物、工作、学习的社区中。在这些地方，不论是在战时还是在和平年代，音乐之声以全新的方式丰富人们的生活，音乐产业也成为了一个社区机构。

第7章

黑天鹅

　　几年前，在一篇关于音乐产业的公司并购的文章中，《纽约时报》的音乐评论家乔恩·帕雷利斯观察到了这个矛盾之处，即主要音乐公司发展得越大，它们反而越不引人注目。它们运用他们巨大的经济和文化影响力，把那些小型的独立的音乐制作公司驱逐出了无线电波段和零售货架。在它们这么做的同时，它们的这种没有人情味的公司结构成了标准，使得其他的音乐文化模式变得越来越罕见。帕雷利斯写到道：“尽管小型公司往往有一种人性意识，但是正常的乐迷都不会这么去想，‘天啊，我想要买这张专辑，因为它是滚石唱片公司出的，不是哥伦比亚唱片公司出的。’结果是最大的音乐公司的管理需求和商业目标被其他公司吸收了。所以没有什么东西能让大型音乐公司的优先等级和政策引人注目。因此，它们被人忽视了，沦为了日常现实生活的不引人注意的背景。”

在 1910 年到 1930 年间，音乐产业同样遭遇了人们对它的某种忽视。尽管音乐公司有明星和广告宣传，但是关于音乐公司如何运作，消费者了解多少？变得不引人注目不是自然而然发生的，而是主观造成的。人们盲目崇拜的音乐商品就是通过掩盖其生产过程中固有的经济社会关系而呈现出一种具有神奇力量的物品。事实上，这不仅仅是唱片和钢琴纸带的属性，而且是它们存在的理由。作为创造音乐的物品，它们的目的就是分离：就唱片来讲，它实现了人与声音的分离；就钢琴纸带来说，机械化规则系统代替了人的脑力劳动和体力劳动。这种分离通过这些东西本身材料的特性得到了加强，这上面几乎没有任何生产过程的痕迹。乐谱封面通常重点介绍使这首歌更流行的表演者的名字，而不介绍作曲家和发行公司的名字。那个时代的唱片是一般的纸套管，没有任何图片和内容简介（这些东西是后来才有的），标题、表演者和作曲家是用很小的字体写在粘在唱片上的纸质标签上的。钢琴纸带通常是棕色或黑色的又细又长的盒子，只有粘在终端的一个纸质标签和纸带上的几行字才能跟其他的纸带区分开。因此，消费者只能了解音乐的创作人的一部分信息，而不会了解这个物品的生产者，当然更不用说这个物品的大致生产过程了，比如：什么曲子将会被发行？哪个歌手将会录唱片，并且基于什么样的因素？

在另一个层面上，不引人注目或是误导人是在音乐产业推广策略中尤为重要的。维克多公司的内部文件明确表明，最负盛名的红色印章系列唱片背后的动机，是为了推广宣传，而不是为了启发消费者。美国钢琴公司命令它的经销商开发教育市场，但要掩盖经销商的商业关系。在叮砰巷，轻松怀旧的歌曲掩盖了它们被创作被推广时那种蓄意的精心策划的方式。在一些情况下，这个产业甚至在平面广告中把这一困惑作为卖点，最好的例子就是维克多公司无所不在的小狗商标和古尔布兰森自动钢琴广为人知的婴儿商标，这两个商标甚至完全不可能被理解。

　　然而，在音乐发展阶段，确实有人对抗过现代音乐产业的这种不引人注目的状态。这种积极的行动表现为 1921 年第一家大型的为黑人所拥有的黑天鹅唱片公司的成立。在杜波依斯以前的一个学生，哈里·佩斯的领导下，黑天鹅唱片公司致力于创建一种新型的唱片公司。它们致力于在这个过程中揭示谁录制唱片，在什么情况下录唱片以及要达到什么样的结果等问题是如何影响社会权力分布的。鉴于到那个时期为止，音乐产业都是通过掩盖这些问题而成功的，佩斯和其他的音乐家、活动家以及为黑天鹅唱片公司做出贡献的企业家都试图明确地重新建立起生产和消费的关系，从而在某种意义上使人们不盲目迷恋音乐，而是将其塑造成实现社会和经济公正的工具。

　　在声音和结构上，黑天鹅唱片公司致力于构建种族政治经济和道德经济的桥梁。参与公司经营的人根据经验知道音乐产业不独立存在于它所起作用的社会的种族政治之外。对于那些音乐产业所拥有的有着文化经济权利的机构来说，在种族问题上不可能有中立立场。不管这些机构经历了什么样的成功和失败，它们都带有这个种族在日常生活的经济和文化背景下被创造和再创造的方式的印记。这些不仅仅包括关于种族是什么样子的一些见解，还包含一些关于它听起来像什么的一些想法。当备受人们嘲弄的黑人音乐很畅销的时候，叮砰巷就喜欢尽最大可能写出最朗朗上口的歌曲，并且尽可能广泛地让这些歌曲被听到并且被传唱。相反，如果非裔美国人室内乐音乐家破坏了人们广泛接受的关于非裔美国人文化和道德自卑感的观点，那么在依赖这些信念而存在的社会经济秩序下，那些投资人就会想着去否定和阻止这些音乐家的工作。尽管这种做法并不总是对形成这个产业的运行模式起决定性作用，但是市场会对偶尔的例外给予鼓励——这种动力支撑着这个产业，并且影响着它的发展。最终，黑天鹅唱片公司这个实验产品只持续了几年，但是它的兴衰过程揭露了通过音乐和市场意识来实现社会和政治变革的可能性和局限性。这家公司短暂的历史清楚地展示了音乐产业，并且详细介绍了它与社会的关系。

种族的发展和文化生产的政治

随着二十世纪早期美国音乐产业的发展壮大和声誉的提高，活页乐谱、钢琴纸带和唱片使音乐成为了不断发展的消费者经济和民族大众文化的必要组成部分。到第一次世界大战结束的时候，美国音乐产业生产出了价值三亿三千五百万美元的商品。在此之前，这些产业从来没有在美国生活中行使过这样的文化特权，也没有过这么大的经济影响力。然而，这些音乐产业并不是给所有的申请者提供平等的机会。尽管歌手演员伯特·威廉姆斯很有亲和力并且很受欢迎，尽管詹姆斯·里斯作为乐队指挥受到广泛好评，尽管爵士乐在这个国家被广泛接受（虽然不普遍），非裔美国人发现他们在音乐产业的机会依然受到了严格限制。尽管唱片制作商呼吁移民群体用许多种外语发行成千上万张的唱片，并努力在移民群体或种族群体中培养消费者，但是他们几乎拒绝发行非裔美国人的任何唱片并且无视非裔美国人消费者。在有些情况下，非裔美国人确实录制了唱片，但是这些唱片一般局限于喜剧或新奇的风格，结果使黑人歌曲和游吟歌曲成为了美国黑人文化中具有支配地位的典范（并且越来越有影响力）。詹姆斯·里斯是舞蹈创始人弗农、艾琳卡斯尔以及空军著名的哈莱姆地狱军团的音乐伴奏，他以及演唱会歌手卡罗尔·克拉克录的一些唱片只是这个固定模式的一些小例外，并不能改变这个产业对非裔美国人才华很低的评价，不能改变它在把非裔美国人描述成所谓的高质量音乐的表演者的那种勉强，也不能改变它排斥非裔美国人音乐家的一般模式。

当美国参加第一次世界大战时，许多非裔美国人只是勉强地给予了支持，希望他们能够借助国外的民主之战来使国内的人们在战争结束之后重新致力于民主。这种不断提高的维权意识和1919年血腥的种族暴乱相结合，使得许多非裔美国人很激进。非裔美国人在政治上的过分自信在全国有好多种形式，但是正如《芝加哥卫报》所表述的，战争结束后，随着时间的推移，非裔美国人都有了新思想、新观念、新期望。

也就是在这种环境下，具有超凡魅力的聪明商人哈里·佩斯创办了第一家大型的为黑人所拥有的唱片公司，设想着创作被非裔美国人演唱并且适合非裔美国人的各种各样的音乐。这家被称作黑天鹅的唱片公司是一个旨在利用音乐和商业共同的力量来实现种族发展和社会正义斗争的大胆创新的项目。可能是创建于1919年的一家为非裔美国人所拥有的被称作布鲁姆的小型唱片公司使佩斯意识到建立这么一个事业的可能性。从音乐的角度来说，佩斯试图发行各种各样的唱片——不仅有蓝调音乐、爵士乐和喜剧唱片，还有歌剧、圣歌和古典乐，这些音乐结合起来挑战了关于非裔美国人的固定模式，促进了非裔美国人文化的发展，反驳了种族主义者关于非裔美国人野蛮的论点。同时，该公司将会是一种经济发展的模式，鼓励并且指导非裔美国人进行资本积累，让他们认识到实现经济自主的可能性。

然后，黑天鹅唱片公司以音乐娱乐活动和发展小型公司为幌子，实质是在美国黑人文化的政治经济背景下的一个激进的尝试。这家公司既相互分离但又相互联系的两个重要事物——音乐和商业——立刻变得实用并有象征意义了，从而使非裔美国人在美国的处境真正发生改变。黑天鹅唱片公司强调多样性和高质量的音乐目标将会使非裔美国人得到发展，使他们变得更强大，并且对关于非裔美国人的特征和能力的舆论提出质疑。这个公司的商业目标把支持黑人经济自主的非裔美国人的各种各样激进的政治思想综合在一起了。除了与全国有色人种协进会紧密联系（但未正式结盟），黑天鹅唱片公司还受益于杜波依斯直接的帮助和指导，他以很高的政治信誉为这个项目投资。这家唱片公司不仅仅是卖唱片，它对文化以及经济方面日常事务的连环出击使得它短暂的历史成为了二十世纪非裔美国人政治斗争的一个发人深省的重要里程碑。然而，到二十世纪二十年代中期这个公司倒闭的时候，通过商业化的音乐产业实现种族发展的可能性的尝试彻底失败了。

尽管非裔美国人领袖有着不同的意识形态和政治观点，但他们都一致支持非裔美国人商业的发展——这为建立黑天鹅唱片公司奠定了广泛的政治基础。尽管，对于非裔美国人商业发展的支持有时候只是狭隘地与布克·华盛顿的政治领导和他所创建的全国黑人商业联盟有关。实际上，华盛顿关于开创性的业务网络的想法是产生于 1899 年举行的题为"商业中的黑人"的塔斯克基会议上，这个想法是由杜波依斯提出的。在随后的数年，甚至在他更关注非裔美国人人权的时候，他一直是黑人商业发展的拥护者。1915 年，华盛顿的去世和第一次世界大战的影响彻底改变了政治面貌，但是到黑天鹅唱片公司建立的时候，非裔美国人领袖之间对于经济发展的支持像以往一样强大。最值得一提的是，由华盛顿的去世所造成的政治真空很大程度上被马库斯·加维填补了，他创立的世界黑人进步协会把商业发展作为它的基本目标之一。

同时，自从十九世纪中期游吟音乐兴起之后，非裔美国人的形象以及关于非裔美国人音乐的观念一直对这个国家的音乐表演极为重要。到十九世纪末二十世纪初的时候，黑人歌曲和爵士乐的流行使得非裔美国人处于了美国音乐文化的中心位置。但是非裔美国人几乎不能掌控他们的就业条件和他们能够创作的音乐的种类，并且到二十世纪一十年代后期，他们甚至被替换成了他们创作的音乐风格的主要表演者。尽管无数的非裔美国人作曲家在商业上成功了，但是，在二十世纪一十年代后期以前的纽约也只有一家著名的由非裔美国人经营的音乐出版公司。它名义上的成功可能是因为消费者不知道它是由非裔美国人经营的。那个时候，向非裔美国人开放的专业表演受到严格限制（比如说，限制黑人在喜剧里表演），这还是最好的情况。而最坏的情况就是美国黑人被从音乐文化中几乎彻底地排斥掉了。

在杜波依斯最有影响力的书《黑人的灵魂》（1903）中，他断言黑人的奋斗最终会使他们成为"共同创建文化王国的一股力量"。但是当已经确定的文化创造者不欢迎他们的劳动时，非裔美国人如何成为共同创立者呢？早在1916年，《芝加哥卫报》就鼓励它的读者给唱片公司写信要求发行黑人艺术家的唱片，但是这些公司要么漠不关心，要么公然反对这一观点。然而，一系列的事件打破了唱片行业的这一僵局。专利到期的大量诉讼和法院的判决松动了维克多、哥伦比亚和爱迪生这几家唱片公司在唱片行业的垄断，从而第一次使新的"独立"的唱片公司进入市场成为可能。同时，在非裔美国人对唱片公司施压数年之后，一家名为"Okeh"的新的唱片公司发行了两张由非裔美国人歌剧歌手玛米·史密斯录制的唱片。这些1920年以来录制的历史上很重要的唱片是非裔美国人作曲家兼出版商佩里·布拉德·福德顽强斗争的结果。他回忆说，他"走破了两双鞋"，承受了录音师的很多侮辱和讥讽，才争取到与Okeh的弗莱德·哈格签订合同。事实上，据说哈格曾收到信件，威胁他如果与黑人女孩有任何唱片方面的交集的话，唱片界将要抵制Okeh的产品，但布拉德·福德说服哈格在玛米·史密斯身上赌一把。当这两张唱片分别于1920年的2月和8月发行之后，他们在非裔美国人之中卖得非常好并且预示着非裔美国人音乐的新时代可能要到来了。

这些在商业、民族政治、音乐方面不同但相互重叠的运动不仅仅是黑天鹅唱片公司成立的背景。它们也以一种复杂的方式被写进了哈里·佩斯自己的传记里。当他在二十世纪二十年代末开始组建公司的时候，他运用了自己多年在音乐和商业行业的经验，发挥了自己作为教师、银行家、保险业行政、作曲家和音乐出版商的才能。哈里·佩斯1884年出生在格鲁吉亚的农村，作为一个铁匠的儿子，他雄心勃勃又充满活力地考入了亚特兰大大学，在那里，他师从杜波依斯。在1903年作为他们班的毕业演讲代表毕业后，佩斯接受了杜波依斯的提议，成为了杜波依斯新创建的关于非裔美国人思想和文化杂志的业务经理。杂志的总部设在孟菲斯。这本杂志先是成为了具有开创性的《月亮画报》周刊，后来变成了《危机》杂志。从1910年到1934年间，这家杂志社是杜波依斯以及全国有色人种协进会的主要宣传阵地。《月亮画报》周刊也使佩斯进入了文化政治领域。

《月亮画报》周刊大约运营了八个月，就因为资金不足被迫停止出版了。在这之后，佩斯先后投身于教育、政治和非裔美国人的基础产业（银行业和保险业）。在密苏里的林肯学院教拉丁语和希腊语两年之后，他于1912年回到孟菲斯，在一家由黑人拥有的有还款能力的储蓄银行找到了一份工作，并积极参加共和党的政治活动。通过这项工作，他与孟菲斯许多最重要的黑人领袖发展了社交关系，并且，这些社交关系很快指引佩斯到了亚特兰大，在那里他当了六年财务处长，他任职的公司是价值数百万美元的标准人寿保险公司，而这家公司可能是那个时代最著名并且最受人重视的由黑人所拥有的公司。在此期间，他更加深入地参与政治活动，同时他和其他几个员工在亚特兰大建立了全国有色人种协进会的第一个分会，这在当时是一个特别重要的事件。当时，大多数黑人拥有的公司，特别是在南部，与布克·华盛顿密切相关。佩斯当了亚特兰大分会的第一任主席；秘书的职位是由佩斯刚雇佣的一个名叫沃尔特·怀特的年轻人担任，他后来成为了全国有色人种协进会的国家执行秘书。

然而，值得注意的是，这些事件只是代表了佩斯这一时期活动的一方面。当他在孟菲斯的有还款能力的储蓄银行工作以及后来在亚特兰大的标准人寿保险公司工作的时候，他和比尔街的宠儿汉迪成了音乐出版合作伙伴。汉迪自称是"蓝调音乐之父"，开创了蓝调音乐的书面编曲，正式出版了蓝调音乐。汉迪后来回忆说，佩斯写了一些一流的歌词，并且他们两人一起创作并发表了一些成名曲。此外，他们还建立了自己的出版公司，具有开创性的佩斯和汉迪出版公司，佩斯担任总裁。1918 年，佩斯说服了汉迪把他们日益发展壮大的公司搬到了纽约，在那里，尽管在事业上仍然很成功，但他们遭受了被性情平和的汉迪表述为"种族偏见的野兽"的一群人不断的侮辱。当公司搬到纽约后，佩斯回忆说："我遭遇了非常严重的种族歧视。"

在汉迪的回忆录中，一个唱片公司经理拒绝录制由一个白人歌手演唱的佩斯和汉迪出版公司出版的蓝调音乐，另一个唱片公司经理拒绝发行佩斯和汉迪出版公司出版的唱片，因为他不想让黑人出版商从唱片公司发行的唱片中赚取版税。同时，像布拉德·福德一样，汉迪和佩斯也在努力为非裔美国人歌手争取唱片的录制机会。

汉迪写道："在任何情况下，这些经理都会迅速拒绝。'他们的声音不适合。''他们的发音不同于白人女孩。''他们不可能符合要求。'当佩斯努力说服唱片公司为那些演唱非蓝调音乐的非裔美国人录制唱片时，他被告知白人的偏见使得这么做在商业上是不可能的。唱片公司的代表声称，'让一个黑人录制高水准的音乐唱片这会毁了公司。'"

因此，佩斯和汉迪非常了解音乐产业生产和消费的种族政治。事实上，当他们发表玛米·史密斯的第一张唱片上的歌曲时，他们的广告鼓励消费者使用他们的购买力将信息传达给唱片公司："世界各地的音乐爱好者，和那些愿意帮助种族进步的人，一定要买这张唱片来激励那些有着开明政策的音乐制造商，并且鼓励那些可能不相信同一种族的人会买自己种族的歌手的唱片的其他制造商。"这种形式的积极宣传预示着佩斯后来用于宣传黑天鹅唱片公司将会使用的方法。事实上，一小段时间之后，佩斯就和他的合作伙伴分开了，开始创建这家融合了他对黑人商业的献身精神和他对音乐的社会重要性的信念的唱片公司。到这个时候，佩斯所有的工作经历——他与杜波依斯的关系，他在亚特兰大、孟菲斯以及纽约发展的人脉关系，他在银行业和保险业的工作经验，以及他与汉迪建立的音乐产业的经验融合在一起，开始影响他的新公司。

黑天鹅唱片公司作为实现种族发展方式的目的从一开始就很明显。在同时代的人看来，黑天鹅这个名字本身就与马库斯·加维当时作为他的经济计划的基地组建的黑星航运公司的名字相互呼应。然而，事实上，佩斯公司的名字，是应杜波依斯的建议，取自十九世纪最才华横溢的非裔美国人演唱会歌手伊丽莎白·泰勒·格林菲尔德的艺名。尽管许多人没有注意到——泰勒的职业生涯已经结束长达半个世纪，它象征着黑天鹅创造更好音乐的承诺和广泛持有的用最好的音乐来促进道德和精神成长的信念。

在多次迭代中，认为音乐能使人高贵、使人联合起来的观念仅仅依赖欧洲音乐的伟大作品，但音乐的发展也包括一个独特的非裔美国人音乐传统。德·怀特的音乐杂志，作为十九世纪美国高水准音乐文化的领导者，在正统的颂扬莫扎特和贝多芬的同时，首次发表了一些对奴隶圣歌演唱的描述。此外，杜波依斯创作《黑人的灵魂》这本书时采用了一种强调欧美文化和非裔美国人文化对比的方式。每章的题词和文学摘录放在一起——通常是将欧洲诗歌和非裔美国人音乐中的奴隶圣歌的音乐放在一起。然后，他用最后一章讲述了非裔美国人圣歌至高无上的救赎力量。

然而，对于非裔美国人来说特别重要的是音乐发展的双重性，它既面向非裔美国人又面向社会上的其他人。例如有色人种音乐学校，其中杜波依斯任董事会董事，培养音乐教育从而实现个人的熏陶并且打破社会壁垒。这所学校在 1911 年由戴维·曼尼斯建立于哈莱姆区，戴维·曼尼斯是纽约交响乐团的首席小提琴手和纽约下东区音乐学院的老师（并且是沃尔特·达姆的女婿）。不像大多数其他涉及音乐的项目一样，这个项目有一个专门的种族课程，因为曼尼斯认为，通过音乐这个全世界通用的语言，黑人和白人可以实现相互理解。

这个学校得到了詹姆斯·里斯组织的几场每年都要举行的公益音乐会的大力援助，其杰出的音乐和事业把非裔美国人流行音乐与秩序和体面联系起来。到他1919年早逝的时候，詹姆斯·里斯集音乐天赋、组织能力和社会名望于一身，使他成为了通过音乐实现种族发展的完美化身。《芝加哥卫报》的一篇题为"爵士乐消除了偏见"的文章中写道："对我们种族最有成见的敌人在跟詹姆斯·里斯待了一晚上之后，也没有不改变观念的。他会觉得必须从新的角度看待我们。詹姆斯·里斯和他的乐队比起那些所谓的演说家和社会进步家的一千次演讲对我们来说更有价值。"这个声明公开体现了人们主动、自觉地为提升非裔美国人的尊严、创造力和控制力所作出的努力。

哈里·佩斯使这一想法更进一步。在他看来，舆论的形成实际上是促进非裔美国人有意义的改变的先决条件。1921年，早在沃特·李普曼里程碑式的著作《舆论》出版几个月之前，佩斯就在题为"舆论和黑人"的讲座中说道："就我们在世界的种族中所处的地位来说，如果我们不大力创造和塑造舆论本身，那么我们可能做出的所有其他的努力都是没用的。"这次演讲并未明确提及音乐和黑天鹅，但由于它发生在黑天鹅创立的第一年中，这在当时可以被看成是佩斯整体战略的一种表达。他没有天真地认为，只有糟糕的公共关系才会造成种族暴力或其他问题。他断言："这个国家种族之间的问题是经济，但控制舆论是解决这些困难的社会问题的有力工具。"佩斯认为，有两种方法看待公众舆论，一种是被动的、逆行的，另一种是积极的、充满希望的。一种方式是认为它已经存在，如果令人不快就对它强烈谴责，看其自生自灭，如果它对你不利就承担后果。另一种方法是我们作为一个民族刚开始学习的方法，那就是预测可能出现的舆论并且想办法把它塑造成我们想要的那种结果。

杜波依斯显然与佩斯意见相同，因为他利用在杂志的职务含蓄地从各个方面支持黑天鹅。1921 年 2 月，他发表了一篇题为"唱片"的文章，谴责了人们因为白人只需要黑人喜剧歌曲而不需要别的黑人歌曲，而对非裔美国人演员进行限制。这种看法得到了很多黑人听众的支持。杜波依斯认为："现在我们必须建立一个商业组织来保存和记录我们最好的声音。这种努力将挖掘出不仅是黑人还有所有种族和年龄的人当中最好的音乐。"他最后说："我们很高兴得知这样一家有足够资本和很强管理才能的绝对诚实守信的公司正在形成。"然后，一个月后，杜波依斯发表了伊丽莎白·泰勒·格林菲尔德的人物简介，又一次呼吁大家支持这个新唱片公司（这也让人们注意到了这个公司富含典故的名字）。像黑天鹅本身一样，这些文章代表了艺术与商业相融合而实现种族进步的信仰。杜波依斯在几年后的全国有色人种协进会会议之前的一次演说中有力地表达了自己对艺术和舆论的政治立场。他承认，或许会有些人问，艺术与政治集会有什么关系？他提出了一个强有力的理由来解释艺术和政治的关系，他说："我不怀疑黑人艺术最终会很美，并且在很大程度上会和白人、黄色人种的艺术一样美丽；但现在的重点是，直到黑人的艺术得到认可，他们才会被看作人。然后，当他们通过艺术得到认可时，再让世界发现它是否能认识到他们古老的艺术和新的艺术一样。"

文化和资本

在组建唱片公司的时候，佩斯深刻地挖掘了非裔美国人的天赋和经验。他组建了一个董事会（这对一个小唱片公司来说，本身就很特别），董事会成员是来自各个领域和职业的领导者。然而，最著名的董事会成员就是杜波依斯，其显赫的地位和人脉关系是公司宝贵的资产，他的文化和行动观念渗透到这个公司的许多方面。此外，佩斯从他和汉迪成立的出版公司带来了几个优秀的员工。这些人里有弗莱彻·亨德森，他应邀当了唱片公司的经理，并很快成为了二十世纪二三十年代的乐队首席指挥。还有威廉·格兰特·斯蒂尔，他成为了黑天鹅的内部编曲，后来成了一位杰出的作曲家。尽管在 1922 年伯特·威廉姆斯去世的时候，佩斯宣布这个喜剧演员也给这个公司投入了大量的资金并且保证与哥伦比亚唱片公司合约期满之后为黑天鹅录制唱片，不过该公司的大部分资金还是通过其董事会得来的。

对新公司的通告，公众有两方面的反应。一方面，非裔美国人表示强烈支持：关于这个公司的群情激昂的文章出现在了各种各样的杂志中，并且佩斯收到许多祝福以及要求担任代理销售商的来信。另一方面，一些音乐公司的人事部门公然敌对非裔美国人的这种积极的行动，试图恐吓佩斯并阻止他继续下去。佩斯和汉迪出版公司被人威胁要抵制其出版物，这迫使佩斯断绝了与出版公司的所有联系。然后，据汉迪所说，他的歌确实被那些误认为他与唱片公司有联系的人抵制过。黑天鹅开始运营之后，反对声依然不断；而最令人担忧的是，在1922年9月，一枚炸弹在煤炭装运过程中被发现，而这些煤是要放在公司的生产设备炉里的。

尽管有这些敌对势力，黑天鹅依然在1921年9月发行了第一张唱片。佩斯为这张唱片选择了这首令人感怀不已的具有象征意义的励志歌曲《在黎明》，背面是演唱会歌手兼钢琴家瑞沃拉·休斯演唱的《感谢上帝的花园》。休斯对各种各样通俗的和严肃的音乐都游刃有余，她是一位著名的马库斯·加维的支持者，并且定期参加加维主义者的重大聚会，从世界黑人进步协会的年度会议到在哈莱姆第一百三十五街自由厅每周举行的非正式的晚宴。虽然黑天鹅肯定不是一个加维主义者建立的公司，而且佩斯后来还和加维翻了脸，但是黑天鹅的第一张唱片反映了那个时候像佩斯这样的非加维主义者对于加维运动的亲近感。

继《在黎明》之后，黑天鹅基本上兑现了它发行非裔美国人录制的更好的音乐的这个承诺。黑天鹅的第二张唱片包括演唱会歌手卡罗尔·克拉克录制的两首民歌。黑天鹅总共录制并发行了至少四十五首非裔美国人演唱的既神圣又世俗的"严肃"的音乐，对他们来说，在当时几乎没有其他录制唱片的机会。总体来说，黑天鹅作品中严肃音乐的成分涉及广泛的音乐领域，包括非裔美国人圣歌、由朱塞佩·威尔第和夏尔·古诺创作的咏叹调、圣诞颂歌、作曲家R. 那萨尼·德特的第一张唱片等。

一篇早期的文章中特别提到，黑天鹅发行严肃音乐唱片的目的不在于贬低喜剧歌曲、蓝调音乐和爵士乐的商业价值，而是要在这些风格的基础上补充各种各样的种族音乐，其中有圣歌、当时的流行歌曲、一流的民歌以及精选的歌剧。总之，商业与艺术被认为是既相互分离又相互依存的领域。然而，正如对流行音乐的商业价值的预测一样，黑天鹅最主要依赖的还是蓝调音乐、爵士乐和其他受欢迎的唱片来增加收入。最后，所有畅销的唱片几乎都是蓝调音乐唱片，并且爵士乐、蓝调音乐、流行歌曲和舞曲占据了公司唱片总发行量的三分之二。（蓝调，在这种背景下，特指现在通常被称为古典的蓝调音乐，这种音乐的特点是通常由单独的女性演唱，在钢琴或小切分音乐队的伴奏下演唱。以男性演唱为主的"有乡土气息的”或“乡村”的蓝调音乐要到几年之后才会发展起来。）

　　作为最大限度发挥现有资本的一种手段，黑天鹅采用一种分流的非正式制度。歌手埃塞尔·沃特斯在她的自传里回忆到，当她1921年第一次进公司的时候，她就应该唱流行歌曲还是唱文化歌曲和佩斯还有亨德森进行了一个漫长的讨论。最后，这两个人决定让她唱流行的蓝调音乐，并且答应沃特斯付给她两首歌一百美元的可观收入。（她那时表演一星期才得到三十五美元。）隐藏在沃特斯和亨德森以及佩斯的交易背后的是尴尬的阶级矛盾。沃特斯回忆道：“记住哈莱姆区的阶级界限，有派克大道那些奢华时髦的阶层、中产阶级，还有第十大道的那些人。然后，我就是身份低卑的第十大道的那些人中的一员。”沃特斯不符合人们公认的文化歌手的人物设定的这个事实很可能影响了她在这个公司录制唱片的歌手名册的位置，尽管她像瑞沃拉·休斯和大多数其他音乐家一样，是一个全能歌手，善于各种各样的音乐风格。

　　不管怎么解释，沃特斯对于黑天鹅唱片公司来说都是一个很好的投资。其中包括《美国南部蓝调》和《哦，爸爸》两首歌在内的第一张专辑是如此地大受欢迎，以至于它彻底改变了这个公司的经济命运。佩斯后来断言说，这个唱片在六个月之内卖出了五十万张。他夸大了事实，但是这张唱片确实卖得很快。并且，沃特斯特别提到，这张唱片得到了黑人听众和白人听众的一致好评。到1921年末，黑天鹅唱片公司的收益从3100美元的薄利增加到10.4万美元的收入，并且因为沃特斯在音乐界大受欢迎，佩斯跟她签下了一年的专享合约。到1922年春天，在黑天鹅唱片公司开始运营十二个月之后，公司可能已经销售了多达40万张唱片了。

黑天鹅唱片公司在《芝加哥卫报》的广告中表达了战后这些年人们对非裔美国人文化声望的广泛关注，断言埃塞尔·沃特斯在一夜之间改变了蓝调音乐的演唱风格，更好地诠释了作品。她美化了蓝调音乐。许多非裔美国人蔑视蓝调音乐，认为它是亵渎神灵的、低劣的、落后的，而黑天鹅唱片公司对蓝调音乐的宣传反映了它如何在某种程度上变得流行甚至高尚。在1922年1月20日，哈莱姆区在曼哈顿赌场举办了第一届广为关注的蓝调音乐比赛。著名的诺布尔·西斯尔担任这场盛会的司仪，这场盛会以威·沃德瑞的乐队表演开始。观众有州长内森·米勒、前市议员准市长菲奥雷洛·亨利·拉瓜迪亚、交际舞的创始人艾琳卡·索尔·屈里曼、恩里科·卡鲁索的遗孀多萝西·卡鲁索以及名媛奥利弗·哈里曼夫人。四位参赛者都穿着优雅的缎子长裙，并且在爵士钢琴之父杰姆斯·约翰逊的音乐伴奏下演唱。比赛结果通过观众的掌声来决定，最终宣布新人特里克茜·史密斯成为那晚的冠军。结果，几天后，黑天鹅唱片公司和史密斯签下了唱片合约，并且在二月该公司就已经发行了史密斯的两首主打歌曲，其中一首是亚历克斯·罗杰斯和杰姆斯·约翰逊写的《绝望的蓝调》，另外一首她自己创作的《特里克茜的蓝调》。当时，黑天鹅唱片公司在《留声机世界》这本商业杂志上开始每月发布占据四分之一版面的广告。公司声称："我们宣布我们已经准备好要发行在纽约曼哈顿赌场举行的全国蓝调音乐演唱比赛的获胜者特里克茜·史密斯的第一张唱片了。"

为了用其他方式为蓝调音乐和公司做宣传,黑天鹅唱片公司还组织了一次被称为"黑天鹅民谣歌手剧团"进行的引人注目的音乐和歌舞杂耍表演的巡回演出,演出包括歌曲、舞蹈和幽默短剧。演出由埃塞尔·沃特斯担任主演,弗莱彻·亨德森在音乐上提供指导,这个巡回演出从玛米·史密斯录制突破性的唱片仅仅一年之后的 1921 年秋天一直演出到 1922 年的 7 月。它开始于华盛顿哥伦比亚特区,途经费城、巴尔的摩、匹兹堡和弗吉尼亚州、俄亥俄州、肯塔基州的一些城市,然后再经过圣路易斯和印第安纳波利斯,在 1922 年 1 月末抵达芝加哥。从匹兹堡开始,这个巡回演出就由李斯特·沃尔顿来管理,他有着做记者、剧院经理和民权活动家等多方面的职业经验。在芝加哥的工作结束之后,管理层宣布剧团接下来将出发去南方进行大范围的巡回演出。剧团中有四人不肯去,退出了剧团,但埃塞尔·沃特斯坚持要去。《卫报》上报道说,尽管乐队去南方可能会遭到敌对,但是沃特斯觉得,她有责任做出牺牲来让她种族的成员听到她演唱的产生于南方的音乐。总之,这次巡回演出本身也被看成是实现种族发展的一种方式。在接下来的几个月里,该剧团途经了田纳西州、阿肯色州、俄克拉荷马州、得克萨斯州、路易斯安那州、亚拉巴马州、北卡罗来纳州和南卡罗来纳州,最后回到北部结束了这次巡回演出。

在路上，剧团遇到了一些不愉快的情况，但它也取得了开创性的成功。在得克萨斯州的帕里斯，在剧团到达那里前不久，那里刚刚有人实施了绞刑，但是剧团还是受到了热烈欢迎，并且白人和黑人舞者都出席并欣赏了他们的表演。在另一个城镇，据没有参加巡回演出的黑天鹅唱片公司歌手艾伯塔·亨特所说，一个年轻的黑人男孩在和一个白人顶嘴之后被私刑处死，当剧团到达那里时，男孩的尸体被扔进了他们将要表演的剧院的前厅里。然而在巡回演出后期，剧团途经路易斯安那州时，《新奥尔良日报》安排剧团在电台演出，那可能是非裔美国人音乐家第一次在电台的演出。

然而，这场轰轰烈烈的流行音乐的推广活动，无法解决黑天鹅的音乐节目存在的阶级政治矛盾。一方面，蓝调音乐有商业价值和文化价值，并且佩斯以前曾经是一名作曲家和流行音乐出版商，所以他本身和流行音乐就有着深厚的渊源。另一方面，无论公司要创作什么风格的音乐，都在努力实现中产阶级高贵、高雅的标准，以及处于发展核心位置的自我约束的标准。例如，在宗教音乐中，黑天鹅青睐演唱正规编曲的圣歌胜过切分音的福音音乐，这种切分音的福音音乐在当时仍与灵恩运动有关，或者与经常被贫穷的受教育程度较低的非裔美国人光顾的"神圣的教堂"有关。事实上，尽管黑天鹅的目标是包罗各种各样的音乐，但该公司似乎不太容易接受某些非裔美国工人阶级的文化特别是那些偏离了高贵和体面的规范的文化。比如说，在贝茜·史密斯为哥伦比亚唱片公司录制唱片并成为二十世纪二十年代商业上很成功的歌手之前，她参加了黑天鹅唱片公司的面试。根据当时的种族分类，她的演唱风格是粗俗的喧闹的黑人音乐，与大多数其他黑天鹅唱片公司歌手那样更轻快更热情奔放的演唱风格不同。当她第一次试录的时候，她突然停下来说："等等，我吐口痰。"她把自己推出了黑天鹅唱片公司推崇的音乐家得体的典范之外，所以公司拒绝录用她。位于蓝调音乐系列的另一端的是歌手兼演员伊莎贝尔·华盛顿，黑天鹅唱片公司录制了她的唱片。她对流行音乐中蓝调音乐的演绎听起来很像白人歌手唱的，也就是说，她礼貌的颤音符合白人歌手尖细的克制的训练有素的声音的固定模式，与专属于非裔美国人的粗犷的演唱风格形成了鲜明的对比。

一些黑天鹅唱片，比如标题为《他可能是你的男人》这样的唱片更露骨，更有伤风化。但是，在音乐上，该公司的唱片歌颂修养多于激情。在这方面，尽管弗莱彻·亨德森很有才华，他却因为过分要求完美而被批评。例如，埃塞尔·沃特斯就因为亨德森努力阻止让音乐变得太"热"而发怒了。"弗莱彻虽然是一个好的编曲和出色的乐队领队，但是他更倾向于古典的主打歌曲。"沃特斯回忆到，"我一直在跟他争论，因为他不肯给我提供低音乐器，那是真正的爵士乐所需要的乐器。"单簧管演奏家加文·布谢尔补充说："亨德森几乎不给即兴演奏唱片留有任何余地，几乎是所有的一切都要严格按照自己的编曲。比较亨德森的风格和史密斯的风格，史密斯的声音曾被比作'吞卷了整个房间的喷出来的火'。"历史学家戴维·利弗林·路易斯写道："弗莱彻·亨德森没有火焰喷射器，但他举着一把火炬。它使人目眩，给人温暖但不会让观众盲目和伤害到他们。"

　　换句话说，佩斯和他的公司喜欢蓝调音乐只是建立在不与总体的发展计划相冲突的程度上。虽然他们以多种形式表达他们对"流行音乐"的尊重，他们还将继续致力于实现中产阶级完善和自我控制的理想。在国家黑人音乐家协会，这是一个支持非裔美国人接受古典音乐教育的组织，佩斯解释说，他的公司致力于从新的角度为种族发展服务。他的演讲声称，黑天鹅认可了流行音乐是一种战略性的暂时的让步，最终会达到更高的文化层次。他解释说："我们不得不给人们提供他们当中很多人想要的东西，从而让他们购买我们想让他们购买的东西。"鉴于佩斯广泛参与流行音乐的录制，这种对流行音乐的否定可能有点虚伪，但形成高品位的音乐文化是黑天鹅音乐使命的中心。他结束他的演说时说："我相信我们黑人想听到别人想听的每一种音乐，因此我们中的一些人理应承担起提升种族音乐品味的任务……黑天鹅唱片公司正在努力尽自己的一份力。"然而，黑天鹅的内部冲突显示了流行音乐这个范畴实际上是多么的不确定和有争议。尽管佩斯公开承诺黑天鹅会录制各种各样的唱片，更不用说他曾经是一个流行音乐作曲家和出版商了。但是，在这么多音乐里面，他的公司录制的唱片里没有体现与体面的中产阶级价值观相冲突的非裔美国人工人阶级生活元素的音乐。例如，马雷尼和贝茜·史密斯充满感伤和快乐的公正的性别政治，不仅背离了中产阶级的礼貌规范，而且充满活力，有时甚至充满挑衅。

虽然佩斯难以协调好黑天鹅的社会、经济和文化日常工作事项的关系，但是他不断为自身施加压力。对于一个非裔美国人的商业集团来说，他推广了他的经济自主的想法。在复活节的一个音乐庆祝的活动上，他被邀请担任特别演讲嘉宾。佩斯努力扩大业务，稳定公司的地位并且密切关注广告，让大众媒体了解黑天鹅多方面的潜力。许多广告都有这个言不由衷的口号："唯一的一家真正的黑人唱片公司。其他公司只是被误以为是黑人唱片公司。"从而，黑天鹅用了一些巧妙的言辞促进了种族自豪感的文化政治，并且，利用了种族被误认的观点，嘲笑了新兴的白人拥有的唱片公司单纯追求商业利益的浅薄。

作为一个有进取心的商人，佩斯试图让黑天鹅唱片出现在人们可能买到它们的任何地方。除了唱片零售店，佩斯还在药店、家具销售商、报摊、理发店、美容院、台球房甚至地下酒吧销售他的唱片。换句话说，他在拥有非裔美国人客户的任何行业都找到了销售渠道。这其中还不包括黑天鹅相当大的邮购销售业务。此外，在《留声机世界》这本杂志上的一则黑天鹅的广告表明，佩斯尝试把公司整合成批发行业。在不同地方分销黑天鹅唱片的10家批发公司中，有 3 家公司的名字暗示了与黑天鹅可能的附属关系：波士顿黑天鹅销售公司、弗吉尼亚佩斯唱片公司和匹兹堡黑天鹅音乐公司。

事实上，在不断扩张的消费者文化中，广告是佩斯在努力推动他的音乐计划和商业计划发展的过程中使用的最有力的工具之一。出现在商业新闻报纸、黑人报纸以及黑人政治期刊上的这些黑天鹅的广告差别很大，有着不同的用途。在《留声机世界》杂志中，黑天鹅的广告（通常是四分之一的版面）出现在了从 1921 年 8 月到 1922 年 10 月的每月的月刊上，每一则广告都会在目录中突出强调一张或几张新唱片，几乎总是蓝调音乐。在这个涉及各行各业的机构中，黑天鹅广告证实了埃塞尔·沃特斯关于她的唱片既吸引了黑人又吸引了白人的评论。类似的内容也出现在了黑天鹅在全国许多家非裔美国人报纸娱乐版登的广告上，这些广告和戏剧、乐谱、其他唱片公司以及各式各样美容产品的广告放在一起。通常这些广告集中在新发行的唱片上并且旨在让公众注意到这张唱片，有时会通过像"美国最好的蓝调歌手是埃塞尔·沃特斯"或"你买的黑天鹅唱片是你买到的唯一的由黑人录制的唱片"这样引人注目的大写的声明来引起公众的注意。

这样直白的广告不能轻信。在二十世纪二十年代，黑天鹅的许多对手至少偶尔使用广告来含蓄地表示对非裔美国人艺术家和消费者的蔑视。种族主义漫画出现在既有黑人艺术家又有白人艺术家的广告里，还有一些唱片目录中包括进了黑人方言文本。事实上，当广告显示蓝调音乐迷置身于都市化的陈设齐全的环境中时，他们经常被描绘成白人的外貌，或者外貌很模糊（比如说只看到他的影子或背影的轮廓）。唱片公司对于都市黑人的体面形象的不适感可能是他们在二十世纪二三十年代搜集更多关于农村有乡土气息的蓝调音乐的一个因素。

在这种敌对环境的影响下，特别值得注意的是，黑天鹅也常常在完全是黑人的出版公司做广告，常常发表一些辩论性的陈述。这些陈述包括黑天鹅的社会使命。相反，广告也激励读者去光顾黑人创办的企业和支持黑天鹅的努力。这表明黑天鹅是为"种族"社会和经济改善而斗争的前线阵地，这些广告将黑天鹅塑造成为一种政治团结的化身。

当竞争对手开始发行越来越多的非洲裔美国音乐家的唱片时，例如，一条黑天鹅的广告公开指责一些白人的唱片公司在他们的商业中已经建立了"恶性吞并"，他们通过一些目光短浅的黑人向唱片市场倾销，目的是为了扫清诸如黑天鹅这样的公司。一个比较有争议的广告质询了那些口头上支持黑人拥有的公司，但是暗地里总是光顾白人的公司的那些人。其他广告关注于音乐振兴的政治经济上。其中最明显一则出现在1923年一月的经济危机中，占据了六个月以来的头条。它的标题是《有色人种不想要古典音乐！》，并继续声称："所以我们的经销商联系我们，说给我们蓝调音乐和爵士乐。这是我们可以卖的东西。我们认为，经销商是错误的。但是，除非我们给他提供他们所需要的东西，否则他们是不会经销我们的产品的。"

随后有一个唱片的清单，包括由安托瓦·内特演唱的音乐（他是芝加哥大歌剧公司唯一的黑人成员）和两名全国黑人音乐家协会的领军人物的经典歌曲（他们是女高音佛罗伦萨·科尔唐波特和小提琴家肯珀·哈莱德）。另一则标题为"卡鲁索的声音"的广告赞扬了维克多公司有保存完好的伟大的男高音的声音，但批评了白人的公司只保留了黑人在漫画中的演唱类型。然后，这篇文章还邀请读者对卡鲁索录制的和黑天鹅的卡罗尔·克拉克录制的同一首歌曲《为一切永恒》进行比较。

以上的做法都不只是想卖唱片，这些广告在督促读者理解文化成就和市场之间的联系。与社会的其他方面相比，他们认为黑天鹅不是作为消费文化的一种力量，而是作为一种进步的力量。在一次演讲中，佩斯提到，古典音乐的销售有所削弱。他说："如果缺乏高等阶层的人的赞助，那我们被迫停止相关活动和公众批判的'蓝调'和'散拍乐'，那么白人的公司就会加入'我早告诉过你'的言论中，这种言论将会持续导致黑人也买不到好的音乐，我们的艺术家为任何白人组织录制音乐的机会也将失去而且将不会重新获得。"在二十世纪早期，反对童工的活跃分子已经领导过消费者运动。现在，在不同的领域，黑天鹅通过把消费者的购买习惯与文化生产的现实联系起来，也尝试着类似的东西。

从历史的角度来看，商业项目的发展、音乐领域的振兴与大众娱乐的发展是惊人的。在 1923 年 5 月的危机中，黑天鹅为查尔斯·温特·伍德录制的《亲爱的，你真的很糟糕》和《当德国面包是热的》两个单口相声做了一则广告。恐怕这类幽默使"上流社会"人群非常震惊，对该节目的描述中指出，伍德是木塔斯基吉学院的财政部长，也是专业的雄辩家，这是一个将商业和艺术难得的结合。这则广告再次暗示黑天鹅的政治立场。虽然一些非洲裔领袖可能不赞同黑人方言的幽默。然而，与此同时，由于黑天鹅致力于种族的发展、文化振兴的推动和应对市场音乐的变化三方面的事务，从而被拉向了不同的方向。虽然黑天鹅从一开始就存在目标和市场的迫切需要之间的紧张关系，但佩斯在最初成功地保持了公司的正常运转。之后，在 1922 年和 1923 年，三个因素打破了这种微妙的平衡：①时机不佳的投资；②蓝调音乐和爵士乐的日益普及；③无线电的引入。这些因素激化了黑天鹅在三个不同任务的牵拉下存在的潜在矛盾，最终导致了公司的灭亡。

第一个因素表现在不合时宜的资本扩张。在公司的第一张唱片取得巨大的成功之后，公司搬离了佩斯的奋斗着的联排公寓的地下室办公室，在第七大道购买了自己的建筑。短短几个月，黑天鹅已经增长到十五人，其中包括一个八人的管弦乐队和七个办公室职员，加上在大城市周围乡村额外的七名管理人员。公司每天要向全美以及菲律宾和西印度群岛的经销商和代理商运送 2500 份录制的唱片。

然后，在1922年的春天，为了减少唱片和制造设施挥之不去的不确定性，哈里·佩斯购买了奥运盘唱片公司，一家刚刚破产的唱片公司，它的冲压厂位于纽约的长岛市。它有一个录音棚、一间冲压厂和一台印刷机，收购这家公司可以使黑天鹅降低不必要的成本并进行稳定生产。这将是一个自给自足的经济模式，新的设施甚至可以为其他公司代生产以产生额外的收入。该公司昔日的主人雷明顿唱片公司，是由一个出身美国的著名步枪制造商和缝纫机制造商建立起来的。但是，这样大的投资，显然也可用于其他重要需求的资本投资，如促销和艺术家的发展，甚至可以公开发行一支股票来稳定公司的资本基础。与此同时，其他的音乐和经济发展给黑天鹅增加了额外的压力，公司高频率的活动掩盖了更重要的利益问题。"我们只是在错误的时间进行了工厂的收购，"佩斯后来回忆道，"但什么是错误的时间呢？"。

另外一个因素是蓝调和爵士乐唱片人气的飙升。继黑天鹅、Okeh和其他一些早期的标志性代表音乐取得突出的成功之后，一些新的公司跳到这一领域，包括哥伦比亚公司、维克多公司以及一些新的唱片公司。更甚的是，在此时，一些最流行和最有影响力的明星们以其他的商标来录制,这些人包括史密斯、马雷尼、路易斯·阿姆斯丹等。既然黑天鹅喜欢与这些极其火的明星或组合保持安全距离，更多有瑕疵的艺术家以其巨大的受欢迎程度使得黑天鹅音乐的上位更加困难，并增加了黑天鹅的竞争对手的经济实力。一种不可思议的悖论就是，黑天鹅在一定程度上是其自身成功的受害者。黑天鹅的初始销售强劲，鼓励其他公司生产针对美国黑人消费者的音乐产品，甚至有些公司只是重新录制那些在黑天鹅已经获得成功的歌曲。此外，给他们更多的钱和更多的广告预算，这些公司可以很容易地用高薪合同吸引黑天鹅的蓝调歌手。

第三个诱发黑天鹅消亡的因素是电台的引入，这掀起了整个唱片业的风暴。在1922年的1月，《纽约时报》还展望了越来越多的唱片业乐观的未来。但是半年后，《纽约时报》报道，在一些地方，与一年前的同期相比，急剧下降了15%的销售额。在之后的两年，唱片界继续这种衰减，收音机的普及成为最好的解释。尽管无线编程不规范，在许多地区仍然不稳定，但是这种技术的受欢迎程度表现得越来越明显。最初的市场是留声机和无线电商业相互促进，两者都是在商业娱乐更广泛的文化扩张中的一部分。然而到了1924年，在无线电设备上迅速扩大的公共投资由1922年的6000万美元到1923年的1.36亿美元和1924年的3.58亿美元，这已经严重打击了留声机行业。例如，行业的领导者维克多公司的销售额从1921年到1925年下降了50%以上。对黑天鹅来说，更糟糕的是，无线电的出现正好与长岛市场最昂贵的购买订单相关。佩斯后来回忆道："无线电出现之后，客户立即宣布取消订单。当时，许多唱片店成为了无线电商店。"

事实上，黑天鹅的问题是整个行业的问题。在一封佩斯给公司董事会的富含感情的信里，对这个情况的描述是显而易见的：
"那么你知道哥伦比亚公司的破产意味着什么？埃奥利公司也把第四十二街的宏伟建筑出售给舒尔特雪茄店，它表明了什么？当我们事业开始时，有 24 家值得注意的公司，而今天却只有 7 家……我们如何用微薄的约为 4 万美元的资金在有限的市场中存活……是灭亡还是受重创？"

然而，无线电问题象征着音乐和市场之间的冲突。事实上，紧张的经济压力下，黑天鹅的操作促使公司采取了这一完全与其所陈述的所谓音乐使命相悖的措施。黑天鹅开始用白人艺术家来假装黑人身份。白人舞台歌手艾琳·斯坦利成为"蜜·琼斯"，当琳赛·米哈伊尔的爵士乐队出现在弗莱德·史密斯的交响乐团中时。令人惊讶的是，不同的艺名可能是同一个团体，正如黑天鹅版本的"桂舞团"，它同时又叫"蒂沃丽花园舞蹈团"或"华勒斯唐尼舞蹈团"，这要依据不同的唱片而定。这种做法早在 1921 年的 11 月就已开始，在购买了长岛市的工厂后大大增加了。最后，黑天鹅目录中约三分之一的唱片中包括声乐和器乐的录制是由白人音乐家完成的。

一方面，小唱片公司发行唱片有时用假名并不罕见。另一方面，其他公司没有一再坚持他们只使用"黑人"歌手和音乐家。然而黑天鹅公司虚伪地使用了"黑"的说法，但为了保持现金匮乏的公司的正常营运，他们开始偷偷使用白人的表演录制唱片进行促销。如果公开承认黑天鹅是用白人的表演发行唱片，那么，黑天鹅作为一个整体就站不住脚。事实上，所有的证据都表明，用白人艺术家录制唱片进行销售这一临时措施有必要持续到唱片公司的资金稳定。

奇怪的是，这种欺骗行为也成为了一个示范。"黑天鹅"的这一措施最引人注目的地方是，人们显然没有发现他们的手段有什么不妥。没有愤怒的社会舆论，没有抵制，也没有抗议信。这种沉默表明，人们既不关心也觉察不到任何区别。种族差异是听不到的，相反，它是人为设置的，是任意支配的。黑天鹅的高尚音乐的骤然兴起和它的消亡，白人音乐家录制的欺骗性的唱片，都证明了音乐中似是而非的种族界限。黑天鹅的经历表明，种族的区分既不是自然的也不是固定的。同样的，事实上，没有引起任何人的注意，黑人和白人表演的唱片就可以互换，证明了基于种族的音乐其实是多么不稳定的音乐类型。

黑天鹅在1923年的夏天出版了他们最后的唱片，投放了他们最后的广告。它曾被称为北极星般的公司，是很耀眼的指引性很强的光，而不是在夜空中闪耀不久就黯然失色了的火炬。尽管其飞行是短暂的，但公司完成了相当多既定的目标，即使只是暂时的。它发行了180多张唱片，卖了成千上万的光盘，其产品遍布国内外。在音乐方面，黑天鹅公司的计划也确实是成功的。黑天鹅推出的弗莱彻·亨德森、埃塞尔·沃特斯、特里克茜·史密斯这样重要的艺术家。它发行了许多音乐家们一生都不会有其他机会录制的唱片。

该公司的唱片达到了一些不太可能实现的目标。一个好莱坞的女主持人声称自己的团队因收录了黑天鹅的唱片而得到了改进。黑天鹅的唱片给法国作曲家达律斯·米约留下了深刻的印象。他在回忆录中写道："我永远不会厌倦我在黑人住宅区的一个小商店购买的黑天鹅唱片。"先锋派作曲家埃德加·瓦雷兹，对黑天鹅唱片有非常深刻的印象。他甚至写信给该公司，询问是否有年轻的非裔美国作曲家愿意和他在巴黎受威廉·格兰特的邀请一起研究编曲。用利奥波德·斯托科夫斯基的话说，威廉·格兰特从 1923 年到 1925年研究瓦雷兹，然后回到美国成为我们的一位最伟大的美国作曲家。

在政治和经济机会的双重限制下，音乐成为了非裔美国人面临社会和经济上的不平等的唯一的媒介。然而，黑天鹅将商业建立在一个以种族为基础的市场上，就削弱了其成功的可能性。尽管这种连锁反应提升了黑天鹅的市场地位，但是这大多要归功于非洲裔美国音乐家（即使这也一般局限于蓝调和爵士音乐家）和黑人的报纸，同时也得益于由白人拥有的公司打出了大量的音乐产业的广告。

1924 年 5 月，佩斯宣布，纽约唱片公司开始租赁黑天鹅的目录并将通过自己的商标重新发行黑天鹅最重要的唱片。佩斯声称这是他可以提供的最好的交易，但一些同时代的人，如活动家钱德勒·欧文，谴责这笔交易，认为这就像是一个狮子和羔羊躺在一起的"合并"，他们之间的结局只有羊羔在狮子的肚子里。佩斯反驳说，他会卖给一个黑人拥有的公司，如果在商业中存在着另一个黑人拥有的公司。他还反驳说，他们保留了唱片的所有权和租赁权，这保持了黑天鹅项目的完整性，而不是将他们彻底地出售。虽然他拒绝承认如果没有资本去生产和销售唱片，那么那些大师们的所有权总额就会很小。事实上，尽管佩斯希望恢复黑天鹅，但是后来什么也没有发生。

正如佩斯和欧文之间的分歧，黑天鹅的问题作为一个种族商业问题已经超越了个人所能决定的范畴。他们普遍反映在二十世纪二十年代黑人经营的困境。在《曼哈顿黑人》（1930）的最后一章，杰姆斯·韦尔登·约翰逊（他的妹夫是黑天鹅的董事）表达了自己的立场。他认为，以种族为基础的商业基本上是行不通的，"我们不期望在哈莱姆区或其他地方建立一个严格的以种族为基础的商业"。利来·琼斯谴责由于美国黑人中产阶级的成长和影响，整个黑天鹅的实验成为了最残酷的和荒谬的情况之一。在留声机行业中，扩大其他企业对非洲裔美国音乐家的开发程度是相对容易的。在二十世纪二十年代末，几乎所有的唱片公司都成立了专门的"种族"这一分类，此种分类仍然是企业一个普通的组成部分，直到在二十世纪四十年代，它才被改名为"蓝调节奏"。

黑天鹅的发展由于这个项目的三方目标的优先权的问题而有了更多的障碍。振奋的概念能够赢得许多目标和计划，而这些有时也会南辕北辙，会损害能够使人振奋的成功的潜力。一方面，黑天鹅还致力于那些传播福音的严肃音乐，而另一方面，它还尽可能地录制由非裔美国人创作的各种各样的音乐。同时，为了从种族的桎梏中解放文化也为了促进"种族事业"，黑天鹅力争树立一个自立的经济模型，但这最终也是依赖于成功的商业音乐。这三个目标意味着黑天鹅的音乐发展方向是不同的三个目标，公司无法调和这种冲突，即是优先消除在日益激烈的市场竞争中资金不足的问题还是先谋求发展。

在认识论的研究上，黑天鹅是感性知识的隐喻，也就是说，是从具体的实例或经验去推导一般性的结论。戴维·休姆设计了这样一个问题：一个人只是因为自己从来没见过黑天鹅就能推断所有的天鹅是白天鹅吗？（事实上，这样的天鹅，后来在澳大利亚被发现了。）黑天鹅最初的成功，和它短暂的生命力一样，反映了"民主"文化的棘手。基于音乐产业的现实情况，黑天鹅和维克多公司是极为不同的。维克多因其商业价值而推动音乐教育，而黑天鹅特别强调"严肃音乐"，试图通过音乐真正地使种族振兴。维克多拥有巨大的唱片发行量，因为它总是选择相对较少的成本而获得利益最大化，而黑天鹅则试图证明自己在一个真正的创造性的产业中的地位，但是没有解决其与工人阶级文化的不相适应性。维克多的埃尔德里奇·约翰逊几乎没有表现出对音乐的兴趣；哈里·佩斯则是懂音乐也致力于音乐商业的人。

哈里要比音乐行业的其他领袖更明白，唱片公司是在最广泛的意义上做文化。他们的唱片，他们的广告，他们的表演艺术家，所有这些都影响着社会关系和社会权力的分配。佩斯抓住了音乐和权利之间的核心问题：音乐领域是如何被定义的，谁定义的。他明白音乐的意义，并不仅仅依赖于唱片的录制也依赖于那些与唱片相关的信息：这些信息是如何传达给消费者的？唱片是如何在市场上体现功能的？黑天鹅最大的明星，埃塞尔·沃特斯，因其在唱片销售中的曝光受益匪浅，但她不得不接受别人来决定她是否录制蓝调或更有"文化"的东西。虽然佩斯是致力于挑战具有文化力量的一些结构，但毫无疑问，黑天鹅是沃特斯录制何种类型的唱片的最终裁决者。

在黑天鹅消亡之后的几年，人们针对通过音乐或其他艺术形式实现种族振兴的方式进行了多重尝试，但都不再像佩斯的公司那样是基于生产的。相反，这些尝试往往是面向作曲或表演的，这是基于一种自动的改变人们的思想和行为的艺术力量。哈利·佩斯从未如此轻信，因为他明白，影响材料的条件取决于对材料资源的控制。然而，黑天鹅的项目表明，调节崇高和平凡甚至比佩斯预期的还要更复杂。黑天鹅的负担在于，要建构从精英文化到大众文化的通道，要面对音乐盲和音乐种族主义，要调和在资本市场上寻求生存和发展之间的矛盾。这样一个过程的危害是显而易见的，并且没有安全的通道。

音乐音景的现代性

由于经济大萧条的出现，在美国的日常生活中，音乐产业和其他行业一样，与半个世纪前有所不同。在许多情况下，音乐越来越广泛，但其变化不仅仅是在声量上的增加。事实上，现代社会的音景是受到一些情况的持续迫使而产生的，这些情况包括工业机械、汽车交通和城市街道上的人群。音乐属于两个阵营，一方是作为现代声音的一部分得以扩散，另一方是作为控制现代社会这些声音的力量。之前，从来没有这么多种形式的音乐在这么多种环境中被听到，也从来没有将音乐的经济价值如此广泛地利用。

新的音乐音景的出现是作为一种民主文化的象征出现的。关于这一点，最犀利的批判家之一是作曲家和教育家丹尼尔·格雷戈·梅森，他认为，这不是一个"音乐的黄金时代"，正如一些同时代的人认为的那样，这确实是廉价和肤浅的时代。在"音乐贬值"的时期，在梅森于1929年发表的一篇文章中，他猛烈抨击了工业生产思想的渗透使音乐文化退化并束缚了市场，剥夺了其作为超越人类一般表达方式的可能性。梅森写道："我们的根本错误似乎是对机械生产量的方法没有批判性的假设，他们标准化的产品、便于销售的市场和其他的方面，可以和我们更重要的精神利益，如艺术，取得相同的成功。"事实上，梅森是一次音乐欣赏运动的主要倡导者，但现在他完全觉得对那样的结果感到颓废。

在某些方面，这是一个守旧的婆罗门的观点。作为十九世纪音乐创立者之一、美国公立学校音乐教学运动的创始人之一洛厄尔·梅森的孙子，丹尼尔·梅森在哈佛毕业时写了关于欧洲艺术音乐传统的作品。相反，同时代的更著名的音乐人则主要集中在纽约，并沉浸在爵士乐中，他们大部分是犹太人或移民。

然而，梅森关于商业和机械化的普及影响的观察得到了广泛的证实。例如，《美国生活的音乐》的作者奥古斯都·但泽，对梅森的关于美国音乐活动的商业方法的观点引以为豪。"我们的研究与政府和商业机构做的频繁的经济调查相似，这是基于对我们的资源和通过他们发展获得的财富的估计以及对进一步发展的可能性的估计。"此外，梅森的批判针对商业驱动和机械化影响的情况。经过几十年的发展，新的音乐秩序在企业并购浪潮形成期结束。经过几年的大萧条，新的音乐秩序受文化和经济的影响是显而易见的。音乐文化，无论是作为行为的表现和审美的作品，还是构成社会物质与精神关系的一个组成部分，现在都以一种与半个世纪前完全不同的功能出现。通过电喇叭，人们已经前所未有地被声音包围了，并通过多媒体这种形式使音乐成为娱乐和通信设备永久的关键的一部分。

因此，不包括梅森的审美判断，他涉及到现代音乐音景的评论是自相矛盾的。也就是说，观众日益集中的真正的民主化与文化生产的高度集中的管理结构是同步发展的。一方面，新的秩序以一个巨大的、前所未有的规模让无数人听到、感受到音乐，并广泛地被音乐感动。另一方面，这种扩张取决于一个以越来越大的资本投资和高度技术以及音乐知识为基础的限制性生产系统。

在机器时代聆听

音乐和机器之间的关系发生了变化，人们对此的反应非常不同。一边是支持者，他们把自动钢琴和留声机作为一个积极的社会变革的工具。他们认为，机器可以提高大众的品味，并且可以作为防止流行音乐的社会腐蚀作用的堡垒。厄内斯特·纽曼，二十世纪早期最著名的音乐评论家之一，认为自动钢琴和留声机可以作为音乐振兴的伟大工具，正如著名评论家和作曲家泰勒认为的那样。泰勒说："自动钢琴必须被认真对待……它必将对下一代美国人民的音乐品味产生巨大的影响，如果精心引导，必将成功地提高大众的音乐品味。"他的话给那些早期的评论家以反击。卡罗尔·布伦特·奇尔顿也曾经欢迎自动钢琴成为能够排斥流行歌曲审美观的"重要的永久性的乐器"。还有其他一些支持音乐和机器之间融合的人，他们从不同的角度阐述了自己的观点。比如，亨利·博士伦，1928年在美国政治与社会科学院进行年鉴的写作。他说，音调可以是标准化的，为什么音符不能标准化呢？这可能是可以由机器演奏完成的。更加激进的说法是，作曲家和评论家们看到留声机和自动钢琴后认为，这些是解放作曲家并且能直接提供与听众沟通机会的东西，从而绕过演员的干扰。在德国写作的 H. 施密特和在美国写作的鲁伊尔·阿勒福尔以及弗雷德里克强调了机械音乐的巨大的潜在艺术效益。例如，施密特认为理想的音乐时代是，"感伤主义者的阻力将无法阻碍音乐的发展。口译员的角色将属于过去"。

持批评意见的另一方站在纯粹主义者或人道主义者的角度，在他们的眼中，由机器制造的声音绝对和作为艺术的自然音乐有本质的不相容性。正如亚瑟·怀特在 1919 年的《耶鲁评论》中说的那样，"音乐的表现取决于对人性的弱点的揭露"，而机器是故意设计来消除这种影响的。这也是丹尼尔·格雷戈·梅森的立场。他发现了机械化音乐艺术的商品化问题的症结所在。"最根本的、根深蒂固的音乐缺陷是它的标准化，批量发行和客观的质量违反了重要的艺术表达的独特性和个人的偏好，"梅森写道，"商业可以吸引每一个人，但对于那些希望用他自己的反应和从自己的角度考虑的一些人来说，他们能够从中获得的东西则很少。"

在支持者和纯粹主义者之间的人们都认为，机械音乐不一定是乌托邦，但是在一定范围内，机器的东西可以产生有益的影响。H.G.威尔斯于1908年出版的一部小说中说到了自动钢琴，它可能是一个"音乐大猩猩，手指的长度都一样，但它有一种灵魂……这对于我来说就是所有音乐的世界"。对一些乐观主义者来说，留声机和自动钢琴不会产生"真正的艺术"，如果非要说明的话，他们可能只是传达了一种愉快的、人造的艺术。在1914年出版的《自动钢琴：怎么样和为什么》中，米赫认为，尽管机器不会把疲倦的商人变成艺术家，但它仍然是愉快的。另一种观点认为，留声机是声乐教学的重要辅助工具，但不能使学生在实践中得到充分的模仿训练。其他人发现，机器非常适合于流行音乐，但不够适合更复杂的音乐形式。"我钟情于自动钢琴，"作家威廉在给小说家加迪斯的一封信中谈到，"他的孩子有自动钢琴，其中只有少部分是糟糕的，大多数的作品都有一定程度的伟大性。"

也许最有趣的"乐观主义"的反应来自于现代主义作曲家和评论家，然而，他们发现了自动音乐机器新创意的可能性。从1917年到大概1930年，伊戈尔斯·特拉文斯基谱曲的或安排的众多作品都可以被传统的钢琴和自动钢琴演奏。在不放弃传统的钢琴的情况下，斯特拉文斯基把自动钢琴解释为，"以一种新的方式使音乐合法的手段"。选择从视觉艺术的角度来描述这个作品，他写道："我所寻求的结果是那些石版画或精细雕刻，在这里面，艺术家在原版基础上完成了他的工作。原版是自己亲手完成的工作。只有平版印刷或雕刻的过程是机械化的。"作曲家厄恩斯特·托克直截了当地说："这种工作的目的是补充，而不是取代其他形式的音乐。"早在二十世纪二十年代，拉斯洛莫·霍利·纳吉就想象将留声机在音乐作曲中作为一种创新的元素；库尔特·威尔在他1927年的作品《探戈天使》中包括了留声机的录音节目；而米特和托克尝试用留声机作为声波处理的一种手段，并预言了几年后约翰·凯奇熟知的留声机组合物。

在大西洋两岸，作曲家摒弃了传统的音乐智慧，建立了一种音乐、机器和现代工业音景的新关系。在1913年，意大利的未来派艺术家路易吉·鲁索罗发表了一份宣言——《噪声的艺术》。他呼吁一种创造音乐的乐器，这种音乐是基于铿锵的现代工业生活的噪声的。他发明了这种仪器，他称之为"intonarumori"，他希望申请专利并推向市场。然而，未来派艺术家的美学被第一次世界大战逼迫出了正轨，在此期间，鲁索罗的所有仪器被摧毁。之后，在巴黎和纽约，美国的乔治安·泰尔演出了他的《芭蕾舞公司》。同时，在1916的《纽约早报》的采访中，一年前移居到纽约的法国作曲家艾德佳·瓦雷泽，也呼吁新乐器的发明。这些作曲家对很多永恒的音乐信仰表示质疑，他们一起挑战了一些音乐相对于噪音、人相对于机器、城市音景相对于演唱大厅气氛的音乐文化结构的二分法。

在人们关于音乐音景中的机械化的观点中，有些观点仍然深深根植于音乐的过去，而其他的观点则兴奋地走向了未来。在不同的时刻和不同的情况下，某一个观点可能要求得到更大的关注，但一般情况下，并不是以单一的观点为主。事实上，这一主题观点的多样性对音乐产业产生了相当大的好处。任何一个单一的观点，甚至是助推器（其思想最密切符合行业的营销说辞），都不比这种多样化的观点更好。然而，观点的不同并不重要，重要的是技术是否被广泛采用。辩论是一回事，社会反应是另一回事。这些讨论真正在乎的是，音乐机器是以怎样广泛的程度进入了人们的实际生活中。

　　在1932年的《走向新建筑》中，勒柯·布西耶的现代主义宣言称，反传统的建筑师定义的家是"居住的机器"。在那些应该为理想的住宅添置的产品中，他列举了留声机、自动钢琴和收音机，其无形的音乐将反映生活的良好品质。"这些虽然不能给你一流的音乐，"他写道，"但你可以避免在音乐厅里感冒，也不用面对艺术名家的冷漠。"然而，在一间真正有居民的房中，家里的声波是可以产生刺耳的影响的，正如罗波·戈德堡的1924年的漫画中所描述的。在这座房子里，这个不幸的人到处寻找一个安静的地方，但每个房间都被现代生活的喧嚣充斥，这些声音来自自动钢琴、留声机、收音机、电话等。最后，这个人终于在墓地得以休息。和平与宁静已经消失于生活中，听觉冲击是现代生活存在的必然条件。虽然这个漫画所描述的最严重的噪音，在现在看来是多么不起眼的噪音：现在，电视已经代替了自动钢琴，其他物品也有了替代物。但是，这幅漫画描述了一个与我们现在的生活几乎没有区别的音景。事实上，戈德堡见证了现代世界的音景形成的那一刻。

早在 1909 年，E.M. 福斯特在《停止机器》中就参与了社会中音乐机械化的讨论。他描绘了一个关于"地下乌托邦"的简短故事。在那里，音乐通过"音乐管"和地球表面的生活经验联系，这些音乐管无处不在。虽然音乐和声音以许多方式进入了这个故事，但是，福斯特以一个微妙的方式声称，在这个社会里，音乐的基本功能是提供消遣。故事中有一个场景是，当主角瓦实提变得狼狈不堪时，试图不去想步履蹒跚的机器。这个看不见的类似电脑的"机器"，调节着人们生活的方方面面。她脱口而出："让我们谈谈音乐吧。"然而，更要说明的是连续的噪声——低杂音是从现代社会不发挥作用的方面分离出来的。这种持续的声音是声音生态学家 R. 默里谢弗之后称为音景主旨的一个例子。当机器经历灾难性的故障，瓦实提和别人一起被听觉环境的瓦解所毁灭。"然后她倒下了，用了一个意想不到的令人恐怖的沉默停止了活动。她从来不知道，沉默及沉默的到来几乎杀死了成千上万的人。自从她出生，她已经被持续的嗡嗡声所包围。这种人造环境的东西到了肺部。"通过声音和沉默、音乐和机器的使用，福斯特显示了社会的组织结构、环境和"自然"的人类经验之间的互构关系。

罗伯特·林德和海伦·梅里尔·林德，在他们关于米德尔敦的经典研究中，从 36 个城市的研究结果中得出：59% 的被调查者的家中有留声机，51% 有钢琴，1% 有竖琴，11% 有其他的乐器。毫不奇怪，在林德夫妻的详细研究中，发现在曼西和伊利诺伊州（米德尔敦）中上层收入的家庭中拥有乐器的比例最高，但是超过 23% 的工人阶级家庭也拥有留声机。对于收音机的拥有情况，在 1924 年两人进行调查时，它仍然是相对稀少的，如果在未来的几年发展不均衡，它将急速发展。到二十世纪三十年代为止，美国 40% 的家庭拥有一台收音机，在城市地区这一比例更高，特别是在东北部和中西部。在南方，许多农村家庭没有电，收音机普及得更慢，但这些家庭常常渴望获得手摇留声机。根据社会学家查尔斯·约翰逊于 1930 年对穷人做的一项调查中显示，亚拉巴马州梅肯城的农村非洲裔居民，超过 50% 的家庭没有室内下水管道，但 12% 的家庭拥有一台留声机。

威廉·福克纳的小说《我弥留之际》（1929 年），为当时南方的留声机拥有率提供了一些线索，也对留声机的强大力量和迷人的影响给出了一些想法。这本书追溯了一个贫困家庭扶送妻子灵柩到城里去埋葬的艰辛旅程：长子卡斯，希望买一台留声机。当时的情况不允许他这样做。但是，在故事的结束，他和家人围在一起通过留声机听邮购来的唱片。留声机不仅验证了卡斯特有的想象力，而且福克纳断言，卡斯享受音乐和声音带给人的不同的感受，与留声机中传出的音乐类型无关。

在 1920 年，美国的大多数人还居住在城市地区，音乐不只是在音乐厅、歌舞厅、歌舞杂耍表演、歌剧这些人们可以预想到的地方播放和传播。在餐厅、商场、酒店、咖啡馆和其他公共场所，如学校和公园也播放和传播。十九世纪，产生了建立公众音乐会的运动。在二十世纪二十年代，在公园的音乐会组织非常兴盛。在战争期间，即使是中型城市，每年也会组织超过一百场音乐会。同时，手摇钢琴、歌曲推手和街头音乐家使街头出现了更多的音乐，私人商业机构则试图用音乐从街头招揽生意。例如，电影院经常把门打开，让音乐从里面传出作为一种宣传形式来引诱路人。一个电影评论家称，他作为圣路易斯最好的剧院的钢琴演奏家被解雇了，是因为他的演奏没有被外面的听众充分认可。许多音乐音景的公共元素在二十世纪初期被建立起来，但二十世纪二十年代中后期，随着无线电台的兴起与电喇叭的到来，听觉环境变得更嘈杂了，但这其中仍然有音乐。

无线电广播的商业发展始于 1922 年初。收音机是由马可尼在无线电报的实验中发展出的一个分支，这是由第一次世界大战引发的技术创新所衍生的一部分。特别是在美国海军、美国电话电报公司和美国通用电气公司的赞助下，在战后的岁月里，收音机行业的发展打下了坚实的基础。在许多方面，无线电广播的发展与留声机的发展相似。它不仅涉及设备和声音之间的复杂关系，而且无线电也经历了竞争对手之间的（有线和无线）、严格的设计变化和越来越倾向音乐内容的战争。无线电是由点对点通信起源的，但在二十世纪二十年代中期，其商业发展的重心转移到一次性的广播或发送到多个接收者。以戴维·萨诺夫的话来说："我们要使那些购买RCA收音机的人可以用那些仪器接收我们的广播，并且感到满意。"同时，为了使无线电设备更能被女性接受，设计简化的接收器把笨重的电线和复杂的控制器都隐藏了起来。此外，在二十世纪二十年代中期，类似早期留声机的喇叭花形状的扬声器取代了此前人们不得不依赖的耳管。这时的收音机可以把声音播放到整个房间或几个房间，这个改进使无线电广播全面地进入人们的生活中成为可能。

电台没有成为一个固有的音乐媒介，但正如维克多公司发现的那样，音乐能非常有效地为电台招揽听众。在1926年，在全国主要的广播电台中的一个调查，五十个广播员中有四十九个说音乐是最受欢迎的节目种类。然而，无线浪潮发展逐渐淹没了音景。发现无线电成长势不可挡的那个先知是丹尼尔·格雷戈·梅森。他思考道："有一些从街头扬声器脱逃的音乐吗？"英国作曲家及指挥家克斯特·兰伯特几年后明确指出，这种音乐的泛滥不局限于美国。他读了《音乐衰落之研究》之后，将音乐状况和经济萧条联系起来。他将两者都看作是一个"生产过剩"的问题："从来没有这么多的食物，就从来没有这么多的饥饿，……从来没有这么多的音乐制作，就从来没有这么少的音乐体验。自从留声机的出现，尤其是无线电出现以来，某种类型的音乐就无处不在，无时不在……扬声器是公众的一个威胁。"事实上，在 1929 年《华盛顿邮报》关于噪声问题的调查中，读者把无线扬声器排在第一位。

表面上，梅森和兰伯特的反对似乎是阴郁的旧时代的音乐人的抱怨，但他们的批评说明了，音乐是如何改变社会和经济秩序的。在二十世纪二十年代，消费和消费品的意识及其对社会关系的影响在英美生活中更加普遍。音乐在这个过程中所起的作用是显而易见的。在关于米德尔敦的研究中，林德夫妻称，从十九世纪九十年代到二十世纪二十年代，在成人社会背景下，唱歌和参与音乐制作的程度有所下降，而已存在的娱乐却人气飙升。同时，卡尔·维克滕徘徊在有限的交响音乐会日程安排的道路上，这就阻止了纽约的音乐爱好者"当你想要时听你想要的"。他抱怨说："一个人……在图书馆或是享用他的小牛排时想点他的歌曲。"这同时也表达了一种新的消费者权利。事实上，音乐和其他消费品中蕴含的价值标志着几代人之间的本质区别。"老人们愿意把不情愿地挤出的每一美元都投入房地产和银行，"乔治·简·南森和 H.L. 门肯在《美国信条》（1920 年）中提到，"但年轻人把他们的财产投入到留声机、福特车、白衬衣、黄色的鞋、布谷鸟钟、时下骗子的版画、石油股票和自动钢琴中。"

随着音乐越来越广泛地与消费相联系，音乐性本身的定义发生了改变。早些时候，它是指作曲家和演奏家的技巧和天赋。在新音乐秩序下，这仅仅是对音乐的一般的亲和力和开放性的一种信号，尤其是"好"的音乐。"如果一个人喜欢听好的音乐，那么他就是擅长音乐的。"这一音乐概念的扩展位于"音乐欣赏"运动的核心，这一运动是在第一次世界大战前后几年发展起来的。音乐教育家和评论家压倒性地赞同和支持音乐教育和表演，但他们的分歧在对音乐的欣赏上和对机械音乐制造商严重的依赖上。劳伦斯·欧，为《音乐季刊》撰稿，他宣布，留声机、自动钢琴和电台"为成千上万的人开辟了广阔的前景，这些人是音乐教育技术不足、到目前为止无法拥有制作好音乐的知识的人"。然而，怀疑论者表示了对他们所提供的教学形式和功效的怀疑，也关心资质不好的听众的产生。《纽约时报》的观点听起来是矛盾的："孩子们在他们早晨集合时被要求听五分钟雄壮的歌剧。"更多的公开的批判聚焦在听众的被动性上，甚至一些音乐欣赏的支持者们也勉强承认，大多数听众仍然无知并且很容易被表面的繁荣所欺骗。"对大多数观众来说，音乐会是一个'感官享受'的经验，他们完全缺乏审美理解，"康斯坦丁诺·斯腾伯格写道，"他们的掌声仍然可能是完全真诚的，但在绝大多数情况下，他们对信息的传达、作品的设计……仍然完全没有理解。"

因此，正如很多人认为的那样，具有讽刺意味的音乐越来越多，在像学校这样的正式场合和像咖啡馆这样的非正式场合，伴随着的是一个听起来退化了的新文化。尽管音乐评论家艾萨克·戈德堡的古典风格不是与流行音乐完全敌对的，他认为"今天的歌都是由机器制作的，机器演奏的，通过机器去听的"。特奥多尔·阿多诺写了大量的关于音乐与社会的作品，听而不闻是用流行音乐本身的商业形式使其处于正常状态的。仅在兰伯特的书出版之后几年，阿多诺就在《音乐中盲目崇拜特征和听力的退化》中声称，除了很多外部的社会和文化因素的影响外，流行歌曲音乐组织的推介使听众适应了这种可以"听而不闻"的流行歌曲。因为这种音乐公式化的可预测的属性，作为一项规则，听众很确切地知道这首歌是如何既有音乐性也有节奏感的，即使他们是第一次听到。对阿多诺来说，欧洲的"艺术"音乐的结构，无论它有什么样的其他缺陷，都得到了积极的要求和奖励，可以推荐去听，然而流行音乐却相反，因为它的形式和内容基本上是显而易见的。

然而，正如阿多诺和其他人认识到的，听而不闻的问题不仅仅是来自于音乐形式，而是植根于人们听到音乐的社会条件中。正如兰伯特描绘的在英格兰的情况的特点："不那么重要的是音乐的好坏，但是，英国广播公司通过自吹自擂而获得满足，认为大部分是好的。我们搭公车去听贝多芬演奏，在巴赫的陪伴下喝啤酒。"正如这些评论家认为的那样，这种冒犯就是对听觉体验的完整性的侮辱。"怎么可能会有任何艺术经验的价值，"梅森问，"在这种情况下，观众……可能在表演的任何时刻关闭……或在忽略了背景不太成功的谈话的任何时候打开它吗？"阿多诺在他对"电台交响乐"的猛烈批评中问了同样的问题。

大约在同一时期，在 1920 年到 1922 年之间，托马斯·爱迪生正在写一系列关于音乐的心理效应的研究，由沃尔特·凡·戴克·宾汉所在的卡耐基技术协会执行。他承诺给爱迪生那些得益于音乐的心理上的宝贵数据，爱迪生可以利用它来营销。如果这一想法完全实现，这样的研究可以使爱迪生刺激消费者对他的产品的消费欲望，或正如宾汉所说，研究的结果可能是有用的，把公众带到爱迪生先生提供给他们的音乐的情感效应中。虽然爱迪生自己似乎一直很怀疑，但他的副总裁威廉和其他人激情满怀地支持宾汉。然而，最终，宾汉的研究几乎没有提供给爱迪生什么有用的信息，他最终拒绝向宾汉继续资助。宾汉依旧进行着对音乐心理影响的市场研究，比如：什么样的音乐对安抚一个女人是有效的，在她忙碌了一天之后，那么她就会对她听和听到的东西之间的不同给予更多的关注。这项研究的重点在于为达到特定的情感或行为的影响而对声音的慎重使用，而并不是作为音乐去听或欣赏。（与此同时，宾汉继续成为一个重要的工业心理学家和智力测试的设计者，从二十世纪三十年代开始广泛应用于美国的学校。）

也许为了建立一个"听而不闻"的文化最系统的尝试，人们在工作中越来越多地使用音乐。这一举措，已经以第一次世界大战期间众多孤立的情况开始了，在二十世纪二十年代初通过音乐产业运动得以拓展，发现其最雄心勃勃的和复杂的音乐表达是在二十世纪三十年代背景音乐的发展中。战争期间，当留声机进入工作场所后，不完整的利益已经从提高工人的生产力或士气中浮出水面。战后，人们对音乐产生的行为及心理效应重新发生兴趣。1880年约翰·道格发现音乐可以影响血压、脉搏、呼吸。在二十世纪二十年代，研究人员又回到了音乐产生的心理效应的问题上，这时候他们的工作更加关注音乐在行为和工业心理学领域的作用。根据一些研究，工人要从事需要高度重复的工作，他们报告说当他们工作时播放音乐他们就感觉不疲劳。在同一年，随着"工业音乐"的运动，许多大公司开始赞助使用声乐和器乐的组合。尽管他们的行为与在商店中的音乐介绍不同，但他们代表了在音乐和工作关系之间另一个不断增长的兴趣标志。在工作场所中，一些音乐使用的目的是降低周转，另外一些是为了提高输出。所有的公司都试图用音乐来促进特定的生产材料和情感输出。

在某些方面，音乐与工作的整合一点都不新鲜。事实上，它像人类劳动本身一样有一个悠久的多样的历史。当人们收割时、纺羊毛时和铺设铁轨时，他们就唱歌。然而，在二十世纪二十年代由乔治·欧文斯·斯奎尔发明的有线音乐，在三十年代更名为背景音乐，标志着彻底打破了以前的所有工作音乐。背景音乐，该公司描述为"功能性的音乐"，包括那些著名作品的原始记录，他们将那些著名作品集中录制，通过有线网络传送给订购的商家。1936年初，在斯奎尔的继任者瓦蒂尔·卡钦斯带领下，制作的音乐适合于缓解人们工作日节奏的不平衡。传统的劳动歌曲来自工人，音乐来自于劳动或响应他们的劳动节奏。背景音乐是从外面传入人们耳朵的，和工作本身没有任何关系。相反，从雇主或音乐程序员的角度来说，音乐本身是接近这一观点的：通过音乐留下的印象是很重要的事情。我们提供音乐的目标是影响人，而不是分散他们的注意力。在二十世纪五十年代，Muzak 公司的前副总裁用这样的话解释了公司的产品，同样适用于之前工作场所中留声机和收音机的使用。他说，背景音乐是"非娱乐性"的，目的是让人"听到"，而不是"听"。

文化产业的诞生

在二十世纪二十年代，当音乐在工作场所兴起时，音乐家开始按合约工作。在电影业和广播业的早期发展中，对现场演奏的音乐家有着很大的需求量，但这种情况在二十世纪二十年代末发生了逆转。尽管最初的电影业和广播业并没有与音乐界有业务往来，但在二十年代末，电影业和广播业都进行了一次彻底的重新配置，这推动了固定音乐链的产生和对现场演奏的职业音乐家的需求的急剧收缩。总的来看，这些震撼性的变化改变了娱乐业的基本结构。

在二十世纪二十年代中期，留声机和电影组成了流行音乐业中最有影响力的两个部分，但直到那时它们相互之间还没有形成直接的联系，尽管它们的形成有着相似的路径。毋庸置疑，它们之间有着惊人的相似度。在十九世纪九十年代，那时留声机还没有成为店里的配备，专门的电影院还未问世，录音和电影起源于游乐场和集市。这两个媒体周边的产业经受着旷日持久的专利纠纷、间歇性的反垄断诉讼，还有贬低大众审美或腐化年轻人的大范围指控。

尽管留声机和电影并没有交集，而是平行发展，但电影业也并不是与音乐完全无关的。有悖于电影"沉默时代"的神话，电影常常在重要的方面会包括音乐和声音。现场演奏的音乐家们在屏幕上提供听觉伴奏的图像，当然，他们的音乐还可以让嘈杂的人群保持相对的安静和将外面大街上的潜在观众吸引过来。经常是独奏钢琴或风琴师提供伴奏，但不少音乐家都拥有不同的乐器。没有多少音乐厅能提供可以与纽约国会大厦剧院或罗克西剧院相媲美的场面，前者拥有八十组管弦乐队，后者管弦乐队成员超过百人（大约在1927年），但每个剧院都有特色音乐，通常一周上演六或七晚。音乐不仅在电影过程中出现，也成了放映前和放映后的惯例，成为电影景观的特色部分。考虑到表演者，至少是指挥，必须能看到屏幕，所以音乐家必须出席以能看得到，听得见。虽然提供现场音乐的必要性使剧院背负一笔很大的开支，剧院主却明白，这是做生意不能少的一笔费用。据1921年的影院参展商商会上报道，音乐在好影片中的出现率占到百分之四十，不好的影片中音乐的出现率达到百分之九十五。到了1926年，大约22 000名音乐家在美国的影院工作，来自这个队伍的演奏者占到美国音乐家联合会成员的五分之一。

最初时，由音乐家或乐队指挥决定最适合影片的音乐，他们的判断常常是基于音乐对本地观众的感染力。电影公司和影院业主认为音乐很有价值，往往是因为它能增加影片的感染力，但他们抱怨音乐要依赖现场表演。结果，对音乐家的挑战于二十世纪一十年代开始，尽管开始时收效甚微。1915年左右，电影公司开始将"提示表"与他们的电影一起发送，指出具体要演奏什么样的音乐、何时演奏，由当地的演奏家演奏。最终，几乎所有影院都建立了音乐部门，配有全职或兼职音乐家、编曲者和完成每一部电影音乐的抄写员。在大多数情况下，音乐包括加入部分流行歌曲的非原始知名古典作品片段和容易执行的声音效果。"提示表"表明了标准化和集中化电影音乐的行业意图，但是电影制片方在规定实施音乐指令方面权力很有限。实际操作中，很多音乐家和乐队指挥会从"官方"乐谱中挑拣他们想要的部分，或者直接弃之不用。

在1926年，华纳兄弟公司介绍了其最新的维太风技术，这种技术可以有效地使声音与移动影像同时出现在屏幕上，这个想法，电影制作人们已经用了二十多年的时间断断续续地进行尝试探索。华纳兄弟公司与西电公司共同开发的这种技术，将用电记录声音，之后用录音式盘播放，与电影的视觉元素精确同步。用唱片来为影片配唱的首次尝试是在1926年8月6日，在纽约百老汇的华纳剧院，有一系列的短片和一部长篇电影。值得注意的是，其中一个短片中有由大都会歌剧院的主演乔凡尼·马蒂内利唱的《穿上戏服》，来自列昂卡瓦罗的《丑角》这部戏，是已故的恩里科·卡鲁索最著名的一部戏。之后，1927 年华纳兄弟发行的《爵士歌手》遍布全国各地，很难想象美国娱乐业还会有比这部影片更适合作为转折点的电影。在影片中，贾姬·拉比诺维茨是纽约出生的观察力敏锐的犹太移民的儿子，立志要成为一名杰克·罗宾名下的舞台歌手。由杂耍表演的大明星、叮砰巷最有影响的制造商艾尔·乔尔森饰演，贾姬在旧世界和新世界中挣扎，他的父亲希望他成为一名领唱，而他自己想当职业艺人。虽然标题是爵士乐，但这部电影主要的音乐美感却来自杂耍表演，并带有明显的叮砰巷特色。

　　剧情开头是贾姬被迫在他职业的突破和遵守他生病的父亲的愿望之间做出选择。面对神圣的宗教仪式音乐与百老汇演出，贾姬选择退出商业领域；但由于运气，他最终同样也取得了突破。这部电影不仅解答了关于贾姬进入流行娱乐界的顾虑；同时，通过利用常规的标题卡和同步录音技术，在电影技术新时代与旧时代间架起了桥梁。"等一分钟。你还什么也没听见"，乔尔森在完成他的第一个音乐秀后，立刻跟一个屏幕上的观众和现场的电影观众说。影片的成功和新技术很快使其他工作室迫于压力而开发自己的声音技术，到了 1932 年，只有百分之二的电影院缺少技术设备来呈现电影声音。留声机界和电影界之间的另一个相似点是，华纳兄弟公司像之前的维克多公司一样，在竞争激烈的公司中处于最弱的竞争地位。在华纳兄弟公司追求他们危险的商业冒险时，他们公司是当时的主流电影制片厂中最小的一个。正因为如此，可失去的东西也同样最少，而一旦成功，必将获得很多，就像二十五年前的维克多留声机公司拥有的那么多。

在电影领域，转型甚至体现得更快更明显：当电影和有组织的音乐产业分别占领世界时，一个时代结束了。《爵士歌手》不仅开创了"有声"时代，也开创了好莱坞音乐时代。电影巨头们开始分析，如何更好地利用新的声音技术呢？还有比通过音乐更好的方式吗？为了系统化电影音乐的生产，好莱坞电影公司继续进行批量买断叮砰巷的歌曲创作和出版公司。在二十世纪二十年代后期和三十年代早期，他们几乎都搬迁到了加利福尼亚南部。拿华纳兄弟公司举例来说，他们通过其新成立的音乐出版控股公司收购了十一家出版企业，从1928年11月收购维特马克公司开始，紧接着在1929年收购了T.B.哈姆公司、德·席尔瓦公司、布朗和德森公司，还有杰罗姆·H.雷米克公司。同时，还收购了包括美国无线电公司旗下的里欧·费斯特公司、雷电华公司旗下的卡尔费斯彻、米高梅电影制片公司旗下的罗宾斯公司、福克斯公司旗下的红星公司。这个收购浪潮导致的一个结果是电影制片厂同时作为出版商，很快也主宰了美国作曲家、作者与出版者协会。所以，到了1935年，华纳兄弟公司，米高梅电影制片公司、派拉蒙电影公司和二十世纪福克斯电影公司控制了美国作曲家、作者与出版者协会许可的一半以上的音乐。在二十世纪三十年代，好莱坞作为音乐剧制作引擎的重要性在另一个领域也增加了。当时，欧洲陷入混乱，美国电影制片厂成为前卫、现代主义的流亡作曲家的主要雇主。

观众喜欢有对白的和经常插有歌曲的电影，但电影的"声音革命"给职业音乐家带来了毁灭性的影响。在经济大萧条的影响下，一切变得更糟。在 1926 年，大约 22 000 名音乐家在美国电影院工作；到 1930 年，这个数字已经下降到 14 000 名；四年后，下降到了 4100 名。此后，电影音乐不再由本地生产而是以好莱坞为中心发行，在那里，电影音乐被电影公司控制，主流的作曲家和演奏者都在那里工作。尽管所有在剧院工作的音乐家都深受影响，但向"有声电影"的过渡沿着种族和性别这条线产生了特别的回响。许多剧院曾雇佣妇女作钢琴或风琴师，而在非洲裔美国人社区，电影院是非洲裔美国音乐家的重要工作来源。在这个意义上，好莱坞音乐劳工的集中，淘汰了以前由妇女和非洲裔美国人持有的工作，在他们最难找到其他工作的美国大萧条时期时更是如此。对影院主来说，为了播放新的有声电影而安装的必要设备代表相当大的初始投资，但它可以节约可观的劳动支出成本。这样可能要给业主更多的分红，但能消除他们对有时会旷工或罢工要求增加工资的工人的依赖。

二十世纪二十年代，广播电台的兴起和快速转型是电影业发展的有益补充。电影脱胎于摄影，在十九世纪中期得到发展；广播电台的产生来自电报的发展，也在十九世纪中期得到了发展。早期电影观众透过目镜、手摇的"放映机"单独观影；早期的无线电用户通过个人耳机收听电台。后来，影迷在屏幕上观看移动的图像，电台听众通过扬声器收听广播；也就是说，这两种观众适应了共享的社会经验。而且，就像电影院刺激了对现场演奏的职业音乐家的需求，之后在二十世纪二十年代晚期经历了一段突然的整合，无线电广播也是如此。

从早期的无线电广播来看，音乐传播代表了广播的一种理想形式。首先，无线电实现了把音乐和声音从远方带到家中的长期幻想。在弗兰西斯·培根的乌托邦式的《新亚特兰蒂斯》（1627年）中，他曾设想这样一个世界，我们能通过干线和管道在特殊的线路和距离上传播声音。爱德华·贝拉米回顾发展了这一设想（1888年），设想未来的公民能通过电话线在家听音乐会。E.M.福斯特设想用"机器中止"的方式来实现类似的音乐传播。发明家撒迪厄斯卡·希尔试图通过一个他称之为"电传簧风琴"的复杂的音乐技术实现这些想法，这是在1906年到1908年左右的一个短暂的冒险，在当时被广泛报道。对广播机构来说，此时，音乐有很强的实际吸引力。早期的音乐节目是由当地的播音员创立的，他们需要节目编排来填补他们的广播时间，因此他们向广大的业余音乐爱好者和专业音乐家打开了播音室的大门。各种各样的地方广播电台建立了最早的音乐节目。这种随意的节目编排有天然的优势，但也有风险。二十世纪二十年代中期，对现场的远程广播有了技术上的可行性时，电台管理人很快就开始策划由当地专业的管弦乐团在音乐厅和歌舞厅的现场表演。事实上，这些节目的流行使得全国范围的地方播音员都去争取更好的工资和工作条件。

从 1926 年开始，华纳兄弟首先展示了影音分离的电影技术。无线电则经历了其广播网的集中化和标准化，彻底改变了对当地专业演奏者的需求状况。1926 年，美国无线电公司收购了非常具有影响力的纽约电台 WEAF，成立了美国全国广播公司（NBC），由此开始通过 WEAF 向全国播送营利性节目。通过这种开创性的广播网，NBC 通过全国地方广播电台收获了前所未有的全国性的广告商，每个广播节目能收到 30～50 美元的款额。这个方案在 1927 年给 NBC 带来了 700 万美元的收入。紧接着，由一个 NBC 的新晋对手，哥伦比亚广播公司（CBS）建立了第二个广播网。到了 1931 年，NBC 称其广播网下有 76 个附属电台，CBS 称其有 95 个，并且每家电台盈利超过 230 万美元。这种增长对当地演奏家的需求有毁灭性的影响。遍布全国广播网的节目有专业的高标准，致使业余的和地方的广播专业水准跟不上。从那时起，全国广播站的音乐节目从城市中心越来越向外发散。

对于音乐产业的人来说，他们对于无线电广播的反应，从最开始的疑惑发展为最终的警觉。最快适应的是音乐出版商，他们协商出一个许可体系，以消除出版商最大的顾虑。事实上，出版商也看到，无线电广播可以推动其他音乐产品的销售（唱片、钢琴纸带、乐谱），无线电广播迅速成为出版商宣传新歌曲的主要通道。出版商不仅通过管弦乐队现场演奏收集素材，他们也有自己的电台节目，由此他们可以发布最新的宣传。当音乐产业在经济大萧条早期面临突然的收缩时，美国作曲家、作家与出版者协会与无线电广播的矛盾再次被激化，但是主要的争论点是许可的税率问题。关于电台能否为出版商盈利的问题早已消失。

尽管留声机业的领头人们预测无线电广播有积极的前景，他们却面临着一个更复杂的状况。1923 年，《留声机世界》强调了留声机商人从无线广播的普及中盈利的可能性，而不是从中遭受挫折。同时，1924 年 2 月，维克多公司建议这些商人在当地电台组织演出促销会。但是，私下里，这个行业中的人却十分担心。在 1924 年末，维克多公司遭受了公司历史上第一次圣诞季的惨淡销售。留声机业的评论员们甚至视无线广播为众多强烈的对手中的一员。《维克多之声》在第二年的夏天指出，从第一次世界大战开始，"娱乐活动在数量和多样性上有惊人的增长"，包括无线广播、电影、戏剧、和汽车（价格有所下降）。"十年前，五年前，甚至是两年前都没人能知道其规模会如此之大"，结果就是"娱乐份额的大争斗"。无线电广播业是极具侵略性的竞争对手。顾客买了无线电接收器以后，广播节目对顾客是不收费的，然而，留声机拥有者想听新的音乐就必须要买新的唱片。

留声机业面临的问题不仅在于商业竞争上，也在于人们的听觉上。因为收音机技术通过电传声器接受声音并用电扩音器将声音加强，所以收音机通常比留声机的声音更大更清晰，但留声机的声音技术在二十五年内却几乎没有任何改变。托马斯·爱迪生没有做什么回应，留声机的时运也越来越坏了。在 1929 年的 11 月 1 日，股市崩溃的几天之后，由半个多世纪前发明留声机的人创造的公司宣布他们将停止对留声机和唱片的生产。另一方面，哥伦比亚公司和维克多公司取得由西电公司——一个美国电话电报公司的子公司研究出的电录音技术的许可，并且在 1925 年开始准备公开留声机和唱片的新生产线。处在商业推进的前线的是维克多公司，他们发起了公司历史上最大的广告运动，开始时以 500 万美元的廉价出售了尽可能多的旧股票，之后，秋天时在其新线股加息。维克多公司创造了印刷广告、街头横幅和橱窗展示的广告方式；给名人、政客和其他贵宾播放试映；在经销商的商店进行演示，也在扶轮社、基瓦尼俱乐部和狮子俱乐部为经销商、教会团体、销售集团和其他社会集会安排演示。11 月，伴着震天响的鼓号声，维克多公司展示了 19 个留声机的模型，标价从 17.5 美元到 1000 美元不等，这些留声机可以播放新的"正位"唱片，次年又增加了 24 个模型，并第一次结合了电信号增强技术。

维克多公司在生产设计层面上的战略还有另外两部分内容，除了对正位唱片的介绍，还有正位唱片进一步标榜的录音与广播的和谐，以及音乐技术与日常生活节奏的融合。首先，从 1926 年开始，维克多公司开始销售其称之为"维克多广播留声机"的产品，这种产品是美国无线电收音机和留声机的一种结合。其他公司在早些时候就已经开始销售这种组合，但"维克多广播留声机"是这两个领域的领先组合产品。其次，在坚持了多年留声机是自己的产品、有自己独特的设计的基础上，维克多公司介绍了几种新的"平顶"模型，这种模型将留声机设备隐藏在内部。

维克多公司产品设计的改变形成了音乐产业技术融入日常生活的一个方面，那么令人眼花缭乱，甚至在二十世纪二十年代的后半期超越了国际留声机业的"合并热"。1926年，苦心经营留声机业三十年的艾迪面临健康问题，他将维克多留声机公司卖给了纽约投资银行家斯派尔公司和J.&W.塞利格曼公司，据报道，那是当时音乐界最大的一笔生意：艾迪作为最大的股东，分得2300万美元，其他的股东分得其他的700万美元。同时，维克多公司持续发展。从1926年到1928年，维克多公司吸收了其最大的独立分销商，总部设在纽约、巴尔的摩、芝加哥、达拉斯、旧金山和西雅图，并在1927年到1928年，通过收购加拿大维克多留声机公司（自1924年以来它就拥有控股权）、日本维克多留声机有限公司、巴西维克多留声机公司和智利维克多留声机公司拓展了自己的国际控股权。然后，它完善了收音机和留声机之间的结合，开创了综合多媒体企业集团的新时代。美国无线电公司在1929年收购了维克多公司。

同时，兼并和收购的狂潮也触动了维克多公司的欧洲子公司。至于哥伦比亚公司，在1923年面临破产危机，在1925年被英国哥伦比亚留声机公司收购。然后，由电子乐器工业提出了反垄断问题，斯德令公司被迫将美国哥伦比亚公司低价出售给美国的收音机和冰箱制造商格雷斯伯格鲁诺公司。三年后，格雷斯伯格鲁诺公司将哥伦比亚公司卖给美国录音公司。美国录音公司是在1929年由小录音公司组成的联合大集团，由联合电影工业公司持有。最终美国录音公司在1938年将哥伦比亚公司卖给了它的同名公司，哥伦比亚广播系统公司，它一直存在到1988年，直到哥伦比亚广播公司将它卖给了索尼公司。

最后，所有制变化的细节比音乐、声音和现代社会的相互作用揭露的细节要少。事实上，这种多国经营的、多媒体的联合突出了美国音乐产业在世界现代音乐音景的影响。打入国际市场并不足以彰显其本身，因为音乐市场在美国从来不是独特的，尽管在特殊的国情下市场已初具规模。音乐产业增长的国际化表明，美国再也不是欧洲文化的殖民地、一个文化的进口商，因为它在十九世纪就已经赢得了很多尊敬。在一些情况下，由于受到基于欧洲音乐现代化的非洲裔美国音乐的影响，我们能够看到其在影响方向上的变化。更重要的是，工业、经济、文化上充满活力的、跨国的结合，真正创造了带有浓重的美国特色的国际化的政治文化经济。这种转变在1880年于汉堡开业的施坦威钢琴厂表现得非常明显。1898年的第一个大陆盘留声机公司成立（德国唱片公司），由埃米乐·柏林发起。他是个来自汉诺威的美国人，将维克多公司在十九世纪早期共同收录的红色印章唱片集，和用多种外语录制的唱片卖给美国移民，用来作为建立美国国外市场的基本手段。虽然他们的出口量从未超过维克多公司总销售量的 6%，但这仍然包括上百万张唱片和上百万台留声机。（换句话说，这个相对低的百分比表明，比起国外的市场，美国这个市场非常大。）

此外，一旦音乐、电影还有广播结合在一起，音乐商业和其他娱乐产业之间的巨大差异就不复存在了，事实上，这是消费资本主义的音景建筑的顶层。在技术方面，广播播送了当下的声音，留声机保存了过去的声音，而所有的娱乐行业寻求塑造未来的声音。在理智、情感和感官层面，声音在私人场所和公共空间回荡，也对个人和社会经验产生影响。音乐的经济和文化的价值是无法离开音乐版权、录音技术、收音机和电影的叠加作用来评估的，反之亦然。最后，一些音乐在这种新形势下蓬勃发展，另外一些则受到了影响。可以说，没有音乐不受影响。这个事实在我们理解文化的意义和价值的方式上产生了影响，包括创新能力的价值表现形式，激发个体才智，锻造个人、社会和政治的联系。需要说明的是，这种结合不是浪漫化个人艺术的离散性，或盲目迷恋它们彼此关系的自主权。要注意的是，是连锁企业的所有权将它们捆绑在一起，而不是知识产权或审美的亲和力。

今天，锥形喇叭花状的留声机喇叭是二十世纪初的怀旧之情的符号，但在当时它们是绝对现代化事物的缩影。它们每个都代表了丰富的听觉享受，从它发出的是整个世界的声音。然而这个听觉富饶的年代并不是真正意义上的民主文化，尽管地位低下的消费者都能参加世界上最受尊敬的艺术家的演出。如果说音乐爱好者能有极大的自由从众多的商品中挑选，他们也没用平等的权利去开创他们自己的留声机公司或电台。这样做需要大量的资本、技术和法律专门知识。同时，那些业界的领头人们为了尽量减少竞争，会破坏新人或吸收他们，除非听众能够能在接收无线电广播的同时发送无线电广播消息。1932 年，贝尔托·布莱希特声称，广播仅是一个散布信息的工具，而不是交流工具，他的逻辑也指向了留声机。另外，行政官和经理在音乐产业的产量上比音乐家拥有更大的控制权。美国作曲家、作家与出版者协会，这个表演艺术著作权保护机构，拒绝让大多数的蓝调和乡村音乐艺术家入会。事实上，作为一个组织，美国作曲家、作家与出版者协会完全是非民主的，协会规定根据作曲家唱片的销售量分配投票权。新的音乐文化也不是精英管理。音乐出版商们绞尽脑汁地影响听众所听到的声音，他们可能削减表演艺术家的专营权费，或给乐队买一轮酒，或给电台节目总监送现金。至于录音公司，歌剧成了它们的标志性产品，不是因为它们相信它的文化和艺术优势，而是因为它好记录并且能帮助它们卖留声机。

音乐商业的理念、做法和机构并不会排除有意义的文化体验的可能性，但是也不能担保人们思考音乐和将音乐融入他们生活的方式将会永远改变了。同时，新的文化秩序永远不会是静止或同质的，文化产业权力的集中也并不意味着每个人都会有相同的经历。现代文化产业的建立标志着新流行文化发源的浮现，但是这种结合既不会是长期的也不会是紧密的。旧式商业文化竭力固守；新形式出现时，有时会持反对观点。主流文化中，多方仍然在持续博弈。

　　因此，新的音乐秩序在很多方面是似是而非的。除此之外，一个细微的改变也在发生。随着音乐共同生产者的范围越来越大，并且越来越复杂，他们生产的音乐和声音听起来越来越熟悉。二十世纪二十年代中期开始，戏剧在扩音技术、电录音技术和传递技术的提高，能使留声机和无线电传达以前会消失在噪声中的声音。1925年之前，制作一张好唱片需要歌手用洪亮的声音，巧妙地对着圆锥形的录音器唱歌。随着电容式麦克风和铝带式话筒的出现，人们已经可以轻松地记录对话的声音了。1933年，电台开始播放罗斯福的炉边谈话，总统的声音有熟悉和亲近的感觉，只是因为无线电声波属性中的变化可以有效地抑制权威冷漠的声音。他称呼听众为"我的朋友"，并且许多人相信了他的话。事实上，罗斯福是美国第一位声音被广为人知的总统，他向人们展示了如何用声音让这个世界显得更小和更人道。

后　记

在 1996 年，概念艺术家维塔利·柯玛、阿莱克斯·梅拉和作曲家戴夫·叟哲进行了一项关于人们音乐喜好的调查，以受访者对音乐的喜恶因素为基础，叟哲和另外一个合作者设计了两部分内容。第一部分"最想听的歌曲"，是由男性和女性用摇滚和节奏蓝调风格演唱的一个小合奏的情歌，有适度的持续时间、节奏、音高及音量范围。根据他们的数据，这个录音受到了 72% 的听众的"喜欢"，标准偏差为 12%。另一部分"最不想听的歌曲"结合了受访者最不喜欢的音乐元素。这是一段时长超过二十分钟的录音，这段录音在噪音与轻柔音量、高音与低音、快节奏与慢节奏之间冲撞。这是大合奏，用最不流行的乐器（风笛、手风琴、大号、班卓琴和长笛）演奏，伴随着女高音歌剧歌手的歌唱和说唱音乐、政治口号、押韵的广告词、背景音乐等。

这个专题研究是由相对应的一组"最想听的"和"最不想听"的歌曲组成的，但是该项目最具有实质意义的部分是"最不想听"的部分。"最想听的歌曲"就是流行元素的混合物，几乎与我们常在流行音乐电台听到的没有区别——那些不具反讽意义的歌曲，其目的是为了吸引尽可能广泛的市场。同样的原则在叮砰巷的老牌音乐人查尔斯·K.哈里斯和哈利·冯·提利尔一个世纪前写的关于歌曲创作指导性的书籍中也有阐述。相比之下，该项目中"最不想听的歌曲"包含了非常多的不被喜欢的元素，沉闷的、忧郁的元素却关系到流行的核心。"最不想听的歌曲"贴切地模仿音乐业务的实际工作；"最不想听的歌曲"模仿的不是基于创造性表达的独特需求，而是基于客观的汇总数据。这个项目的名称——"人们选择的音乐"，强调了对于"流行音乐"的定义是多么有问题。

在这样一个世界，音乐在如此多样的空间中呈现了如此多的种类，关于我们生存的听觉环境，人们通过选择音乐含蓄地提出了另一些问题：是谁让音乐出现在我们周围，为什么？什么样的条件使音乐在一个特定的时间和地点进入我们的耳朵？在这地球上有这么多种声音中，为什么是这些声音？因为音乐是个人化的，这样的问题很容易阐述。我们每个人与音乐都有自己独特的、自成一格的关系——我们都有自己的喜好、自己的记忆。对我们大多数人来说，我们的音乐喜好帮助我们定义我们是谁。然而，这种个人的、个体的联系，会模糊我们分享音乐文化起源、功能和影响的问题。为了阐明这些问题，首先要承认，音乐是一个社会建构，也是一个具有历史性的社会建构。我们对于音乐的常识和理解常常是归纳性的，是基于具体的例子的。音乐不是抽象存在的。通常来说，思考音乐时，要有一些特别的音乐在脑海中，这就意味着，音乐是创造于特定历史条件下并且是为了特定历史条件而创造的。

现代音乐产业的成就就是提高了人们所能听到的音乐的数量和种类，但同时，它引入了社会和经济的新形式。事实上，音乐产业的崛起导致了现代音乐文化的巨大悖论：一方面，观众和音乐作品的范围在不断扩大；另一方面，资本雄厚的公司的权力在不断增长，并且参与进来的生产关系在不断减少。消费者享受更大的选择范围，但只要音乐活动与消费相关联，音乐的界限就越来越依赖于是什么行业决定市场。就是说，在大多数人的日常经验中的音乐范围，基本上是由产业决定的。在产业内，音乐的商业价值优先于审美价值；产业内的利益就是避免挑战现有的社会秩序。产业内不断增长的优势使文化生产的替代模式日益稀缺。当短的、合唱型的歌曲更容易出售时，较长的叙事歌谣变得过时了。版权的价值使得新歌比旧歌更赚钱，行业推广不断出现新的制度，并控制演员远离传统的材料。当业界对非裔美国人怀有敌意的时候，种族主义的漫画是司空见惯的，黑人音乐家需奋力去找好工作。

在美国二十世纪三十年代成形的音乐文化从来不是孤立的，它的影响是不可估量的，是动态的。事实上，残存的前商业元素存在于主导文化中。现在永远不会彻底埋葬过去，也从来不会排除未来表达的可能性。老歌继续被传唱，尤其是在偏远地区或农村地区，那里的居民很少接触轻松的歌舞、电影和其他的现代娱乐。无论人们在哪学会的使用乐器或即兴唱歌，他们都重申了一个超越了音乐文化的音乐产业的定义。业余的和非正式的音乐制作不是同时消失的，的确不可能这样。一些旧元素仍然存在于唱片业，虽然是处于边缘地带。在二十世纪二三十年代，唱片公司开始制作旧时的小提琴手、班卓琴手、乡村演奏家的唱片，全部内容都能追溯到十九世纪或更早的时期。这样的唱片制作和发行都很廉价，他们的表演者从制作费和版权中抽走的钱也很少。以古老的歌谣《法国孩子和他的花》来举例分析，其与商业音乐相反的风格，导致它被卷到了音乐产业的边缘。这些唱片瞄准了市场，虽然没能成功，但也没有在后来消失。事实上，其中很多歌曲都在《美国民间音乐选集》中再次露面，这是唱片公司在1952年出版的。这个选集共6张唱片、84首歌曲。这个集合是由偏执的博学者哈利·史密斯汇编而成的，他对该选集作了丰富的注释。他将这些老歌定义为"民间音乐"，虽然这些唱片是在商业音乐产业的支持下生产和发布的。在二十世纪五六十年代的民间音乐的复兴，选集内的歌曲为人们提供了素材和灵感，并通过鲍勃·迪伦等人的推广，在摇滚音乐界也引起了回响。过了一段时间，当1997年该选集再次发行时，收获了意想不到的商业成功和大量赞美。这套选集的发行量超过了五十万套，古老的歌曲又重新征服了当代的艺术家和听众。

主流文化也总是会包含一些与现状不同的突然出现的元素。这些敏感的、创造性的冲动表达了当代社会需要的情感和想法。与音乐产业相比，音乐产业中的开创性的作曲家，例如查尔斯·艾夫斯、亨利·科威尔和后来的约翰·凯奇（亨利·科威尔的学生），延展了音乐的概念。他们远离机器，试图从古老的乐器中引发新的关注。他们按照自己的方式促进了一种新的聆听世界音乐的方式。同时，像杰力·罗尔·马顿和卢斯·阿姆斯特朗这样的音乐家将爵士乐丰富的特点加入到了关于音乐的实验中。到了二十世纪晚期，艾克·艾灵顿已经开始重新想象美国音乐的整个调色盘了。

除了对过去的拉动和对未来的推进，音乐界限的定义对大多数人的影响有些矛盾。在最基本的层面上，音乐的激增为人们提供了精神上的营养，人们从中获得愉悦。甚至提奥多·阿多诺也承认，音乐在公共场所体现了深层的人类价值。"对老主顾来说，背景音乐是声音的光源，"他在1934年写道，"背景音乐把环境点亮……当咖啡馆的音乐停下时，就好像一个吝啬的服务员关闭了几个电灯泡。"阿多诺特别喜欢现场音乐，但是他承认唱片也有真实的、好的效果。随着录制音乐的兴起，听录音作为人们生活中一种新的和有价值的部分。那些一起听唱片的人有时会结下深厚的情感。这些听众讨论他们所听到的音乐，和其他人分享感受，用无数创造性的、有意义的甚至是颠覆性的方式使用音乐。音乐的机械复制给人们的生活带来了很多影响，并且，它的流行使得现场音乐有了伴奏。当这种情况形成时，它牺牲了音乐制作在音乐家之间、音乐家和观众之间形成动态社会纽带的方式。现场表演的音乐家可以和观众互动，反之亦然，这两组人在同一时间都投入到现场音乐中。就机械复制而言，唱片上的音乐并不是一个动态的过程，而是作为产品的结果。在音乐上，其结果是有保证的。一些试听者表示，它可能刺激，但不会惊奇。虽然唱片在艺术成就上完好无损，它却牺牲了一位评论家所称的"人性的弱点的赌博"。播放一张唱片时，你知道男高音每一次达到的高 C 调。

　　基于企业的大量资本和高度的专业知识，机械复制也有其他的作用，特别是在整合不同类型的音乐和音乐与其他商品之间的差异上。与百货商店一样，唱片公司位于全国领先的消费品制造商中间。尽管在包装上有微小的变化，如维克多红色印章唱片的红色标签，但唱片看起来基本都一样，都播放相同的时间长度（两到四分钟），并在同一个地方购买。唱片在声音上还彼此相似，因为无论什么风格的音乐，通过什么仪器录制，流行的技术都将唱片中的类似音色限制在一个狭窄的范围和动态和频率中。事实上，这种标准在流行音乐的基本元素中也能听到。无论音乐风格随着时间如何改变（从黑人音乐到流行曲调再到摇滚乐，等等），流行音乐遵循一个简单的模板，通过这个模板，歌曲在音乐上是简单的、合唱型的，并能保持三分钟左右的长度。

　　无线电广播在某些方面改变了音乐领域，但总体而言，它增强了拼合的效果，而不是扭转它。在无线电的商业经济中，广播电台通过向广告商出售它们的观众资源而获利。观众越多，它们的获利多大。这个规则的必然性结果是商业广播的潜在目的：不仅是吸引听众，还要使他们习惯性地接收。为建立稳定的听众群，广播机构寻求高度的标准化。换句话说，为了吸引最多的潜在观众，广播机构推动了那些拥有广泛、主流的吸引力的，和使惊喜减少到最小的音乐和节目，这样听众就会调频到这里，相信他们将听到的。同时，为了最微妙和最雷鸣般的音乐片段能在电台收听，它不得不提供适度的声音，尽管无线电广播最初提供优于留声机的声音，无线电也有一个声音力度范围，频率比人们的习惯感知狭窄得多。从它所有的吸引力来说，是无线电将声音集中在有限的频道：没有人会将无线电广播的声音误认为现场演奏的声音。

　　内容方面，音乐产业的产品是非常可观的。事实上，随着音乐产业在文化景观方面日益突出，音乐产业的明显影响不仅表现在它创造价值的商品中，也表现在它丢弃和排斥的音乐形式中。合唱歌曲、更注重故事的歌曲，等等。这些歌有时是作为历史记忆宝贵的存储库。因此，工人歌曲有时是作为仅有的关于过去劳动斗争的历史记录或反历史的描述被记入官方历史记录。一个对音乐和它超越音乐商业的力量拥有极其深的信念的劳工团体是世界工业工人

（IWW）。它建立于1905年，是引入封闭喇叭手摇留声机的前一年，IWW发布了一张广为人知的收录三十八首歌曲的歌集——《小红歌册子》，上面有每一个工会的会员证，这些歌曲帮助IWW克服了隔离众多不同国籍的工人的语言障碍。例如，1912年，当IWW动员马萨诸塞州劳伦斯的纺织工人时，音乐帮助罢工者联合起来，他们在会议中、集会上和大街上凭音乐走到一起。值得注意的是，在1931年哥伦比亚公司确实通过一名工人发布了一张商业唱片，她是莫莉·杰克逊阿姨（娘家姓玛丽·玛格达莱妮·加莱），是IWW的精神继承者。但是这张唱片《肯塔基州矿工的妻子》的全部曲目，几乎没有什么观念来自她那丰富又广泛的精神世界。美国国会图书馆最终记录了一百五十多首歌。

许多劳动歌曲都是基于赞美诗或其他形式的宗教歌曲，反过来，他们与音乐商业都有特定的联系。圣诞歌曲、赞美诗、福音四重唱很容易与音乐商业相啮合，许多唱片公司也发行一些简短的布道歌曲。对于宗教歌曲的支持者，音乐产业只是通向神的世界的另一个渠道。但批评家的指责，迫使宗教音乐适应音乐风格和音乐商业的音乐渠道，颠覆了超越市场的精神价值赞美的音乐基本信息。同时，一些虔诚的音乐从来不与新的音乐秩序相容，尤其是那些不易适应三分钟录制的音乐。

在行业的记录范围之外，唱片公司也记录和保存着丰富的美国本土音乐主体，有神圣的也有世俗的，尽管这一成就无关行业目标。

畅销的唱片持续发行，不畅销的唱片被从目录中删除。当然，对有特殊声望价值的唱片例外，例如维克多红色印章唱片，公司使用的它的声望超过一切广告。但对于其他唱片，有效性取决于市场。多年来，较小的唱片公司，在独立的跨国巨头和行业领先生产者忽视或放弃的音乐中经常出现并对其形成挑战。黑天鹅唱片公司，第一个主要由黑人拥有的唱片公司，是一个如此具有侵略性的公司，它们企图收录由非裔美国人创造的所有类型的音乐，不仅仅是蓝调、爵士和受到市场广泛验证的流行音乐。在二十世纪三十年代，爵士音乐爱好者建立了唱片公司，发行这个行业已经绝版的珍贵唱片。在随后的几十年里，这样的小唱片公司，通过从主流音乐边缘发行新唱片或再发行更老的唱片，试图去抵抗大公司决定什么是录音音乐文化该包括的和不该包括的力量。

对于大部分音乐产业而言，音乐代表有利可图。不同于其他商品，例如小麦和棉花，音乐从根本上存在不同的形式，如声音、演出、曲子。它们复杂地联系在一起，但每一个都有自己的活力、自己的经济结构。如果说卡鲁索的审美和声学品质的声音提高了行业影响力，那么专利和版权法也会加强音乐作为受保护的产权的重新定义。事实上，音乐的多元性特征使它成为新型消费经济的特别起作用的内容。它可以与大范围的价值观相关联，从责任到高尚到幻想到愉悦，并且可以轻松地在理性的、有纪律的工业生产秩序和更多的消费者的情感领域之间的空间盘旋。它能吸引人、使人愉悦和感动，音乐是这个世界的消费品。无论歌曲和唱片生产的秩序多么严格，音乐都是人们从听觉上、身体上和情感上感受到的最重要的东西。无论人们怎么思考音乐，那都是听到之后的事了。

　　同时，不仅音乐文化被音乐产业改变。文化超越了音乐，就是说，也到了其传统边界之外。就像工业革命的大扫除影响全社会，不仅是受雇于工业领域的人，音乐的商业革命确保了音乐的各个方面以新的方式产生共鸣。因为声音高于一切，音乐的可变和多元特点使得吸收声音进入嘈杂的空间和活动成为可能。声音可以出现在学校与家庭、工作与休闲、战争与和平等任何环境中。像黑天鹅公司短暂的历史呈现的那样，声音可以变成竞争和强化种族分裂的方式。1909 年的版权斗争表明，它也可能是扩大财产权的一个工具。在声音的形式中，音乐产业的社会和地理触角扩展到美国人生活的最远的角落。在二十世纪三十年代，民俗学家约翰和阿兰·罗马克思着手搜寻未被新的商业音乐文化改变的美国人。在美国为数不多的几个地方，他们发现有一些人是在南方遥远的监狱里被判长期服刑的犯人，那些犯人从社会的其余部分被除名。然而，即使是在他们之中，罗马克思也了一些现代影响。

　　对大萧条的消费经济的冲击引发了一个音乐商业批判清单的时期，在此期间音乐遭受了灾难性的倒转，也取代了钢琴在美国音乐生活中心的位置。从 1927 年到 1932 年，唱片的销量从 1400 万张下跌到 600 万张，留声机的产量也从 987 000 台降至 40 000 台。同时，

"直"的钢琴生产（相对于自动钢琴）从 1925 年的 137 000 台下降到 1931 年的少于 49 000 台，更为戏剧性的是，自动钢琴的生产在同一年由 169 000 台下降到仅仅 2700 台，是这个行业中曾经成功的部分再也不会重演的急剧下降。比这个行业遭受的挫折更为值得注意的是它的持久性和扩展性。当消费经济在二十世纪三十年代崩溃，音乐产业的商业戒律变得更根深蒂固。而尽管面向单独消费者个人的钢琴、自动钢琴和独立留声机的销量在萧条时期大幅下降，好莱坞的音乐剧，无线电广播和自动唱片点唱机的扩散，保持和增强了音乐产业在美国人生活中的地位。

在随后的几十年，音乐产业将会对抗新的挑战。从二十世纪四十年代的战时供给短缺和职业音乐家罢工，到五十年代音乐行业的贿赂丑闻、六十年代英国摇滚乐队的入侵，再到七十年代的原创朋克音乐和街头说唱音乐，都证明了以消费为导向的文化模式在满足每个人的音乐需求方面的不足。但是，这些都没有使音乐从美国消费文化的中心移除。音乐产业有强大的能力能从外界吸收挑战，像在二十世纪二十年代对爵士音乐和种族唱片做的那样，并且新技术的发展（包括密纹唱片，四十五转速的"单曲"，廉价、便携式的晶体管收音机）帮助确保各种消费者都听得见。尽管如此，人们对唱片的想法也确实改变了。随着越来越有创造力的技巧和技术的发展，声音记录的模仿特性、当场记载的观念和听觉事件——录音因为是一种人工创作而被蒙上了阴影。在某种纯粹的意义上，记录一直是人工的创作，但从来没有如此突出的技巧。到了二十世纪七十年代，没有什么能比音乐家格伦·古尔德和披头士乐队放弃现场表演、支持多轨录音磁带的操作和控制这一决定更能标志这一转变的了。

在二十一世纪，很容易看到近年来音乐行业垄断对生产资料的侵蚀。由廉价的四轨录音机的介绍和大幅扩充数字化、互联网和其他计算机技术开始，在拥有大量资金和技术资源的前提下，高音质的唱片的制作、再生产权和发行已经停止。生产者和消费者之间的界限变得模糊，在高速的互联网连接下的任何人都可以下载免费数字编辑软件，通过他或她自己的"互联网无线电站"进行广播。许多激进的技术人员已经接受了这些和类似的作为民主乌托邦的预示的发展。这些发展，尽管标志了新时代的开始，却没有预示新秩序的来临。主要的音乐公司没有赶上变化之风的步伐，但是远离灭亡。美国唱片工业协会仍然是华盛顿的一个强大的游说代理，1998年的数字千年版权法证明了这一点。不管有多少文件交易者和信息自由活动家欢迎旧制度的失败，现有的著作权法的结构将不会轻易被逆转或撤销，只要法律文书仍然存在，国家的权力就在其执法权背后隐现。现在，人们关心的不只是货物和资讯的流通，也有思想和感情的流通，和不受市场支配的人际关系的培养。事实上，这些挑战提出的所有权和访问的问题、创新和控制的问题、存储和灵感的问题有助于解释音乐本身的意义。

在纽约联合广场南侧，有一个梦幻般的商场称为维珍大卖场，是这个城市这一地区最大的零售场所之一。在一个新的音乐时代的风口浪尖，这样的地方越来越少。门内出售娱乐商品，有DVD、书籍、时尚杂志，在咖啡馆里还有软饮料。现场销售数以十万计的音乐唱片的声音太繁多，不可胜数。当你在过道里走动，你满耳朵充斥的都是内部的音响设备里的声音，并且当低音足够强时，你感觉声音穿透你的身体。在你周围有无数唱片，它们的来源遍布全球、穿越时间，可追溯到二十世纪六十年代到八十年代或更久前。你的耳朵正常的节奏和在你的指尖上的标准化包装模糊了这些唱片所代表的惊人的多样性。在这样的环境中它们汇聚在一起，唱片变成可互换的。从实地录音到电子工作室手法的一切都是出售的，录音是人类文化的最低共同标准。在这里，小甜甜布兰妮的音乐、巴尔干半岛的《葬礼进行曲》、后殖民时期的非洲节拍、印度拉格和伦敦爱乐乐团的音乐，每张唱片都价值 17.98 美元。出售音乐唱片只是这个专卖店的功能之一。另一个功能是，简单地宣传维珍品牌，它是多媒体商业集团的标志，目前包括一家航空公司、一家医疗保健公司、手机和可乐饮料的一条生产线。这一切都始于音乐，尽管是在二十世纪七十年代于英国成立的一个小唱片公司和音乐出版公司。

维珍大卖场以西过几个门，穿过第十四街，就是维特马克家的音乐出版公司在 1888 年离开家乡后，开的第一家办事处的所在地。在那时，联合广场是该市的主要娱乐区，充斥着各种声音。这些声音包括了从音乐学院的歌剧到史坦威音乐厅的钢琴音乐会，再到基思和阿尔比联盟广场剧院的杂耍表演的一切。"严肃的"欧洲音乐旋律、音乐剧和游吟诗人的喧闹的本土影响混合在一起。音乐产业的商业成功通过平衡这些元素使它们交织在一起，利用它们并从中获利，以及用巧妙的方式营销来获得增长。经过这么多年，维特马克家的公司还有其他的一些出版公司，首先从百老汇迁移到第二十八街，后来迁移到时代广场，最终迁到好莱坞甚至更远的地方。它们的音乐世界重新想象了声音制造和聆听之间的关系、意识和美之间的关系。它们的歌曲仍然在回荡。

致　谢

　　要是没有来自很多个人和机构的帮助与鼓励，此书将不可能完成。我要感谢查尔斯·阿米尔卡尼安、菅木真治和保罗·莱尔曼，纽约公共图书馆的史蒂芬·赛克，尤其要感谢爱德华·塞缪尔，他们为本书提供了一些图片。在第 7 章中，我参考了 2004 年 3 月《美国历史杂志》中的一篇标题为《文化王国中的帮手：黑天鹅的绝唱和美国黑人音乐的政治经济》的文章。非常感谢允许我的复制。

　　来自华盛顿史密森学会的两位研究员允许我在美国国家历史博物馆和国会图书馆做研究，还去了英国图书馆、英国 EMI 档案馆和巴黎的国际图书馆，做了很多有价值的研究。华盛顿史密森学会有一个极其令人兴奋的工作环境，感谢皮特·丹尼尔、劳拉·博德·夏沃、萨拉·约翰逊、杰森·威姆斯、乔金·克拉森、亚历山大·罗素、戴维·山杰克对我的帮助。他们在他们紧张的研究和写作中抽出时间来讨论我的研究。

特拉华州大学的普通大学研究资助为原稿的校订工作提供了资金，来自国家人文科学基金会的两位研究员用了整整一年完成此书的校订。在特拉华州大学，我非常幸运地拥有优秀的同事和来自很多员工的支持，尤其是道格拉斯·托拜厄斯。我非常感谢乔治·巴萨拉，通过他我认识了一些非常有用的资料的提供者，尤其是苏珊，她读了整个手稿，给出了很多审慎的建议。

加利福尼亚大学历史系的伯克在海湾地区把我当作一名来访学者一样招待了一年半，要是没有丽贝卡·麦克伦楠的引荐，我们也将不可能建立起这种联系。在那段时间，我也参加了赫德兰艺术中心的艺术家项目，赫德兰艺术中心在一个美妙绝伦的地方，那里的独特音效加深了我对音景的理解。尤其感谢哈利·布莱克和琳达·塞缪尔为我安排了参与这个项目的机会，感谢朱丽叶·利文萨尔为我提供了很多美味佳肴。在这里，我关于《贩卖音乐》一书中的一些想法得益于和很多艺术家、音乐家和作家的谈话，包括克里斯·贝尔、迈克尔·凡德、诺瑞尔·雅布伦斯基、帕威克·克鲁克、丹尼尔·尼尔森·穆林，尤其是哈迪·塔巴塔贝和丽萨·汉密尔顿。

随着作品的进展，埃里克·冯娜给了我很大帮助，她考虑周到又善于思考，在我的每一个写作阶段都给了我建议。没有贝特西·布莱克默的洞察力和关怀，初稿可能将不会完成，她的好奇与严谨持续不断地激励着我。蒂莫斯·奈勒读了我无数的手稿，帮助我从多个主题去考虑。理查·莱曼·布希曼、芭芭拉·菲尔德、达丽尔·司各特、赫伯·斯隆、安德斯·斯蒂文斯和已故的马克·塔克尔也读过我的部分作品或是以对我有用的方式和我讨论过。爱伦·布林克里在早期读过我的整个手稿并给予过评论。罗宾·凯利在哥伦比亚大学播下了这部作品的第一粒种子。我获益于和我杰出的同事们的谈话和他们的评论，他们是：迈克尔·伯恩斯坦、克里斯·卡波若拉、山姆·亨特、马萨·琼斯、亚当·罗斯曼，尤其是我最亲爱的朋友玛格丽特·夏伯和伊莉莎。

从 2000 年起，我已经成了 WFMU 的一名业余 DJ。WFMU 是新泽西市的一个自由录音工作室，是由我所认识的最具创造力的一伙人组成的，他们不断地激发我在音乐、声音方面的灵感。音乐世界有这些奇才是如此之幸，他们是：肯·弗里德曼、布瑞恩·特纳、史考特·威廉斯、布莱斯·克瑞奇曼、宝芬尼·莱克、杰森·恩格尔和肯·戈德史密斯。

我和哈佛大学出版社的乔伊斯·塞尔查一起工作非常愉快。她对于这本书的热情从未退却过，甚至到这本书出版的最后期限时，也离她的严格要求相差很远。苏珊·阿贝尔认真的编辑使手稿更紧凑，也帮我扫清了很多错误。两名匿名读者提供了有益的建议使我进一步阐明了一些重要的观点。我也非常感谢名叫查尔斯·麦戈文的这位读者的建议，我是在 1999 年初次见到他的，那时他和丹尼尔在史密森学会把我当作朋友。当时，查尔斯就已经读了这部作品的全部手稿，我已经从他敏锐的洞察力中学到了很多，包括无穷的音乐知识、美国文化和深厚的人文主义知识。在我研究这个课题的十余年来，无数的人们提供给我食物、住所、鼓励和其他形式的帮助。我应该感谢的人包括：塔克·尼科尔斯、梅丽莎·阿克塞尔罗德、阿米·德、卢彦·斯金格、波兰·博伯、乔恩·尼科尔斯、雷纳·卡拉斯、比尔和琳达·林克、安妮·林克、玛丽娜·拉斯托、迈克尔·萨博尔、诺拉·贾弗里、德里克·罗西、安斯里·瓦斯塔瓦、特雷西·布鲁纳、埃里克·布鲁纳、迈克·多里安、海蒂·美嘉、辛西娅·乔伊斯、帕克、戴维·桑普丽娜、山姆·扎卢茨基、伊蒂·博兰、维拉和万斯·佩斯库。瑞秋·斯瑞克给出了一些关于写作之外的有用的观点，鲍勃·古尔丁慷慨地给出了关于此书题目的一些观点。

同艾米丽·汤普森、道格拉斯·卡恩和艾琳娜的对话提升了我关于声波和声音的一些想法；在初期写作中，他们就给出了对此书各部分的评论，我要感谢劳伦斯·莱文、戴维·纳沙、杰克逊·里尔斯、巴里·尚克、米歇尔·霍姆斯、罗杰·霍洛维茨、杰弗里·梅尔尼科和道格拉斯·丹尼尔。乔舒亚·弗里曼慷慨地给了我一些关于纽约歌剧观众的有用的资源。已故的李·巴克利·苏斯曼曾向我透露，在年轻的时候，他曾既认真又充满激情地思考音乐。在最近几年，我对音乐、文化和资本主义的理解也在与迈克·卡特、卡尔·哈格斯、特伦·米勒和弗洛林·波佩斯库的数小时的谈话中得以丰富。在此课题发展的初期，埃蒂娜·波佩斯库帮助我确定和精炼了我初期无数的观点和手稿。在创作后期，杰里米·布拉多克和我谈了一些我还未解决的问题，大方地与我分享他对几个新增部分的手稿的看法。

我对我的家人表以由衷的感谢，尤其是雪莉·苏斯曼、查理·苏斯曼、迈克和艾尔莎·苏斯曼。我母亲珍妮特·谢克特·苏斯曼一直是我最忠诚的拥护者。可她未能活着看到此书的出版，我感到了巨大的悲伤，我想她一定会喜欢这本书的。最后我想感谢霍莉·林克对此书和我的信心，感谢她在我丧失信心时鼓舞我，感谢她用她的爱和耐心包容我。